정서의 이해와 소설

김미리혜, 김봉구, 이현숙, 조영임, 최설 지음

Σ 시그마프레스

정서의 이해와 조절

발행일 | 2022년 2월 20일 1쇄 발행

지은이 | 김미리혜, 김봉구, 이현숙, 조영임, 최설
발행인 | 강학경
발행처 | ㈜시그마프레스
디자인 | 김은경, 이상화, 우주연
편 집 | 김은실, 이호선, 윤원진
마케팅 | 문정현, 송치헌, 김인수, 김미래, 김성옥

등록번호 | 제10-2642호
주소 | 서울특별시 영등포구 양평로 22길 21 선유도코오롱디지털타워 A401~402호
전자우편 | sigma@spress.co.kr
홈페이지 | http://www.sigmapress.co.kr
전화 | (02)323-4845, (02)2062-5184~8
팩스 | (02)323-4197

ISBN | 979-11-6226-375-4

이 책은 2020년도 덕성여자대학교 교내연구비 지원을 받았음

저자 서문

불안을 예로 들어 보자.
　　내일 중요한 면접이나 시험이 있다. 불안한 마음에 가만히 있을 수 없어서 면접 준비나 시험공부를 한다. 면접이나 시험 직전에는 긴장해서 떨고 있다. 마음을 다잡으며 자신에게 말한다. "긴장하지 말고 차분해지자." 그러나 뜻대로 되지 않아 긴장한 채 면접이나 시험에 임한다.

이렇게 우리는 불안 '덕분에' 면접이나 시험 준비를 한다. 불안하지 않다면 제대로 준비하지 않을 것이다. 앞으로 벌어질 일에 잘 대처할 수 있도록 불안이 우리를 도운 것이다. 면접이나 시험 직전의 불안과 긴장은 면접관이나 시험문제와 싸울 태세를 완성해 준다. 긴장한 덕분에 정신을 바짝 차리고 준비한 것을 잘 풀어낼 수 있다. 전혀 긴장하지 않는다면 자신의 실력을 충분히 발휘하지 못한다. 물론 지나치게 긴장해도 문제다. 따라서 적당히 긴장하도록 잘 조절해야 한다.

이 책을 통해 여러분은 불안을 비롯한 정서를 과학적으로 이해하게 될 것이다. 불안을 비롯한 정서가 우리를 어떻게 돕는지 체계적으로 알게 될 것이다. 그리고 어떻게 정서를 적절히 조절할 수 있을지 모색하고 우리의 생활에 적용할 수 있는 방안을 강구할 것이다.

이 책에서 김미리혜는 제1, 4, 5장, 김봉구는 제8장, 이현숙은 제6, 7장, 조영임은 제9, 10장, 최설은 제2, 3장을 담당하였다. 제1장은 이 책을 읽기 시작하면서 생각해 볼만한 이슈를 담았다. 일상생활에서 '감정'이라고 하는 것과 이 책에서 '정서'라고 하는 것이 같으면서도 다르다는 이야기, 정서가 진화론적으로 순기능이 있다는 점을 짚었다. 제2장에서 본격적으로 정서란 무엇인지에 대해 깊이 탐구하게 되는데 다양한 접근법과 정의를 보면서 연구대상으로서의 정서가 너무 복잡해서 그동안 구석에 밀어두었다가 겨우 수십 년 전부터 활발하게 연구가 진행된 경위를 단편적으로나마 이해할 수 있게 될 것이다. 제3장에서는 정서의 보편성과 차이를 대비하면서 기본적인 정서를 경험하고 발현하는 양상이 전 세계 보편적이나 문화적 영향을 받아 차이를 보인다는 점을 강조했다. 정서가 우리 뇌의 특정 부분에 완제품으로 장착되어 있어 자동생산되는 것이 아니라 개인이 사는 사회와 문화의 영향을 받아 동일한 사건도 다르게 정서적으로 경험되고 표현된다는 것이다. 제4장에서는 정서의 생물학적인 측면에 초점을 맞췄다. 뇌과학연구의 진전 상황을 보면 앞으로 이 책의 개정판을 낼 때 가장 빨리, 그리고 많이 업데이트해야 하는 분야일 것이다. 제5장은 우리가 나이 들면서 정서가 발달하는 과정을 간략하게나마 추적해 봄으로써 정서이해의 깊이를 더하고자 했다. 제6장과 제7장은 슬픔, 불안 등 개별정서를 '긍정적 정서'와 '부정적 정서'로 나누어 살펴보았다. 여기서 지적해 두어야 할 사항은, 대부분의 연구자들과 마찬가지로 그렇게 이분법적으로 분류했지만 정서라는 것이 워낙 복잡해서 그러한 분류에 문제가 있다는 점이다. 가령 '사랑'은 가슴 설레고 따뜻한 느낌 같은 긍정적인 면뿐만 아니라 고통스럽고 파괴적인 측면이 있다는 것에 모두가 동의할 것이다. 또 '분노'가 부정적인 정서라고 해도 분노 경험과 표현이 긍정적인 측면을 담고 있고 인간관계나 사회의 발전에 긍정적인 효과를 가져오는 경우가 많다. 제8장은 정서조절에 대한 고찰이다. 다양한 정서조절법이 소개되었는데 여러분은 이를 참고해서 창의적인 방법을 더한 자신만의 정서조절법 목록을 풍부하게 짤 수 있게 될 것이다. 또 명상 같은 것을 정식으로 제대로 배우고자 하는 의욕이 생길 수도 있다. 제9장에서는 많은 사람이 (기존의) 지능보다 더 중요하다고 주장하는 정서지능의 개념에 대해 학문적으로 깊이 있게 알아볼 것이다. 그 정의와 이론 모형이 연구자마다 상당히 다르고 비판도 다양하다는 것을 염두에 두고 접근할 것을 권한다. 제10장은 우울장애, 불안장애 등의 정서적 문제를 다루었다. 여러분은 이러한 장애를 앓는 사람들이 정서적으로 힘들어하는 것과 더불어 다양한 신체적 증상(예 : 우울장애의 경우 몸 움직임이 굼뜨는 증상)도 보인다는 것을 알게 되고 원인과 위험요인,

그리고 치료법까지 배울 것이다. 그렇다고 해도 섣불리 자신이나 주위 사람들을 진단하고 단정 짓는 심리학 전공생 증후군(psychology student syndrome)을 경계해야 한다.

이 책의 기획부터 집필, 교정에 이르기까지 글쓴이들은 더 좋은 책을 만들기 위해 수차례 서로 내용을 검토하고 많은 수정을 했다. 그래도 부족한 점이 많을 터이니 내용이나 전달력에 대한 여러분의 충고와 조언을 부탁드린다.

항상 물심양면으로 지원해 주는 글쓴이들의 가족, 그리고 이 책의 집필을 격려해 주신 (주)시그마프레스의 강학경 대표님과 편집과 교정에 아낌없이 수고해 주신 편집부에 진심으로 감사드린다.

2022년 1월
저자 대표

차례

제1장 정서에 대한 단상

1. 일상용어와 정서 3

2. 몸과 마음 3

3. "저 사람 저렇게 완벽한데 넌 왜 저 사람
   을 사랑하지 않니?" 4

4. 정서의 존재 이유 7

5. "감정에 휩싸여 이성을 잃다" 8

6. 나쁜 사건 지우기와 창조적 행위 8

제2장 정서란 무엇인가?

1. 정서의 정의 17
   1) 정서 정의하기 19
   2) 정서/감정/기분/느낌은 어떻게 다른가? 22

2. 정서 연구의 역사 24

3. 정서이론 26
   1) 제임스-랑게 이론 27

   2) 캐넌-바드 이론 28
   3) 샥터-싱어의 2요인 이론 29

4. 정서 측정하기 32
   1) 행동 관찰 33
   2) 자기 보고식 측정 34
   3) 생리적 측정 37

제3장 **진화와 문화 속의 정서**

1. 진화와 정서 45
   1) 정서의 진화론적 정의 45
   2) 정서의 진화적 기능 46
2. 기본정서 47
   1) 기본정서란? 47

2) 기본정서에 대한 연구들 49
3. 문화와 정서 55
   1) 문화란 무엇인가? 56
   2) 문화적 정서 57

제4장 **정서의 생물학적 측면**

1. 뇌와 정서 71
   1) 피니어스 게이지 사례 71
   2) 뇌의 작동방식 72
2. 우리 몸의 화학물질 75
   1) 세로토닌 76
   2) 도파민 76
   3) 노르에피네프린(혹은 노르아드레날린) 78
   4) 가바(GABA) 78
   5) 엔도르핀 78
   6) 멜라토닌 79
   7) 옥시토신 80

3. 신경계 81
   1) 중추신경계와 말초신경계 81
   2) 변연계 82
   3) 전두엽 84
4. 신경회로 86
   1) 자율신경계와 '싸우기 혹은 도망가기' 반응 86
   2) 불안과 거짓말 탐지 87
   3) 편도체와 공포 88
5. 신경가소성 90

제5장 **정서 발달**

1. 유전과 경험 95
2. 생애 초기의 정서경험과 표현 97
   1) 울음 98
   2) 미소 짓기 100
   3) 그 밖의 정서표현 101

3. 생애 초기의 정서이해와 정서조절 104
   1) 마음이론과 사회적 구성주의 104
   2) 정서이해의 발달 105
   3) 정서조절의 발달 107
4. 아동기 이후의 정서 발달 110
5. 정서 발달의 촉진 112

제6장 개별정서(긍정적 정서)

1. 행복 117
  1) 행복의 측정 117
  2) 행복의 결정요인 119

2. 열광 124

3. 기쁨 127
  1) 기쁨의 생리학 127
  2) 기쁨의 반대과정 이론 129

4. 만족 131

5. 사랑 133

6. 자의식 정서 – 자부심 138

제7장 개별정서(부정적 정서)

1. 공포 147
  1) 공포와 불안의 기능 148
  2) 공포와 불안의 생물학 150
  3) 공포와 불안의 개인차 : 성별과 유전 152

2. 분노 153
  1) 분노의 기능 155
  2) 분노와 공격의 생물학 156
  3) 분노의 개인차 : 표현과 관리 157

3. 혐오 158
  1) 혐오의 기능 161
  2) 혐오의 생물학 162
  3) 혐오의 발달과 개인차 163

4. 슬픔 165
  1) 슬픔의 기능 166
  2) 슬픔의 생물학 167
  3) 개인차 : 노화와 상실 168

5. 자의식 정서 : 당혹감, 수치심, 죄책감 169
  1) 부정적인 자의식 감정의 기능 170
  2) 당혹감의 생물학 172
  3) 자의식 정서의 개인차 173

제8장 정서조절

1. 정서조절의 전통 183
  1) 정신분석 183
  2) 스트레스와 대처 187

2. 정서조절 189
  1) 정서조절 과정 모형 189
  2) 상황중심적 전략 190
  3) 인지중심적 전략 193
  4) 반응 중심적 전략 198

제9장　정서지능

1. 정서지능에 대한 다양한 관점 211
　　1) 메이어-살로베이의 정서지능 모형 212
　　2) 골먼 매트릭스 215
　　3) 바론의 사회 정서적 능력 모형 217
　　4) 페트라이즈-편햄의 특성 정서지능
　　　 (Trait EI) 218

2. 정서지능의 측정 220
　　1) 능력 척도 221
　　2) 자기 보고식 척도 223
　　3) 정서지능 측정의 쟁점 227

3. 스트레스와 정서지능 229
　　1) 스트레스의 교류 모형 229
　　2) 스트레스 대처와 정서지능 230

4. 정서지능과 학교 231
　　1) 이론적 논리 232
　　2) 경험적 연구 232
　　3) 현재 학교에서 실행되는 사회 정서
　　　 교육 프로그램 233

5. 정서지능과 직장 234

제10장　정서문제들

1. 우울장애 245
　　1) 원인 247
　　2) 치료 252

2. 양극성 장애 254

3. 불안장애 255
　　1) 원인 258
　　2) 치료 261

4. 강박장애 264

5. 그 외 정서 곤란으로 인한 장애 267

■ 찾아보기 277

제1장

정서에 대한 단상

학습목표

1. 정서 혹은 감정에 대해 평소 어떻게 생각   4. 정서는 우리 일상생활의 중심이고 문학과
   하고 있는지 돌아본다.   예술에 영향을 준다는 점을 상기한다.
2. 정서 및 정서와 관련된 용어에 익숙해진다.   5. 정서에 대해 흥미를 가지고 적극적으로 공
3. 정서에 대한 전문가들의 시각을 이해한다.   부해보겠다는 의욕을 다진다.

 학습개요

이 책을 공부하면서 정서에 관한 심도 깊은 이해를 도모하기 전에 몇 가지 짚고 넘어 갈 사항,
다른 장에서 특별히 다루지는 않지만 지금 함께 생각해 보면 좋을 주제, 알아두면 도움이 될 만
한 이런저런 이야기들을 여기에 담았다.

1. 일상용어와 정서

다음 장에서 정서란 무엇인지에 대해 자세히 설명하면서 관련 용어들과 비교도 하겠지만 그 전에 몇 가지 짚을 것이 있다.

'정서의 이해와 조절'이 이 책의 제목인데 이 책의 많은 부분에서 '정서'를 '감정'으로 대체해도 이해하는 데 큰 문제가 없을 것이다. 그러니 혹시라도 '정서'라는 용어가 생경하거나 부담스럽다면 당분간 "'정서'가 대충 '감정'을 뜻하나보다."라고 생각하고 이 책을 읽기 바란다.

영어단어 emotion을 우리나라 심리학자들이 '정서'라고 번역했지만 일반적으로는 ─기사, 소설, 영화 등에서─ '감정'이라고 번역하는 경우가 많다. 그리고 일상생활에서 '정서'라는 단어는 자주 쓰이지 않으며 '정서 불안'("저 아이는 정서가 불안정해."), '국민 정서'("재판 결과가 국민정서에 어긋나.") 등의 용례에서 볼 수 있듯 심리학 용어로 쓰이는 '정서'의 뜻과 다소 다르다. 이러한 이야기를 하는 까닭은 emotion이라는 단어가 '감정'이라는 우리말로 일대일 대응이 되지 않는다는 점, 여러분이 생각하고 있는 '정서'와 이 책, 그리고 심리학에서 학술적 맥락에서 사용하는 정서라는 용어가 다소 다른 면이 있다는 점, 그리고 심리학에서 '정서'는 일상에서 쓰는 '감정', '느낌' 등을 모두 포함한 넓은 의미로 사용되고 있다는 점을 강조하고 싶어서다.

2. 몸과 마음

우선 잊지 말아야 할 것은 정서는 신경계의 기능 중 하나라는 사실이다. "가슴이 찢어질 정도로 슬퍼.", "머리가 아니고 네 가슴이 뭘 간절히 바라는지 생각해 봐." 등으로 감정, 정서에 대해 말할 때 심장 쪽을 손으로 부여잡거나 가리키지만 인식하고 생각하는 기능 등과 마찬가지로 정서도 뇌의 기능이다. 그리고 개체가 생존하면서 부딪히는 장애물과 문제를 해결하고 극복하기 위해 진화했다. 정서를 비롯해서 우리의 마음은 복잡한 몸의 기능들을 잘 지휘하고 운영해서 생존하도록 작동한다.

연인이 멀리서 손을 흔들며 걸어올 때 우리는 '설렘'을 느끼는데 뇌에서는 도파민이 샘솟는 것 외에도 여러 가지 일이 벌어지고 있는 상태이다. 그리고 그런 과학적인 사실을 알게 된다고 해도 그 '설렘'이 줄어들지는 않는다. 따뜻한 햇살을 쬐면서 둘레길을 산책하면 우리는 '행복감'을 느끼는데 뇌에서는 세로토닌계가 활발하게 작동하고 있는 상태이다. 특정 정서와 신경계의 변화를 매칭하기 위한 연구는 아직 전도요원하지만 조금씩 진척되고 있다.

제4장에서 정서의 생리적 측면에 대해 자세히 배운다.

3. "저 사람 저렇게 완벽한데 넌 왜 저 사람을 사랑하지 않니?"

정서는 우리가 직접적으로 통제할 수 없다. 다시 말해 특정 정서 자체를 생기게 하거나 줄일 수 없다. 물론 화나면 운동을 통해 화를 삭이고 맛있는 음식을 먹음으로써 즐거움을 불러온다. 이는 간접적인 방법으로서 화를 줄여 주거나 즐거움을 불러올 상황을 만들어서 그 결과 정서가 조절된 것이다. "화내지 마."라고 말한다고 화가 안 나는 것이 아니고 "조건 좋은 저 사람, 내가 사랑해야지."라고 마음먹는다고 없던 사랑이 샘솟지 않는다.

정서는 자극에 대한 반응으로 우리에게 일어나는 사건이다. 그러니 시험 전 긴장한 사람에게 "떨면 안 돼."라고 하지 말고 대신 "이런 상황에서는 떠는 게 당연한 거고 오히려 네 실력을 백프로, 천프로 발휘하게 도와줄 거야. 시험이라는 전쟁에 네 몸이 대비하는 것이거든." 하는 식으로 떠는 상황을 적응적 각도에서 보도록 도와야 한다. 물론 단번에 마술처럼 긴장이 가시지는 않을 수 있다. 왜냐하면 신경회로의 진화 상황을 보면 이러한 생각이 정서에 영향을 주는 연결이 그 반대 방향으로의 연결보다 약하도록 설계되었기 때문이다.

　여러분은 이 책을 읽음으로써 정서를 심도 있게 이해하게 되고 그 이해를 토대로 정서를 조절하는 연습을 하면서 더욱 능숙해질 것이다. 또한 이 책의 여기저기에서 정서조절을 위한 팁을 발견하기 바란다.

　〈표 1-1〉에 손쉽게 정서를 조절하는 방법과 요령을 몇 가지 예시했다.

표 1-1 정서조절법 예시	
개요	내용
정서를 이해한다.	적을 알아야 적을 이긴다. 정서에 대한 지식은 정서조절의 기본이다. 이 책을 잘 소화하고 필요하면 관련 자료를 더 찾아보라.
간단한 정서조절법을 평소에 익히고 효과적인 방법들의 목록(아래 칸에 예시)을 마련해 둔다.	1. 올바른 심호흡법, 명상, 긴장이완기술을 배워두었다가 스트레스가 닥칠 때 활용한다. 2. 따로 훈련받을 필요가 없는, 효과적이면서도 간단한 정서조절법을 발견할 때마다 정서조절법의 무기고를 채운다. 필요하면 한두 개씩 꺼내 쓴다.
정서에 영향을 주는 간단한 방법들의 무기고 아이템 예시	1. 좋아하는 음악, 짧은 영상, 시 등을 모아 휴대전화나 PC의 '행복폴더'에 보관해 둔다. 2. 좋아하는 향의 에센셜 오일을 사둔다. 3. 릴랙싱 효과를 주는 장면을 생생하게 상상할 수 있도록 미리 스크립트를 마련해 둔다. 아니면 그러한 장면의 가상현실 앱을 다운받아 둔다 (그림 1-1). 4. 떨릴 때 내 자신에게 해 주면 좋을 말을 써둔다(본문에 예가 있다.) 5. 연인으로부터 이별을 통보받았을 때 내 자신에게 해 주면 좋을 말을 써 둔다. 6. 소울푸드(예 : 떡볶이, 닭강정) 목록을 준비해 둔다. 7. 좋아하는 운동 목록을 만들어 둔다. 8. 산책로를 여럿 알아 둔다. (이외에도 무궁무진하다.)

표 1-1 정서조절법 예시 (계속)

개요	내용
상황을 다르게 볼 수 있을지 궁리해 본다.	1. 다른 사람들도 그렇게 생각하느냐고 물어본다. 2. 내가 놓친 맥락이 있는지 살펴본다. 3. 내가 상황을 잘못 판단할 가능성을 항상 염두에 둔다.
글쓰기, 그림 그리기, 악기 연주하기	창조적이고 예술적인 방식으로 정서를 표현해 본다.

그림 1-1 해변 가상현실 : 3차원 해변을 감상하면서 여유롭게 산책하는 기분을 만끽할 수 있다.

그림 1-2 소울푸드 : 여러분의 소울푸드는?

4. 정서의 존재 이유

"다음에 발표할 때는 하나도 떨리지 않았으면 좋겠어요.", "다시는 그런 슬픔을 겪고 싶지 않습니다."라고 말하며 불안이나 슬픔을 '싸악' 없애 준다는 사이비 상담센터에 다니는 사람들을 보곤 한다. 불안이나 슬픔은 우리가 사는 한 없어지지 않는다. '거의' 안 느낄 수는 있겠지만 그것대로 문제가 된다. 불안, 슬픔을 비롯한 모든 정서는 삶의 중요한 부분이다. 인간이 경험하는 정서의 수는 약 34,000가지라고 하는데 이 중에 기쁨 같은 '좋은 정서'만 느끼고 싶겠지만 부정적인 정서도 쓸모가 있다.

제3, 5, 6, 7장에서 자세히 살펴보겠지만 모든 정서는 생존에 도움이 되는 긍정적 기능을 하기 때문에 적응적 메커니즘의 하나로 진화되어 남아 있는 것이다. 가령 공포는 위험을 피하게 해서 생존 가능성을 높인다. 그럼 기쁨이나 행복은? 진화심리학의 관점에서 보면 우리는 행복해지기 위해 사는 것이라기보다 살기 위해서 행복을 느끼는 것이다. 먹고 마시고 사랑하는 사람과 같이 있는 행동은 개체의 생존 가능성을 높이므로 그러한 행동을 할 때 행복감을 만끽하면 자주 그러한 행동을 추구하도록 설계된 것이다.

또한 정서는 집단 구성원 간의 의사소통을 통해 개체 및 집단의 생존에 기여한다. 진화론에 따르면 맹수에 대항하기 위해서 인간들은 집단을 이루게 되었다. 제3장에서 자세히 살펴보겠지만 영장류를 보면 방어를 위해 독특한 울음소리를 낸다든지 해서 공포를 전달하고 경고신호를 퍼뜨린다. 슬픈 표정을 짓고 눈물을 흘리면 그 모습을 보고 집단원들이 도와준다. 다른 사람들과 경험이나 정서를 나누려는 욕구가 사회와 문화를 만든다.

그림 1-3 공포에 가득찬 울음소리를 듣고 다른 원숭이들도 위협 상황을 알게 된다.

5. "감정에 휩싸여 이성을 잃다"

안토니오 다마지오(1994) 등의 연구에 의하면 안구 뒤쪽의 안와 전두엽이 정서적 정보를 바탕으로 사고하고 판단하는 기능을 담당한다. 정서와 사고는 독립적인 것이 아니고 서로 밀접히 연결되어 있고 이성적인 판단이나 사고는 정서적 기반 위에 서있다. 그리고 정서가 먼저 개입한 후 우리는 생각을 하고 판단을 내린다.

원래 정서는 위기에 대한 반응으로 나타나는, 대처 행위를 준비하는 메커니즘이다. 그래서 정서는 짧은 시간 안에 우리가 주의집중할 것이 무엇인지를 선택해 줌으로써 우리의 주의를 이끈다. 정서가 먼저 작동해서 행동의 우선순위를 조정한다는 말이다. 진화론 상에서 정서의 기능을 생각해 볼 때 비상 상황에서 이성적으로 따지고 생각할 여유는 없다. 위험을 감지하는 정서적 처리가 먼저 일어나는 것이 당연해 보인다.

하지만 정서는 가끔 우리의 발목을 잡는다. 현대인인 우리들의 일상적 경험에 의하면 정서가 인지에 부정적 영향을 주는 경우가 있다는 것이다. 가령 불안해서 주의집중을 못 하고 자극을 인지적으로 제대로 처리하지 못한다. "이성적으로 조금만 생각했더라면 그런 판단을 하지 않았을 텐데 그때 감정에 따르다보니 이렇게 되었다.", "가슴이 시키는 대로 그런 결정을 했다. 머리가 시키는 것과는 다른 결정이었다."라고 말하며 후회하기도 한다.

6. 나쁜 사건 지우기와 창조적 행위

아주 나쁜 사건이 일어나면 사람은 어떻게 될까? 정신을 잃고 까무러치는 사람, 기억 상실증을 보이는 사람, 소리를 지르거나 물건을 부수는 사람… 또한 그 감정을 예술적으로 표현하는 사람… 당연히 사건마다 다를 것이고 그 사건을 어떻게 받아들이느냐에 따라 다를 것이다. 또한 사람마다 다를 것이다. 여기서는 기억을 잃는 것/지우는 것과 예술에 대해 잠시 고찰해 보겠다.

해리성(dissociative) 혹은 심리적 원인에 의한(psychogenic) 기억상실(amnesia)은 신체적 원인(예 : 뇌손상)이 아니라 감당하기 힘든 충격적 사건으로 인해 생긴 기억상실로서 통상 트라우마와 관련된 부분에 한정되는데 드물게 자신의 정체성을 통째로 잃어버리기도 한다. 이런 경우 심리치료를 권하며 안전한 분위기에서 기억을 살살 다루어 주고 일상생활에의 복귀를 돕게 된다. 고통스러운 정서가 채색된 기억에서 정서를 흐리게 하는 심리치료가 심리치료실에서 시행된다. 그래서 결국 사건이 떠올라도 그 사건에 붙은 정서가 약해져서 견딜 만하게 된다.

여러분들은 나쁜 사건을 겪고 고통스러워하는 친구에게 "힘든 일 모두 잊어버려. 없었던 일로 치자구."라고 한 적은 없는가? 그런 말을 자기 자신에게 한 적이 없는가?

트라우마가 될 만한 사건이 일어나면 뇌에 입력된 후 뇌의 배선이 바뀌고 기억이 굳어져서(강화 : consolidation) 장기기억에 저장된다. 재강화 가설(reconsolidation hypothesis)에 따르면 기억을 회상할 때 뇌의 분자수준에서의 흔적이 가소성을 띠게 된다. 다시 말해 기억을 인출하면 변화에 취약하게 되어 유지가 안 되고 왜곡될 가능성이 커진다. 회상된 기억이 그대로 다시 저장되기 위해서는 또 다시 적극적인 강화과정을 거쳐야 한다. 이 재강화를 방해해서 끔찍한 기억을 잊거나 바꾸는 방법에 대한 연구가 수행되고 있다.

가령 고혈압약인 프로프라놀롤은 사건이 일어난 직후, 혹은 몇 시간 내에, 즉 기억이 굳어지기 전에 투여하면 기억의 안정화가 잘 이루어지지 않는다는 연구 결과가 있다. 이는 사건에 관한 기억을 단단히 다져서 장기기억 보관소에 넣기 전에 프로프라놀롤로 뭉갤 수 있다는 말이다. 다른 연구에서는 프로프라놀롤을 투여한 상태에서 장기기억에서 사건에 대한 기억을 불러오면 그 기억이 재강화되는 것도 방해하는 것을 시사해 주는 결과를 보였다. 실제 심리치료 장면에서 자주 쓰이는 행동치료의 **노출**(exposure) 기법에서도 기억을 부르고 사건을 재경험하면서 부정적 정서를 희석시킨다. 다시 말해 더 이상 끔찍하지 않은 기억으로 바꾸는 노력을 한다.

그런데 달리 생각해 보자. 싫은 기억을 지우기만 한다면, 혹은 싫은 기억에서 정서를

표 1-2 노출치료 진행의 예

회기	절차
평가와 오리엔테이션	끔찍한 기억 기술―기억 안 나는 부분 체크 어느 때, 어떤 단서 때문에 끔찍한 기억이 떠오르는지 관찰 전반적 심리상태 평가
두려움의 위계 결정	덜 끔찍한 부분 → 가장 끔찍한 부분(예 : 멀리서 총소리가 들린다. → 주위에서 소리를 지른다. → 문밖에서 무언가가 무너지는 소리와 함 께 총소리가 크게 들린다.)
노출 시도	안전한 심리치료실에서 상상이나 가상현실을 활용한다. 위계의 가장 아래, 덜 두려운 부분을 상상한다. 5분 이상 머무른다. 끔찍해서 상상을 그만 두고 싶어도 상상을 계속 하도록 옆에서 지지해 준다. 불편감이 감소될 때까지 같은 장면을 여러 번 상상한다. 필요 시 상상이 아닌 실제 장면이나 실제 물체에 노출을 적용해 본다.
노출 마스터	치료가 깊어지면서 점점 더 끔찍한 장면으로 노출을 진행한다. 노출 후 시작할 때의 두려움과 안전한 현재 상황을 대비하고 그 차이 를 강조한다. 가능하면 노출 초기에는 자주 치료하고 어느 정도 장면들을 마스터하면 치료 빈도를 낮춘다.
부스터	치료자 도움 없이 집에서 연습하다가 재발이 되거나 복습이 필요하면 치료자에게 부스터 치료를 요청한다. 치료 종료 시 한 달 후 부스터 치 료를 예약해 두기도 한다.

완전히 떼어버리면서 산다면 온전한 삶을 사는 것인가? 그런다고 진정 행복한 삶을 살 수 있을 것인가? 아기 때부터 그렇게 산다면 감성지능, 정서지능이 제대로 발달할 것인가? 다른 사람을 이해하고 공감하는 능력, 소통하는 능력이 제대로 발달할 것인가? 인격적 성장이 이루어질 것인가?

창조적 행위는? 예술작품은? 아마도 훌륭한 예술작품이 탄생하기는 어려울 것이다. 물론 대리경험이나 상상력이란 것이 창작활동을 가능하게 만들겠지만 그런 것조차도 어느 정도 본인의 과거 경험이 토대가 된다. 뛰어난 작품은 작가가 고통과 혼란 속에서 전쟁하듯이 작업하다가 혹은 그것을 극복하는 과정에서 남겨진 전리품 같은 경우가 많다. 자신을 제물로 바친 격이다.

예술은 정서가 구현된 것이다. 정서가 멋지게 표현된 예술작품은 사람들을 감동시키고 위로해 주는 등, 정서를 조절해 준다. 그런데 예술 행위로도 강렬한 정서가 조절되지 않아서 양극성 장애 등 정서장애로 발전한 경우도 있고 정서장애를 겪는 사람이 다른 사람들에게 없는 독특한 영감과 특이함으로 창조적인 활동을 한 결과가 예술작품일 수 있다. 정신적 고통을 경험함으로써, 또한 그 고통과의 싸움 속에서 창조적 작업에 매달린 결과 우리에게 감동과 삶의 영감을 안겨주고 있다.

표 1-3 정서 문제로 고통받았던 유명 작가의 예

이름	증상, 참고사항
에드바르 뭉크	광장공포증, 우울증, 이성공포증(여성혐오증). 어린 나이에 어머니와 누나를 여읨. 특히 자화상을 통해 자신의 고통스러운 내면을 드러냄
까미유 끌로델	우울증, 알코올 의존, 조현병 증상. 다른 형제들만 편애하던 어머니 밑에서 냉대받으면서 자람. 연인이었던 로댕과의 결별 후 빈곤에 시달림
윌리엄 버틀러 예이츠	배려심 없이 좌절과 고통을 주던 여인의 배신, 실연에서 비롯된 우울증. 실연과 놓친 여인을 주제로 한 시 연작
로버트 프로스트	우울증. 어릴 때 아버지의 병사를 필두로 아들의 자살까지 평생 연이어 가족들의 죽음을 맞이함. 어머니, 아내, 딸 모두 우울증
베토벤	난청이 된 이후 우울증. 동생의 죽음 이후 조카양육을 둘러싼 스트레스에 시달림. 양육권을 제수에게 빼앗긴 뒤 의욕 상실

그림 1-4 뭉크의 작품 '절규'를 담은
노르웨이 우표

그림 1-5 끌로델의 작품 '왈츠'를 담은
프랑스 우표

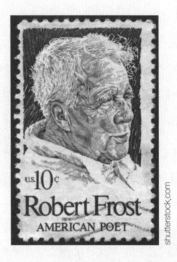

그림 1-7 프로스트의 모습을 담은 미국 우표

그림 1-8 베토벤의 모습을 담은
오스트리아 우표

그림 1-6 예이츠의 모습과 글씨를 담은
아일랜드 우표

요약

----

1. 심리학에서는 'emotion'을 '정서'로 번역해서 쓰고 있다. 아직 익숙하지 않다면 당분간 '감정'이라고 생각하고 이 책을 읽기 시작하면 된다.

2. 정서는 살면서 부딪히는 장애물과 문제를 해결하고 극복하기 위해 진화되었다. 그러나 조절하지 않으면 부정적인 결과를 초래하는 경우가 있다.

3. 고통스러운 기억을 잊거나 바꾸는 방법에 대한 실험적 연구가 수행되었다. 약물 등을 사용한 방법은 실험적으로 시도되는 단계이고 현재는 심리치료자와 함께 전문적인 정서조절을 통해 기억에 채색된 정서를 흐리게 하는 방법이 정서 문제를 극복하는 데 도움을 준다.

4. 예술가는 자신의 정서를 작품활동을 통해 조절하거나 전달한다. 예술적 행위로도 정서가 조절되지 않아 정서 문제를 겪는 경우도 있고 정서 문제를 가진 사람이 독특하고 창의적인 활동을 한 결과가 그 사람의 예술작품일 수 있다.

제 2 장

정서란 무엇인가?

학습목표

1. 정서의 정의에 대해 설명할 수 있다.

2. 정서/감정/기분/느낌의 차이에 대해
   설명할 수 있다.

3. 연구에 근거해서 정서이론을 이해한다.

4. 정서를 측정하는 방법에 대해 알아본다.

 학습개요

이 장에서는 정서를 이해하기 위한 기본적인 내용에 대해 다룰 것이다. 먼저 정서란 '무엇'인가에 대한 이론별 정의를 살펴본 다음 정서와 관련된 단어인 감정, 기분, 느낌과의 차이에 대해 알아본다. 다음으로 정서가 '어떻게' 발생하고 작용하는지에 대한 대표적인 세 가지 정서이론에 대해 설명하고, 정서를 측정하기 위한 방법에는 어떤 것이 있는지 알아볼 것이다.

1. 정서의 정의

인간이란 존재는 여인숙과 같다.
매일 아침 새로운 손님이 도착한다.

기쁨, 절망, 슬픔
그리고 약간의 순간적인 깨달음 등이
예기치 않은 방문객처럼 찾아온다.

그 모두를 환영하고 맞아들이라.
설령 그들이 슬픔의 군중이어서
그대의 집을 난폭하게 쓸어가 버리고
가구들을 모두 내가더라도

그렇다 해도 각각의 손님을 존중하라.
그들은 어떤 새로운 기쁨을 주기 위해
그대를 청소하는 것인지도 모르니까

어두운 생각, 부끄러움, 후회
그들을 문에서 웃으며 맞으라.
그리고 그들을 집 안으로 초대하라.
누가 들어오든 감사히 여기라

모든 손님은 저 멀리에서 보낸
안내자들이니까.

– 여인숙, 잘랄루딘 루미(1207~1273)

이란의 신비주의 시인, 잘랄루딘 루미의 〈여인숙〉이라는 시를 류시화 시인이 번역한
것이다. 원작의 시인은 인간을 여인숙에 비유하고 마음속에 일어나는 여러 현상을 아
침마다 찾아오는 손님에 빗대어 적었다. 시의 내용처럼 우리 마음속에는 하루에도 몇

번씩 수만 가지 생각과 정서가 찾아온다. 우리는 이 책에서 '정서'라는 손님들에 대해 이야기를 나눠보고자 한다. 그들은 누구인가? 어디서 와서 어떻게 머무는가? 이 질문에 대한 답을 함께 찾아보자. 사실 필자는 '그들은 모두 손님이다. 그리고 때로는 안내자일 수도 있다.'는 시인의 말이 정서를 대단히 잘 표현해 주고 있다고 생각한다. 여러분은 어떠한가? 아마 여러분도 각자 정서에 대해 나름대로 가지고 있는 생각이 있을 것이다.

이런 경험적이고 직관적인 생각들은 개인적인 감상이나 문학적이고 사상적인 영역에서는 충분히 인정받고 기능한다. 그러나 과학의 영역이라면 어떨까? 과학자들은 객관적인 증거를 정확히 측정하여 그 데이터를 토대로 개념을 정의해야 한다. 따라서 정서가 손님이며 안내자라는 표현은 과학의 영역에서는 너무나 모호하다.

이제 우리는 마음을 과학적으로 연구하는 심리학자로서 정서라는 손님을 만나게 될 것이다.

우울, 불안, 행복, 지능, 성격 등 마음의 작용은 눈에 보이지 않지만, 분명히 존재한다. 심리학자들은 이런 물리적 실체가 없는 개념을 연구하기 위해서 가장 먼저 개념을 정의하는 작업을 한다.

국어대사전에서 '**정서**(情緒)'를 찾아보면 "사람의 마음에 일어나는 여러 가지 감정. 또는 감정을 불러일으키는 기분이나 분위기"라고 쓰여 있다.

우리는 마음에서 일어나는 여러 가지 현상들에 대해 잘 알고 있는 것 같지만 정확히 그것이 무엇인지에 대해서는 대답하지 못하는 경우가 많다. 우울함을 느끼지만 '우울'이라는 것이 무엇인지 정의 내리기는 힘들고, 행복하다고 말하지만 정작 '행복'이 무엇이냐 물으면 대답하기 망설여진다.

정서도 마찬가지다. 정서가 무엇인지 다들 잘 알고 있는 것 같지만 막상 그 정의를 내려 보라고 하면 답하기를 망설인다. 사실 일상을 살아가는 일반인들이 정서에 대한 정의를 정확히 알 필요는 없다. 그러나 학문적으로 정서를 연구하는 심리학자들에게 개념의 정의를 내리는 작업은 꼭 필요하고 중요한 일이다. 개념을 어떻게 정의하느냐에 따라 연구주제, 연구방법, 나아가 치료방법이 달라지기 때문이다.

그림 2-1 정서가 무엇인지 알고 있는 것 같지만 막상 정의 내리기는 어렵다.

개념에 대한 정의는 연구자가 접근하는 이론적 배경에 따라 달라질 수 있다. 어떤 심리학적 개념이든 연구자에 따라 정의가 다를 수 있지만 정서의 경우는 더 다양한 의견들이 존재한다. 지난 100년여간의 연구에서 정서에 대한 수십 개의 정의가 쏟아졌고, 지금도 많은 이들이 정서란 무엇인가에 대해 끊임없이 질문을 던지고 있다. 앞으로 만나게 될 여러 정의를 통해 여러분은 정서의 다양한 측면에 대해 이해할 수 있을 것이다.

1) 정서 정의하기

정서(emotion)[1]라는 단어는 어떻게 생겨났을까? emotion의 어원을 살펴보면 라틴어 *emovere*에서 유래된 것으로 보인다. 여기서 *e*는 'out'의 의미이고 *movere*는 'motion'이란 뜻으로, emotion은 '바깥으로 움직이다'라는 뜻이 된다. emotion이란 단어가 처음 일상에서 사용되었을 때는 '소란 혹은 소요'라는 뜻으로 쓰였고, 1650년대에는 '강한 느낌(strong feeling)', 1800년대에 와서는 '여럿 중에 한 느낌(any feeling)'의 의미로 사용되었

---

1) 이 책에서는 정서와 관련된 용어의 번역을 한국심리학회 심리학 용어 사전 및 DSM-5의 설명을 참고하여 아래와 같이 구분하여 사용한다.

emotion-정서/affect-감정(정동)/mood-기분/feeling-느낌

다(최현석, 2011). 단어의 어원과 변천사를 보았을 때 정서가 가지는 의미의 중심이 되는 것은 '움직이는 에너지', '어떠한 느낌'이라는 것을 알 수 있다. 현재 일상에서 쓰는 정서의 의미(사람의 마음속에 일어나는 여러 가지 감정 또는 감정을 불러일으키는 기분이나 분위기)와도 얼추 맞는다.

그렇다면 학문적으로 연구될 때의 정서는 어떻게 정의 내리는 것이 적절할까? 심리학에서 정서가 무엇인지 본격적으로 연구하게 된 것은 1879년 빌헬름 분트가 라이프 치히대학에 심리학 실험실을 설립한 이후였다. 이후 현재까지 수많은 학자가 정서라는 단어에 대해 정의를 내리기 위한 시도를 거듭했다.

결론적으로 말하면 현재까지도 정서란 무엇인가에 대한 의견의 일치를 보지 못하고 있다. 따라서 우리가 할 수 있는 일은 여러 학자의 연구를 통해 정서를 다각도로 조명하여 통합적으로 이해하고 정리하는 것이다. 다음은 정서의 대표적인 정의를 정리한 것이다.

진화론적 접근

정서는 독특한 신체적 각성 패턴이나 행동 표현 방식 등을 포함하며, 이러한 것들은 인간이 처해 있는 환경의 위험에 대처하기 위해서 지속적으로 진화했다(Darwin, 1859). … (정서는) 자기 보존과 종족 보존이라는 삶의 두 가지 기본 원칙에 의거하여 우리의 행동을 이끌어 간다(MacLean, 1963).

정신분석적 접근

정서는 표현되고자 하는 일종의 에너지이며, 반응 과정이다(Freud, 1915).

행동주의적 접근

정서는 신체적 기제 전체, 특히 내장과 내분비체계의 심원한 변화를 수반하는, 유전적으로 정형화된 반응(pattern-reaction)이다(Watson, 1924).

감정(느낌)은 단순히 신체상태에 따른 반응에 지나지 않는다(Skinner, 1985/1989).

심리생리적 접근

어떤 중요한 사건을 지각하자마자 곧 신체적 변화가 일어나고, 이렇게 일어나는 신체적 변화에 대한 느낌이 바로 정서라는 것이다(James, 1884).

신경학적 접근

정서의 독특한 성질은 단순한 감각경험에 부가된 것으로 (뇌의) 시상과정(thalamic processes)이 각성될 때 일어난다(Cannon, 1929).

인지 중심 접근

정서는 좋게 평가된 것으로는 접근하고 좋지 않게 평가된 것으로부터는 멀어지려고 하는 경향성이며, 상황에 대한 평가는 뇌의 중재로 이루어진다(Arnold, 1960/1970).

정서 상태에 있어서 인지적 요인은 없어서는 안 될 중요한 요소이다(Schachter & Singer, 1962).

평가, 결과적 행위 경향성, 심리적 반응양상, 주관적 경험 모두를 포함한다… 이러한 모든 것들은 평가가 일어난 후에 연쇄적으로 일어나는 대처과정으로 변형된다(Lazarus, 1991).

통합적 접근

(정서는) 주관적 요인과 객관적 요인 간의 복잡한 상호작용으로 신경/호르몬계의 개입을 받아 전개되며, ① 각성 또는 쾌/불쾌와 같은 감정적인 경험 ② 정서적 지각, 평가, 분류 등의 인지적 과정 ③ 자극에 대한 광범위한 생리적 반응 ④ 목표 지향적이고 적응적인 행동을 유발할 수 있다(Kleinginna & Kleinginna, 1981).

통합적 접근에서 클레인지나 등은 과거의 자료에서 92개 정의를 찾아 통합하고자 했다. 이를 참고하여 살펴보았을 때, 연구자들 사이에 공통적인 의견은 정서란 어떤 대상이나 상황을 지각하고 그에 따르는 생리적 변화를 수반하는 복잡한 과정이라는 것이다(김경희, 2004).

생리적 반응

쾌/불쾌 감정

인지/평가

행동

대상

상황

유발사건

그림 2-2 통합적 접근 : 정서는 대상 · 상황 등 유발사건을 지각하고
그에 따른 생리적 변화 등을 수반하는 복잡한 과정이다.

2) 정서/감정/기분/느낌은 어떻게 다른가?

여러분은 평소 주변 사람들과 대화를 할 때 '정서, 감정, 기분, 느낌'이라는 단어들을 어느 때 사용하는가? 그 차이에 대해 고민한 적이 있는가? 네 단어는 동의어인가? 아니라면 어떤 차이가 있는지 설명할 수 있는가?

네 단어 모두 널리 사용되고 있기는 하지만 상호 교환적으로 사용되거나 서로 의미가 중첩되는 경우가 많아서 구분 짓기가 어렵다. 일상생활에서야 맥락에 따라 자연스럽게 사용하면 되지만 심리학을 탐구하기 위해서는 그리고 전문가들이 원활하게 소통하기 위해서는 단어의 의미와 차이에 대해 짚고 넘어갈 필요가 있다. 이 책에서는 한국심리학회 심리학 용어 사전 및 DSM-5의 설명을 참고하여 다음과 같이 구분하고 있다.

emotion	정서
affect	감정(정동)
mood	기분
feeling	느낌

논문이나 각종 기사, 책 등을 보면 용어들의 한국어 번역이 서로 다른 경우가 많다. 특히 emotion과 affect의 경우 정서와 감정이라는 두 가지 번역이 혼재하고 있는데, 실제 논문들에서도 상당히 모호하게 기술되어 있고 곳곳에서 혼용된다(Plutchik, 2003).

(1) 정서

정서(emotion)에 대한 정의는 앞서 길게 설명했듯이 한마디로 정리할 수는 없다. 다만 외부 자극을 지각함으로써 생리적 변화를 수반하여 일어나는 마음의 여러 가지 반응이라고 하는 점에서는 이견이 없을 것이다. 비유로 표현하자면 마음이 '하늘'이라고 했을 때 정서는 마음의 '날씨'라고 할 수 있다.

(2) 감정/정동

affect는 라틴어 *affectus*에서 유래되었는데 이는 '접촉하여 흔적을 남긴다'는 의미이다 (최현석, 2011). **감정**(affect)은 정서가 다른 사람에 의해서 관찰 가능하도록 표현된 행동 양식을 뜻하며, 예로 슬픔, 분노, 들뜸 등이 있다(APA, 2013). 정서가 '날씨'라면 감정은 '기상 현상'에 비유할 수 있다. 비유적으로 이야기하자면 어느 날 하늘에 하얀 뭉게구름이 떠다니기도 하고 햇살이 밝게 비추기도 했다면 우리는 그날을 화창하다고 할 것이다. 또 먹구름이 끼거나 해가 보이지 않은 것을 보면 "오늘은 날이 흐리네."라고 한다. 이처럼 뭉게구름, 햇살, 먹구름(감정)은 화창하다, 흐리다는 날씨(정서)에 비해 일시적이며 변동이 있고 직접 관찰이 가능하다. 이러한 의미에서 감정은 움직일 동(動)을 사용하여 정동(情動)이라고도 말한다.

일상에서는 감정이라는 단어를 자주 쓰지만 심리학, 정신과적 장면에서는 정동이라는 단어를 사용하여 '감정장애'라고 하기보다 '정동장애'라고 한다.

(3) 기분

감정/정동을 '기상 현상', 정서를 '날씨'에 비유한다면 기분은 '기후'라고 할 수 있다. **기분**(mood)은 보다 전반적이고 지속적인 정서다. 좋은 일들이 쌓여서 긍정적인 정서가 반복되어 나타나 '행복하다'라고 말할 수도 있고, 별다른 일이 없는데도 기본적으로 '행복하다'라는 정신 상태(기분)를 유지할 수도 있다. 일반적으로 정서는 그 정서를 일으킨 사건을 파악하기가 쉬운 반면 기분은 정확한 사유를 짚기 어려울 때가 많다. 정서가 수 초간, 혹은 수 분간 지속된다면 기분은 수 분에서 수 시간 이상 지속된다.

이처럼 기분은 주변 세계의 지각에 영향을 미칠 수 있는 광범위하고 한동안 지속되는 정서 상태를 의미한다(APA, 2013).

(4) 느낌

우리는 살면서 **느낌**(feeling)이라는 말을 감정, 기운, 예감, 생각 등 다양한 의미로 활용한다. 이 중 정서와 관련지어 생각해 봤을 때 중요한 지점은 느낌이라는 단어 속에는 감정과 함께 감각이라는 의미가 포함되어 있다는 것이다. 마음으로 아는 것과 더불어 신체적인 감각으로 깨닫는 정서가 바로 느낌이라 할 수 있다.

지금까지 탐색해 보았던 네 단어의 특징을 문장으로 표현해 보면 다음과 같다. 여러분도 아래 문장을 읽어보며 네 단어의 뉘앙스를 경험해 보기 바란다. 다시 강조하지만 전문가들 사이에서도 혼용되는 경우가 많으므로 일상적 대화에서 굳이 구분 짓느라 고민할 필요는 없다.

나는 정서적으로 안정된 사람이 좋아.
그는 끓어오르는 감정을 주체할 수 없어 크게 소리를 질렀다.
요즘 어쩐지 축 처지는 기분이 들어.
섬뜩한 느낌이 들어 뒤를 돌아보니 검은 형체가 보였다 사라졌다.

2. 정서 연구의 역사

정서는 늘 인간과 함께 존재했다. 정서가 없는 인간은 없기 때문이다. 그러나 정서의 중요성이 인식된 것은 비교적 최근의 일이다. 오래전부터 이성(理性)은 우월한 인간의 특성으로 여겨졌지만, 정서의 영역(감정, 기분, 느낌)은 이성과 비교하면 덜 세련되고 절제되지 않은 본능적인 것으로 여겨졌기 때문이다.

시대를 거슬러 올라가 보자. 고대 그리스의 대표적인 철학자인 플라톤(BC427~347)

은 그의 저서 『파이드로스』에서 마음이란 두 마리의 말이 끄는 마차라고 하였다. 여기서 두 마리의 말은 정서고 말을 다루는 마부는 합리적인 이성으로, 정서는 합리적인 이성에 의해 달려갈 방향이 정해지고 통제되어야 한다고 말했다. 플라톤에게 있어 열정, 욕구, 두려움과 같은 정서는 마치 길들여지지 않은 야생마와 같아서 이성적인 사고를 제대로 하지 못하도록 막는 존재였다(최준식, 2006).

아리스토텔레스(BC384~322)는 행복을 삶의 궁극적인 목적인 최고선(最高善)으로 보았는데, 행복을 얻기 위해서는 이성적 기능을 잘 발휘해야 하는 최고의 덕(德)에 따라 살아야 한다고 하였다. 아리스토텔레스에게 있어 덕이란 이성과 감정(정서)의 조화로운 관계였으므로 이성으로 감정을 통제해야 한다고 생각하지 않았다(김요한, 2014). 만약 분노를 느낀다면 그것을 이성적으로 통제하여 없애는 것이 아니라 이성적 과정을 거쳐 마땅한 일에 적절히 표현해야 한다. 즉, 감정은 중용의 관점에서 적응적으로 다루어야 한다는 것이다.

고대 그리스 이후 헬레니즘 시대(BC330~30)에는 에피쿠로스학파와 스토아학파가 등장했다. 에피쿠로스학파는 쾌락주의라고 알려졌는데 여기에서 쾌락은 무분별한 욕구, 향락 추구의 의미가 아니다. 이들은 육체적·정신적 고통과 혼란이나 불안이 없는 평온한 상태인 아타락시아(ataraxia)를 추구했다. 스토아학파는 만물의 본질이 이성이라고 생각하고 정념(정서)을 고통과 좌절의 근원으로 생각했다. 스토아학파가 제시한 바람직한 삶은 신이 정해 놓은 질서에 순응하는 것이었고, 우리의 욕구를 충족시키는 것은 가치가 없다고 여겼다. 따라서 그들은 이성적인 태도를 유지함으로써 어떤 상황에서도 흔들리지 않는 의연함과 평온한 상태—아파테이아(apatheia)—를 추구하였다.

이성을 중시하던 흐름은 18세기까지 이어졌다. 순수이성론을 주장했던 칸트(1724~1804)는 정서를 억제하고 이성적으로 생각하는 것이 인간만이 가진 능력이라고 하면서 정서보다는 이성이 우월하다고 했다.

18세기 후반부터 19세기 중엽에 걸쳐 이성의 이면에 있는 주관적이고 정서적인 표현에 가치를 둔 낭만주의가 유행하였으나, 19세기 말에는 다시 이성이 중심으로 자리 잡았다.

1879년에 빌헬름 분트(1832~1920)가 독일 라이프치히대학에 심리학 실험실을 설립하여 과학적인 심리학 연구의 시작을 알렸다. 이때부터 정서가 과학적인 방법으로 연구되기 시작했다고 보아도 좋을 것이다. 분트는 정서를 쾌-불쾌, 긴장-이완, 흥분-우울 세 가지 차원의 결합이라고 보았다. 이후 1920년대까지 정서에 대한 진화론적, 생리학적, 신경학적 관점에서 다양한 연구들이 활발히 진행되었다.

하지만 1930년대부터 1960년대까지는 행동주의의 시대였다. 행동주의에서는 관찰할 수 있는 행동만을 연구 대상으로 삼았기 때문에 정서에 관한 개인의 주관적 보고는 과학적 증거로 신뢰할 수 없다고 여겼다. 따라서 행동주의에서는 정서를 과학적인 심리학에서 첫 번째로 배제되어야 하는 불분명한 개념으로 여겼고, 이 때문에 행동주의가 유행했던 약 30여 년 동안은 정서에 관한 책이나 논문이 거의 없었다(Plutchik, 2003).

이후 1960년대 초반 행동주의를 비판하며 등장한 인지심리학은 심리학 연구에 인간의 '마음'을 돌려놓고자 했다. 인지심리학에서는 인간을 컴퓨터라 가정하고 컴퓨터가 입력된 정보를 처리하듯이 인간의 마음이 정보를 처리하는 것을 일종의 '정신 과정(mental process)'의 측면에서 연구하고자 했다. 이에 정서를 대상으로도 인지적 접근이 이루어졌고, 이후 뇌과학이 발달함에 따라 정서 과정에 기초가 되는 뇌 영역의 활동을 확인하고, 정서와 뇌 활동 간의 연결을 파악하고자 하는 연구들이 수행되고 있다.

3. 정서이론

정서의 정의에서 정서란 '무엇'인가를 살펴보았다면, 정서이론을 통해서는 정서가 '어떻게' 발생하고 작용하는지에 대한 대표적인 세 가지 이론을 설명하고자 한다.

여러분은 신체변화와 정서경험 중 어느 것이 더 먼저 일어나는가에 대해 생각해 본 적이 있는가? 곰을 보고 무서워서 심장이 빨리 뛰는 것을 느끼면서 달아난다(그림 2-3).

그림 2-3 일반적인 생각

이것이 일반인들이 생각하는 이론이다. 특정한 자극에 대한 지각을 기초로 하여 이에 대한 정서를 경험하며 이 정서에 따라 신체 반응이 후속적으로 나타난다는 것이다. 심리학자들은 당연한 듯한 이 생각에 대해 서로 다른 의견을 내놓았다. 신체변화와 정서 경험 중 어느 것이 더 먼저 일어나는가에 대한 세 가지 다른 의견을 알아보자.

1) 제임스-랑게 이론

미국 심리학의 창시자이자 심리학의 아버지라 불리는 윌리엄 제임스(1890~1981)는 1884년에 발표한 '정서란 무엇인가'라는 논문에서 정서란 우리가 특정 상황에 대해 신체가 반응하는 방식에 붙이는 이름(James, 1884)이라고 정의하였다. 반응에 대한 지각이 먼저 이루어지고 연이어 신체적 변화가 나타나는데, 이러한 변화에 대해 느끼는 것이 바로 정서라는 것이다.

일반적인 상식으로는 곰을 보고 두려움을 느낀 뒤 도망을 간다. 그러나 제임스는 우리가 곰을 무서워해서 도망가는 것이 아니라, 곰을 본 우리의 심장은 빨리 뛰고(신체적 변화) 도망가게 되는데(행동), 이러한 생리적 변화와 행동에 두려움(정서)이라는 이름을 붙이는 것이라고 설명한다(그림 2-4).

그는 분노면 분노, 슬픔이면 슬픔 정서에서 자율신경계[2]의 패턴이 독특하게 나타난

---

2) 인간이 의도적으로 조절할 수 없는 신경계. 호흡기관, 소화기관 등 주로 내장기관을 제어하는 역할을 한다.

그림 2-4 제임스-랑게 이론

다고 주장하였다. 각 정서마다 다른 생리적인 반응특징을 가지고 있기 때문에 정서도 서로 다르게 느껴진다는 것이다.

이 이론은 제임스와 거의 동일한 시기에 덴마크의 심리학자인 카알 랑게(1884~1922)도 같은 내용으로 제안했기 때문에 **제임스-랑게 이론**이라고 불린다. 제임스-랑게 이론에서는 근육 같은 신체 내부로부터 오는 감각이 정서의 온전한 경험에 필수적이다. 신체 활동과 생리적 지각이 곧 정서를 결정하며 자율신경계로 인한 감각의 발생은 정서를 일으키고, 감각이 감소하면 정서도 감소된다. 그리고 정서의 종류는 신체가 반응하는 특정 양식에 의해 결정된다.

그러나 이후 다수의 연구에서 사전 신체변화 없이도 정서경험이 가능하다는 것이 밝혀졌다. 또 상이한 정서를 경험함에도 유사한 신체반응을 보인다. 가령 사랑하는 사람을 멀리서 보았을 때도 두려움을 느낄 때와 마찬가지로 심장이 뛴다. 마지막으로, 대상에 대한 지각이 신체적 변화를 유발시키고 이후 정서경험을 하게 된다는 주장은 인지적 지각과 신체적 변화의 관계에 대해 충분한 설명을 하지 못한다는 점에서 한계를 갖고 있다.

2) 캐넌-바드 이론

이 이론은 월터 캐넌(1871~1945)과 그의 제자 필립 바드(1898~1977)가 제임스-랑게 이론에 대한 대안으로 내놓은 이론이다.

생리학자였던 캐넌은 인간이 스트레스를 받거나 위험한 상황에 처했을 때 자신의 의

심박수 증가
신체적 변화

두려움
정서

자극 → 시상하부 각성

그림 2-5 캐넌-바드 이론

지와는 관계없이 작동되는 자율신경인 교감신경계에 의해 '싸우기 혹은 도망가기(fight or flight)' 행동과 관련된 생리적 반응을 보인다는 것을 발견했다. 제임스-랑게 이론에서는 외부 자극에 대해 심장이 빨리 뛰는 등의 신체적 변화가 있고 나서 두려움이라는 정서를 경험한다고 하였지만, 캐넌-바드는 외부의 자극에 대해 심장이 빨리 뛰는 신체적 변화와 두려움이라는 정서 반응이 거의 동시에 일어난다고 주장했다. 그들은 고양이를 이용한 많은 연구를 통해 뇌의 **시상하부**(hypothalamus)[3]가 신체적 변화와 정서를 함께 경험하도록 하는 데 중요한 역할을 한다고 주장했다. **캐넌-바드 이론**에 따르면, 곰을 발견하고 뇌의 시상하부가 자극을 받아 각성하게 되면 신체적 변화와 정서 표현을 하게 하는 뇌의 부분으로 각각 신호를 보낸다는 것이다(그림 2-5). 이로 인해 우리는 심장이 빨리 뜀과 거의 동시에 무서움이라는 정서를 느끼게 된다고 했다.

제임스-랑게 이론과 캐넌-바드 이론에서 쟁점이 되었던 것은 정서경험과 신체변화 중 어느 것이 더 먼저냐 하는 것인데, 결국 중요한 것은 정서 경험과 신체적 변화가 매우 관련되어 있다는 것이다.

3) 샥터-싱어의 2요인 이론

컬럼비아대학교의 스탠리 샥터(1922~1997)와 제롬 싱어(1934~2010)는 동일한 생리

---

3) 감정표출, 체온조절, 배고픔, 목마름, 수면 등 우리 몸의 항상성 유지를 위한 중요한 역할을 담당하는 뇌 부위

적 반응이 일어날지라도 주변 상황에 따라 정서가 다르게 지각됨에 주목했다.

그들은 자율신경계 중 교감신경계의 활성화가 정서의 유발에 중요한 기여를 한다(제임스-랑게 이론)는 것과 교감신경계의 활성화가 모든 정서에 근본적으로 동일하다(캐넌-바드 이론)는 두 가지 주장을 모두 받아들였다.

정서가 발생하는 데 교감신경계의 생리적 활성화가 중요하기는 하나, 생리적 반응은 정서의 강도만 정할 뿐이지 정서의 종류를 결정하지는 않는다. 모든 정서가 아주 유사한 생리적 반응을 유발하기 때문에 신체 반응을 관찰하는 것만으로는 어떤 정서를 느끼고 있는지 알 수 없다고 가정한다. 이들은 교감신경계의 활성화가 정서 경험에 필요하지만 충분조건은 아니라고 하면서, 정서적인 것으로 이름을 붙이는 또 다른 과정이 있어야 한다고 보았다. 신체적 감각이 생겼을 때 상황에 관하여 가지고 있는 정보를 근거로 어떤 정서를 느끼고 있는지 알아내고 이름을 붙인다는 것이다(Schachter & Singer, 1962). 정서에는 신체적 감각을 느끼는 것과 그 감각을 명명하는 과정, 두 단계가 있다는 의미에서 이 이론을 '**정서의 2요인 이론**(two-factor theory of emotion)'이라고 한다. 이에 관한 유명한 실험을 소개한다.

우선, 참가자들의 교감신경계를 각성시켜 심장을 빨리 뛰게 하는 효과가 있는 에피네프린을 투여하고 그 효과에 대해 설명해 주는 A그룹, 에피네프린을 투여하지만 그 효과에 대해서는 설명하지 않는 B그룹, 아무 효과가 없는 위약을 투여하는 C그룹으로 나눈다.

A그룹 : 에피네프린 투여＋약물 효과 설명함
B그룹 : 에피네프린 투여＋약물 효과 설명하지 않음
C그룹 : 위약 투여

다음으로 A, B, C그룹의 사람들을 섞어 무작위로 두 가지 실험 상황에 배치한다.

행복감 상황 : 참가자인 척하는 보조 실험자가 즐거운 놀이 참여를 유도함
분노 상황 : 참가자들에게 모욕적인 설문지에 답하게 함. 참가자인 척하는 보조

실험자가 분노를 표출함

실험이 끝난 후, A, B, C그룹의 행복감/분노를 측정했다. 결과는 A그룹, C그룹보다 B그룹이 상황에 따른 행복감/분노를 미약하지만 더 많이 경험하였다. B그룹의 경우 에피네프린으로 인한 교감신경계 각성 효과(심장이 빨리 뛸 것이다)를 사전에 알지 못하였기 때문에 자신의 심장이 빨리 뛰는 등의 신체적 흥분을 해석하는 데 상황적 요소(보조 실험자의 행동)만을 참고했다. A그룹의 경우는 에피네프린이 신체적 흥분을 일으킨다는 것을 알고 있었다. 이들은 신체 반응을 에피네프린의 효과로 해석했기 때문에 상황(보조 실험자의 행동)에 의한 영향을 크게 받지 않았을 것이다.

이 실험을 통해 알 수 있는 것은 심장이 빨리 뛰는 것과 같은 신체적 흥분을 즐거움, 분노와 같은 정서로 해석하는 데 주변의 상황적 요소가 영향을 미칠 수 있다는 것이다. 하지만 만약 A그룹의 경우처럼 심장이 뛰는 것을 예상할 수 있다면 어떨까? 상황과 정서의 연결고리는 약해져서 신체적 반응을 정서적으로 해석할 때 주변 상황의 영향을 적게 받을 것이다.

이처럼 2요인 이론에서는 신체적 반응이 곧 정서로 느껴지는 것은 아니며, 신체적 감각을 느끼는 것과 그 감각에 대해 상황적으로 해석하는 두 단계를 통해 정서를 경험한다고 설명한다(그림 2-6).

그림 2-6 샥터-싱어의 2요인 이론

4. 정서 측정하기

정서를 측정하는 방법 중 가장 손쉬우면서도 정확한 방법은 무엇일까? 여러분이 만약 친구의 정서 상태를 알고 싶다면 어떻게 할지 생각해 보자. 아마 처음에는 얼굴 표정을 살피고, 가능하다면 기분이나 감정이 어떤지 직접 물어볼 것이다. 그런데 친구가 입을 꾹 닫고 아무 말도 하지 않거나 표정과는 상반된 감정을 이야기한다면 답답한 마음에 친구의 머릿속을 들여다보고 싶을지도 모른다.

정서를 측정하기 위해 연구에서 쓰이는 방법도 비슷하다. 행동을 살피거나 직접 물어보거나, 심박수를 측정하고 채혈을 하기도 하며 뇌 영상을 찍기도 한다. 물론 정서의 정의와 이론적 배경에 따라 시사점이 다르기 때문에 연구마다 측정법은 달라질 수 있지만, 최근에는 이론들이 통합되면서 개념을 공유하게 되어 측정방법도 비슷해지고 있다.

정서 측정을 위해서 선행되어야 하는 것은 바로 측정을 위해 정서를 불러일으키는 일이다. 심리학 연구에서 주로 정서를 느끼게 하는 방법은 다음과 같다(Shiota, & Kalat, 2015).

① 어떤 정서를 강하게 느꼈던 때의 경험을 생생하게 떠올리는 방법
② 강한 정서를 유발하도록 쓰인 글을 읽고 마치 자신이 그 속에 있는 것처럼 생생하게 상상하도록 하는 방법
③ 정서를 유발할 만한 사진(예 : 테러 현장 사진)을 보게 하는 방법
④ 정서를 유발할 만한 영상을 보게 하는 방법

이 방법들의 장점은 특정 정서를 목표로 할 때 안면 타당도[4]가 높다는 점이다. 즉, 누가 봐도 실험에서 어떤 정서를 불러일으키고 있는지 명확하게 알 수 있다는 것이다.

---

[4] 전문가가 아닌 일반인이 보더라도 검사로 측정하고자 하는 것이 무엇인지 잘 알아볼 수 있는지를 평가하는 타당도

그러나 연구에서 불러일으킨 정서는 실제 사건이 아니기 때문에 사람들이 실제 삶에서 경험하는 정서와는 차이가 있을 수 있다.

또 윤리적 문제도 고려해야 한다. 격심한 슬픔, 분노, 공포와 같은 정서로 인해 참여자들이 심리적 고통을 겪을 수 있다. 따라서 연구자는 수행되는 연구가 참여자의 권리를 침해하지 않는지, 그 연구 결과로 얻어질 이득과 위험부담에 대해 IRB(연구윤리심의위원회)를 통해 반드시 심사받아야 한다.

1) 행동 관찰

정서를 행동으로 관찰하여 측정하는 방법은 성인뿐만 아니라 자신의 정서 상태에 대해 보고할 수 없는 심한 정신증을 보이는 환자, 영유아, 동물과 같은 집단을 연구할 때 유용하다. **행동 관찰**을 통한 측정은 훈련을 받은 평가자가 연구 대상의 행동을 상세하게 관찰하고 기록하는 것이다. 연구의 신뢰도와 타당도를 높이기 위해 잘 훈련받은 여러 명의 평가자가 필요하다.

평가의 대상에 되는 행동에는 얼굴 표정과 음성을 포함하여 관찰할 수 있는 모든 행동이 포함된다. 특히 연구자들은 얼굴 표정을 만들어 내는 특정 얼굴 근육에 관심을 갖는다. **얼굴 표정 부호화시스템**(Facial Action Coding System, FACS)(Ekman & Friesen, 1984)이라 불리는 표정 해석 시스템을 사용하면 얼굴의 어떤 근육들이 어떤 강도·기간 동안 수축하는지 기록할 수 있다. 특정 정서를 불러일으킨 상황이나, 참가자가 현재 느끼고 있는 정서를 표현하며 표정을 지을 때 FACS를 사용하는 것은 정서를 측정할 때 신뢰롭다는 연구 결과가 있다(Ekman & Friesen, 1975).

그러나 이 방법은 몇 가지 제한점을 갖고 있다. 얼굴 표정을 부호화하는 데 시간이 너무 많이 걸린다. 1분 분량의 영상을 부호화하는 데 보통 30~60분의 시간이 소요된다고 한다. 또 참가자들이 정서를 숨기거나 위장할 수 있으며(Ekman, 2001), 표정에 대한 연구자 간의 의견이 다를 수도 있다.

2) 자기 보고식 측정

마음이 조마조마하다.　예　아니요

지금 느끼는 두려움의 강도는 0~10 중 어느 정도인가요?

일주일에 몇 번이나 외로움을 느끼셨나요?

자기 보고식 측정방법이란 면접이나 설문지를 활용하여 개인이 자신의 주관적인 감정의 강도, 빈도 등 다양한 양상에 대해 묻는 위와 같은 질문에 직접 답하도록 하는 것이다. 이 방법은 시행이 손쉽고 비용 면에서도 경제적이어서 연구에서 흔히 쓰이고 있다.

(1) 형용사 체크리스트

정서를 자기 보고식으로 측정하는 데 많이 사용하는 것 중 잘 알려진 도구로 형용사 체크리스트가 있다. 가장 오래된 검사 중 하나는 고프와 그의 동료(1969)가 개발한 설문지로, 300개의 형용사 단어가 사용되었다. 이런 초기 형용사 체크리스트에는 피곤한 (tired), 졸린(sleepy), 각성상태인(aroused) 등의 신체 증상을 묘사하는 형용사들이 있었는데, 어떤 단어가 정서단어이고 아닌지에 대해 연구자마다 의견이 다르다는 문제가 제기되어 최근에는 두려운, 슬픈, 화난, 행복한 등 정서단어로 의견이 일치하는 단어들로 설문지를 구성하고 있다.

그림 2-7 자기 보고식 측정

형용사 체크리스트에서는 주로 정서를 긍정 정서와 부정정서의 두 가지 범주로 나누어 제시한다. 이 접근법에서 많이 활용되는 설문지로 긍정정서와 부정정서 측정을 위한 간이 척도인 PANAS(Positive and Negative Affect Schedule)가 있다(Watson & Tellegen, 1988). PANAS 척도에는 60개의 정서 단어를 요인분석하여 10개의 긍정정서 단어와 10개의 부정정서 단어, 총 20개 단어가 선정되었다. 각 정서 단어에 대해 일주일 동안 얼마나 강하게 느꼈는지 물어보는 형식이며 채점 방식은 5점 리커트식이고 총점 범위는 0~40점이다.

우리나라에서는 이를 이현희 등(2003)이 번안한 한국판 긍정정서와 부정정서 척도 (Positive Affect and Negative Affect Schedule, K-PANAS)가 주로 사용되고 있다.

(2) 자기 보고식 설문지

자기 보고식 설문지는 정서, 인지, 동기, 행동, 생리적 영역에 관한 문장들에 대해 빈도와 강도를 답하게 함으로써 정서 상태를 측정하는 방법이다. 잘 알려진 자기 보고식 설문지에는 벡의 우울증 척도인 **BDI**(Beck Depression Inventory), **역학조사센터 우울증 척도**(Center for Epidemiologic Studies Depression Scale, CES-D), **상태 불안 척도**(State-Trait Anxiety Inventory, STAI-X-1), **특성 불안 척도**(State-Trait Anxiety Inventory, STAI-X-2) 등이 있다.

K-BDI-Ⅱ(한국어판 벡 우울척도 2판) 우울 증상에 대한 자기 보고형 설문지로 가장 널리 사용되고 있는 BDI는 1967년 벡 등에 의해 개발되었다. 이후 우울 증상을 좀 더 명확히 탐지하기 위해 1996년 2판으로 개정되었고, 한국어판 벡 우울척도 2판은 임승우, 이은호, 황순택, 홍상황, 김지혜가 2019년 번안하여 표준화하였다. K-BDI-II는 검사하는 데 5분 정도 소요되며 간편하게 주요우울증 증상을 평가할 수 있다.

CES-D(역학조사센터 우울증 척도) CES-D는 우울증의 역학적 연구를 위해 미국 정신보건 연구원에서 개발한 우울증의 일차 선별용 도구이다. 이 설문지는 1977년 레드로프에 의하여 개발된 이후 각국의 언어로 번역되어 매우 광범위하게 사용되고 있다. 우리나라에는 전겸구, 최상진, 양병창(2001)이 번안한 통합적 한국판 우울척도가 있다. 총 20문항으로 지난 일주일 동안의 상태에 대해 증상의 존재 기간을 기준으로 4점 리커트 척도로 표시하게 한다. 문항의 주요 내용은 우울한 기분, 죄의식, 무가치함, 무기력감, 절망감, 정신운동의 지체, 식욕감퇴, 수면장애 등이다.

STAI-X-1(상태 불안 척도)와 STAI-X-2(특성 불안 척도) STAI-X-1와 STAI-X-2는 각각 상태 불안과 특성불안을 측정하기 위한 설문지이다. 이 척도는 원래 정상인의 불안 증상을 측정하는 도구로 개발되었으나, 임상 집단의 불안 측정에도 유용한 것으로 밝혀졌다. 20개의 문항을 제시하고 각 문항이 현재 자신의 느낌을 기술하는 정도를 4점 리커트 척도에 표시하라고 지시한다.

이러한 자기 보고식 측정의 장점은 간단하고 수집하기 쉬우며 검사를 하는 사람도 어떤 정서에 대해 측정하고 있는지 명확히 알 수 있다는 점이다. 단점으로는 사람마다 대답하는 기준이 다를 수 있는데, 그렇다 하더라도 그 사람 개인 내적으로는 점수가 의미가 있을 수 있다는 점에서 자기 보고식 측정은 쓰임새가 있다. 예를 들어 심리치료를 받기 전의 우울 점수가 42점이었고 심리치료 후의 우울 점수는 30점이었다고 가정했을 때, 이러한 점수의 변화로 우울감이 낮아진 것을 확인할 수 있다.

(3) 생태순간평가

자기 보고식 측정의 한계점 중 하나는 중요한 사건이 발생한 후 시간이 지나 회상된 정보일 가능성이 높기 때문에 반응이 부정확하거나 편향이 작용할 수 있다는 것이다. 이러한 한계를 보완하기 위한 것이 **생태순간평가**(Ecological Momentary Assessment, EMA)이다(Vandewalle, Moens, Beyers, & Braet, 2016).

EMA는 실제 환경에서 연구 참가자의 정서를 즉각적이며 반복적으로 측정하고 표집하는 방법이다(Shiffman, Stone, & Hufford, 2008). 연구 설계에 따라 예를 들어 '1시간마다' 하는 식으로, 정해진 시각에 상태를 보고하게 할 수도 있고, 스마트폰 등으로 알람을 보낼 때마다 응답하게 하는 신호-수반 기록법(signal-contingent recording, 보행일기 기록이라고도 한다)을 사용할 수도 있다(Smith, Birmingham, & Uchino, 2012).

3) 생리적 측정

앞서 기술한 정서이론에서 정서적 경험에는 교감신경계와 뇌의 활동이 함께 일어난다고 했던 것을 기억하는가? 생리적 측정은 이러한 관점에서 생리적 변화 또는 신경적 변화의 기록을 통해 정서를 알아보는 방법이다. 주로 혈압, 심전도, 피부전기반응, 호흡, 땀, 근육의 긴장, 뇌파, 뇌 활동 등을 측정하며, 행동 관찰이나 자기 보고식 측정의 제한점을 보완할 수 있다. 예를 들어 '불안하다'라는 주관적 보고에 심장박동수가 분당 80에서 130으로 증가했다면 보다 구체적이고 명확하게 정서를 보여줄 수 있다는 것이다.

최근에는 뇌과학의 발달로 뇌의 활동을 측정하는 도구에 의한 연구가 늘어나고 있다. 그중 정서 연구에 주로 사용되는 장치인 EEG와 fMRI를 간단히 소개한다.

EEG(electroencephalogram)는 두피에 전극 단자를 붙여 뇌의 신경세포가 활동할 때 방출하는 전기 신호인 뇌파를 측정하는 장치이다.

측정하는 데 시간이 오래 걸리지 않고 인체에 무해하며, 다른 장치보다는 가격이 싸다는 장점이 있다. 또 각 전극에 가장 가까운 뇌 세포 활동에 관한 정보가 1/1,000초 단위로 기록되므로 뇌 활동의 시간적인 측면에서는 정확한 정보를 제공한다.

그러나 EEG는 두피에 부착된 전극에 가장 가까운 신경세포로부터 나오는 활동을 기록하는 데 가장 적합한 장치로, 정서를 측정하는 데는 제한점이 있다. 정서의 신경 활동 대부분은 뇌의 깊은 영역에서 일어나기 때문이다. 또 〈그림 2-8〉에서 보듯 각 전극이 넓은 영역에서의 활동을 총합하기 때문에 정서로 인해 활동이 활발해진 뇌 영역을 정확히 짚어내기 어렵다.

fMRI(Functional magnetic resonance imaging, 기능적 자기 공명 영상)는 뇌의 어느 영역이 활성화되면 그 영역으로 가는 혈류의 양도 증가한다는 사실에 기초하여 혈류와 관련된 변화를 통해 뇌 활동을 측정하는 장치다.

fMRI는 활성화 후 대략 1초 내에 뇌 활동 변화를 탐지할 수 있으며 뇌의 심층 영역에서의 활동도 정확히 그 위치를 찾아낼 수 있다. 또한 다른 장치와 달리 조영제를 투여

그림 2-8 EEG

하거나 방사능에 노출될 위험이 없기 때문에 비교적 안전하다.

정서 연구에서는 fMRI 속에 있는 참가자에게 사진 등의 자극을 보여주면서 그에 따른 뇌 활동을 측정하여 뇌의 특정 부위가 어떤 정서적 기능을 담당하는지 연구하는 데 주로 사용한다.

많은 장점을 갖고 있는 fMRI지만, 한 번 촬영하는 데 비용이 많이 든다는 큰 한계점을 갖고 있다. 또 장치 특성상 폐쇄공포증을 앓는 사람이나 어린 아동일 경우 좁은 기계 안에서 가만히 누워 촬영하는 것이 쉽지 않다. 더군다나 연구를 위해서는 참가자가 장치 속에서 몇 분에서 길게는 몇십 분을 꼼짝없이 누워있어야 하는데, 머리의 위치가 조금이라도 바뀌면 제대로 된 결과치를 얻을 수 없다.

이러한 생리적 측정법의 장점은 결과를 쉽게 정량화할 수 있어서 과학적으로 신뢰성이 높고 다른 측정법을 보완해 줄 수 있다는 것이다. 그러나 측정방법에 따른 한계점이 있으므로 이를 고려하여 연구에 가장 적합한 방법을 사용해야 한다.

특히 결과를 해석할 때 유의할 점은, 특정 생리적 반응이 항상 특정 정서로 연결되는 것이 아니라는 것이다. 생리적 측정치는 일반적인 신체적 각성을 측정한다고 봐야 한다. 심박수가 높은 것은 두려움, 설렘, 긴장 등 여러 가지 정서적 상태일 수 있고 때로는 단순한 신체적 활동에 의한 반응일 수도 있다. 다시 말해 심장이 뛸 때는 누군가를 보고 설레었을 수도 있고 달리기를 해서일 수도 있다. 따라서 생리적 변화가 곧 특정 정서라고 단정 지어서는 안 되며 자기 보고식 측정이나 행동 관찰을 함께 해야 신뢰로운 결과를 얻을 수 있다.

그러므로 정서 연구를 위해서는 가능한 다양한 종류의 측정을 함께 하는 것이 좋다.

요약

1. 정서란 어떤 대상이나 상황을 지각하고 그에 따르는 생리적 변화를 수반하는 복잡한 과정이다.

2. 마음이 '하늘'이라고 했을 때 정서는 마음의 '날씨'로 생각할 수 있다. 감정은 관찰 가능한 '기상 현상'으로 이를 통해 날씨를 느낄 수 있다. 기분은 더 광범위하고 지속되는 정서로서 '기후'에 비유할 수 있다. 느낌은 감정적인 면과 더불어 신체적인 감각의 의미가 내포되어 있다.

3. 정서는 역사적으로 이성에 비해 등한시되어 왔다. 19세기 후반 과학적 심리학의 대두로 정서 연구도 시작되었으나, 1960년대까지는 행동주의의 영향으로 인해 주춤하다가 인지심리학의 대두로 다시 활발해졌다.

4. 대표적인 정서이론에는 제임스-랑게 이론(사건을 지각하면 신체적 변화가 일어나는데 그에 대한 느낌이 정서이다)과 캐넌-바드 이론(사건을 지각하면 시상하부가 각성하고, 신체적 변화와 정서적 경험이 독립적으로 일어난다), 샥터-싱어 이론(사건을 지각하고 난 후의 신체적 변화와 상황에 대한 해석을 근거로 정서적 경험을 알아차린다)의 세 가지가 있다.

5. 정서를 측정하는 방법에는 행동 관찰(얼굴 표정), 자기 보고식 측정(형용사 체크리스트, 자기 보고식 설문지, 생태순간평가), 생리적 측정(교감신경계의 변화를 측정하는 방법들, EEG, fMRI) 등이 있다. 각 측정법은 장단점이 있으므로 상호 보완적으로 활용해야 한다.

참고문헌

김경희 (2004). 정서심리학. 서울 : 박영사.

김요한 (2014). 아리스토텔레스 윤리학에 나타난 감정과 이성의 상관관계에 관한 연구. 범한 철학, 74, 105-127.

류시화 (2005). 사랑하라 한번도 상처받지 않은 것처럼. 서울: 오래된 미래.

이현희, 김은정, 이민규 (2003). 한국판 정적 정서 및 부적 정서 척도(Positive Affect and Negative Affect Schedule: PANAS)의 타당화 연구. 한국심리학회지: 임상, 22(4). 935-946.

임승우, 이은호, 황순택, 홍상황, 김지혜 (2019). The Beck Depression Inventory-Second Edition: Psychometric Properties in Korean Adult Populations. Korean Journal of Clinical Psychology, 38(3), 300-307.

전겸구, 최상진, 양병창 (2001). 통합적 한국판 CES-D 개발. 한국심리학회지: 건강, 6(1), 59-76.

최현석 (2011). 인간의 모든 감정. 파주 : 서해문집.

한국심리학회 (2020.05.01.). 심리학 용어 사전 http://www.koreanpsychology.or.kr/psychology/glossary.asp

American Psychiatric Association (2013). *Diagnostic and Statistical Manual of Mental Disorders* (Fifth ed.). Arlington, VA: American Psychiatric Publishing.

Arnold, M. B. (1960). *Emotion and personality*, New York : Columbia University Press.

Freud S. (1915). *The unconscious*. The Standard Edition of the Complete Psychological Works of Sigmund Freud, Vol. XIV, ed. Strachey J., London : Vintage.

Joseph Ledoux. (2006). 느끼는 뇌 (최준식, 옮김). 서울 : 학지사

MacLean, P. D. (1963). *Phylogenesis*. In P. H. Knapp(Ed.), Expressions of the emotions in man. New York : International Universities Press.

Plutchik, R. (2003). *Emotions and life: Perspectives from psychology, biology, and evolution*. American Psychological Association.

Radloff L. S. (1977). The CES-D Scale: A self-report depression scale for research in the general population. *Applied Psychological Measurement, 1*(3), 385-401.

Schachter, S., & Singer, J. (1962). Cognitive, social, and physiological determinants of emotional state. *Psychological Review*, 69, 379-399.

Shiffman, S., Stone, A. A., & Hufford, M. R. (2008). Ecological momentary assessment. *Annu.

Rev. Clin. Psychol., 4, 1–32.

Shiota, Michelle N. & Kalat, James W. (2005). 정서심리학 (민경환, 이옥경, 이주일, 김민희, 장승민, 김명철, 옮김). 서울 : CENGAGE Learning.

Smith, T. W., Birmingham, W., & Uchino, B. N.(2012). Evaluative threat and ambulatory blood pressure: Cardiovascular effects of social stress in daily experience. *Health Psychology*, *31*, 763.

Vandewalle, J., Moens, E., Beyers, W., & Braet, C. (2016). *Can we link emotional eating with the emotion regulation skills of adolescents?*

Watson, D., Clark, L. A., & Tellegen, A. (1988). Development and validation of brief measures of positive and negative affect: the PANAS scales. *Journal of Personality and Social Psychology*, *54*(6), 1063–1070.

제3장

진화와 문화 속의 정서

학습목표

1. 정서의 진화론적 정의와 기능을 이해한다.
2. 기본정서의 개념을 이해하고 설명할 수 있다.
3. 문화가 정서에 미치는 영향을 이해한다.

학습개요

이 장에서는 정서의 보편성과 문화적 차이에 대해 알아보고자 한다. 진화론적 관점에서는 선천적으로 타고나며 문화에 상관없이 보편적으로 존재하는 기본정서가 있다고 주장한다. 그러나 기본정서를 제외한 복합적인 정서들은 문화적인 정보가 없으면 파악하기 어렵다.

1. 진화와 정서

정서는 선천적으로 가지고 태어나는가, 혹은 자라면서 학습하는가. 앞선 제2장에서 정서의 정의를 다루면서 여러 학자들의 이론을 살펴보았다. 그중 진화론적 관점에 대해 좀 더 살펴보자.

1) 정서의 진화론적 정의

진화론적 관점에서 보자면 정서는 자라면서 선천적으로 갖고 태어나는 측면이 크다. 또한 정서란 인간을 포함하는 모든 동물에게서 공통으로 발견되는 일정한 형태의 적응반응이다. 그리고 이 적응반응은 유기체가 생존하기 위해 꼭 필요한 일들, 예를 들어 죽음의 위험에서 벗어나거나 먹이를 구하거나 종족 번식을 하기 위해서 시시때때로 변화하는 환경에 적응하고 대처하면서 진화해 온 것으로 보고 있다.

제2장에서도 소개했듯 정서의 진화론적 정의는 찰스 다윈(1809~1882)으로부터 시작되었는데, 그는 1859년『종의 기원(On the Origin of Species)』에서 정서를 다음과 같이 정의했다.

정서는 독특한 신체적 각성 패턴이나 행동 표현 방식 등을 포함하며, 이러한 것들은 인간이 처해 있는 환경의 위험에 대처하기 위해서 지속적으로 진화했다(Darwin, 1859).

다윈은 1872년에 출간한『인간과 동물의 감정 표현(The Expression of the Emotions in Man and Animals)』에서 인간을 포함한 모든 동물의 정서가 유전된 것이고 선천적인 것이라고 말했다. 또 정서

그림 3-1 찰스 다윈

는 신경이 근육을 자극하는 것이므로 얼굴 표정으로 나타나며, 인간은 물론이요, 개나 고양이, 고릴라 등 모든 동물에게 기쁨, 분노, 혐오, 두려움 등 보편적인 정서가 있다고 주장했다. 따라서 이 주장에 근거하여 연구자들은 인간의 정서를 연구하기 위해 동물을 관찰하고 실험하게 되었다. 동물들의 표정을 인간의 표정에 빗대어 그 정서를 유추하는 것이다.

2) 정서의 진화적 기능

진화론에 따르면 환경에 대해 적응도가 높은 개체는 다음 세대로 가는 번식 성공률이 높다. 또 한 개체의 기능 중에서도 적응에 도움이 되는 기관은 발달하고 그렇지 않은 기관은 퇴화한다. 인간의 몸에서도 퇴화한 기관의 예를 찾을 수 있다. 대표적으로 맹장의 끝부분인 충수가 있다. 충수는 일종의 효소 통처럼 기능하는데, 풀을 주로 먹었던 선조들에게는 충수가 중요한 기관이었지만 현재는 크게 기능하지 못하고 때로는 충수염의 원인이 된다. 또 귀를 마음대로 쫑긋하고 움직일 수 있는 사람을 볼 수 있는데, 쫑긋할 때 이들이 쓰는 근육은 고양이나 말 같은 동물이 소리의 진원지를 알아내려고 귀를 움직일 때 쓰는 것과 동일한 근육이다(Coyne, 2011).

이와 같은 진화론적 원칙은 신체구조뿐만 아니라 의사소통, 인지, 정서 등에도 적용된다. 다윈은 정서가 단순한 기분 상태가 아니라 생존 가능성을 높여 주는 특별한 기능이 있기 때문에 계속 유전을 통해 후대에 전달된다고 하였다. 정서가 어떻게 생존 가능성을 높여 주는 것일까? 다윈은 정서가 생존 가능성을 높여 주는 행동을 준비하고 시행하는 수단으로서의 역할을 하기 때문이라고 설명했다.

정서는 중요한 환경 변화에 대한 반응인 동시에 발생 가능성이 높은 사건에 대한 준비태세다(Kentridge & Appleton, 1990). 생존을 위협하는 사건에 대해 공포나 두려움을 느껴 위협 사건의 발생 가능성을 감소시키고, 생존에 도움이 되는 사건에 대해 기쁨, 쾌락을 느껴 그 사건의 발생 가능성을 높인다. 분노는 천적에 대한 공격행동을, 공포는 천적을 만났을 때 도망가는 행동을 보다 효과적으로 수행할 수 있게 해 준다(박인조, 민경환, 2005). 생존과 관련된 사건에 대해 적절하고 기민하게 반응하는 유기체는 그렇지 못한 쪽보다 생존에 유리할 것이다. 이처럼 정서는 생존 경쟁에서 유기체로 하여금 환경의 변화에 유연하고 신속하게 반응하는 데 도움이 된다(Scherer & Wallbott, 1990).

또한 정서는 집단 구성원 간의 의사소통을 통해 정보를 전달함으로써 생존에 기여한다. 개체의 정서적 표현행동은 특정 의도를 나타내는 신호로써 집단원 간에 정서적으로 전염되어 같은 행동을 하게 한다(김경희, 2004). 예를 들어 버빗원숭이, 침팬지, 미어캣은 천적이 나타났을 때 특유의 울음소리를 내는데, 이는 다른 집단원에게 도망치라는 경고신호로 작용한다. 코끼리도 상황에 따라 다양한 울음소리를 내어 다른 코끼리와 의사소통을 한다고 한다.

2. 기본정서

〈그림 3-2〉에서 발견할 수 있는 공통점을 하나 찾아보라. 문화적 배경은 다르지만 모두 '기쁨'이라는 정서를 표현하고 있다는 데 동의할 것이다. 기본정서가 존재한다고 주장하는 학자들에게 '기쁨'은 기본정서 중 하나이다. 그리고 기본정서의 유형마다 나타내는 얼굴 표정에는 모든 동물과 인간에게 공통적인 특징이 존재한다는 것이 '**얼굴 표정의 보편성 가설**'이다.

1) 기본정서란?

기본정서란 각 정서를 개별적으로 다루는 범주적 접근으로서 소수의 기본정서(예: 행복, 즐거움, 슬픔, 분노, 공포, 혐오 등)가 존재한다는 것을 전제로 하며, 그 밖의 정서들은 기본정서에서 파생된 이차정서라고 설명한다. 기본정서는 사랑, 기쁨, 노여움, 슬픔, 공포, 놀람 등과 같이 하나의 단어와 하나의 시각적 이미지로 표상되며(Fehr & Russell, 1984), 진화의 과정 동안 핵심적인 적응 전략으로 진화하여 모든 문화에 걸쳐 보편적으로 존재한다고 말한다(손진훈, 2011).

그림 3-2 다양한 인종의 '기쁨'

기본정서의 존재 여부는 정서 연구에서 오랜 논쟁거리였다. 기본정서 이론은 개별 정서이론(differential emotions theory)으로 지칭되기도 하며 에크먼과 이자드 등 다윈의 진화론의 영향을 받은 학자들에 의해서 연구되었다.

기본정서의 몇 가지 특징을 살펴보자. 기본정서들의 수와 내용은 학자에 따라 다르지만 대체로 기쁨, 분노, 슬픔, 공포, 혐오 등을 포함하는 8~14개의 정서들로 구성되는데, 각 정서는 고유한 특징(얼굴 표정, 생리적 변화, 행동경향성)을 가지며 진화론적 적응가치 때문에 발달되었다(박인조, 민경환, 2005). 기본정서는 생리적으로 타고난 것이며, 연령이나 문화권과 상관없이 동일한 상황에서 모든 사람에게 일어나고 얼굴 표정을 통해 변별이 가능하다(Ekman & Davidson, 1994). 또한 기본정서는 아동의 성장 과정에서 가장 먼저 보이는 정서이다(Bretherton & Beeghly, 1982).

2) 기본정서에 대한 연구들

(1) 연구자에 따른 기본정서 목록

기본정서를 지지하는 연구자들은 한정된 수의 기본정서가 있다는 가정하에 연구를 진행했다. 다윈의 경우 기본정서를 명확히 제시하지는 않고 인간과 인간 외 동물 모두에게서 나타나는 일곱 가지 정서 군집을 별개의 장으로 다루고 있다. 다윈은 유럽 문화의 영향을 받지 않은 부족민을 관찰하는 방식으로 연구를 수행했고, 유럽과 거의 접촉이 없는 부족이었음에도 상황에 대한 표정이 동일하게 표현되는 것을 보고 보편적인 정서가 있다고 결론지었다.

다윈의 기본정서 군집
- 의기소침, 불안, 비탄, 실의, 절망
- 기쁨, 기운참, 사랑, 다정다감, 헌신
- 묵상, 명상, 언짢음, 부루퉁함, 단호함
- 증오와 분노
- 거드름, 경멸, 혐오, 죄책감, 자부심, 무기력, 인내, 긍정과 부정
- 놀라움, 경이로움, 두려움, 전율
- 자기 열중, 수치, 수줍음, 겸손, 부끄러움

다윈의 이론은 이후 톰킨스(1911~1991), 에크먼(1934~), 아이자드(1923~2017) 등에 영향을 미쳤다. 다윈이 기본정서를 집단으로 여럿 나열한 데 비해 다른 연구자들은 6~8개 정도의 기본정서를 들고 있다.

톰킨스는 긍정적인 정서로 흥미, 놀라움, 기쁨, 부정적인 정서로 고뇌, 공포, 수치, 혐오, 분노의 여덟 가지 기본정서를 제안했다(Tomkins, 1962). 이들 기본정서는 특정 유형의 자극에 대한 선천적 반응이며 다양한 신체적 반응, 특히 얼굴 표정으로 표현된다고 하였다. 또 기본정서의 표현에는 종과 관련된 유전적 기반이 깔려 있다고 가정하

였다.

아이자드는 두려움, 노여움, 즐거움, 흥미, 혐오, 놀라움, 수치/수줍음, 경멸, 고통, 죄책감의 열 가지 기본정서를 제안했다(Kemper, 1987)

에크먼과 프리슨(1933~)은 특정 정서와 안면근육 사이에 연결된 신경회로가 있어서 특정한 정서 체험은 특정한 얼굴 표정을 만들어 낸다고 주장하면서 기쁨, 분노, 혐오, 슬픔, 놀라움, 공포의 여섯 가지 정서를 제시했다.

플러칙(1927~2006)은 이 여섯 가지에 기대, 수용을 포함한 여덟 가지 기본정서를 제시하면서 그 밖의 다른 정서들은 모두 기본정서에서 파생되었다고 말했다. 기본정서는 어떤 형태로든 개체의 생존에 적응적 가치를 가진다. 플러칙은 얼굴 표정에만 의존하지 않고, 여러 신체 부위들과 관련된 반응 경향의 중요성을 주장하였다. 진화를 거슬러 올라갈수록 얼굴 표정에 의존하는 정서표현 방식은 점점 줄어들지만, 다른 신체부위와 관련된 방식은 여전히 존재한다는 것이다.

캠퍼(1987)는 이전까지 제안된 기본정서를 문헌고찰을 통해 정리했다. 그간 연구된 모든 기본정서의 개수는 소수이며(3~11개), 대부분의 이론가가 제안하고 있는 기본정서는 두려움, 노여움, 기쁨, 슬픔 등이 있었다. 캠퍼는 적어도 네 가지 기본정서(두려움, 노여움, 슬픔, 만족)는 생리적 바탕을 갖는다고 믿었다. 이 정서들은 대부분의 동물에서도 관찰된다는 점, 모든 문화권에서 발견된다는 점, 인간 발달의 초기에 나타난다는 점, 뚜렷

그림 3-3 얼굴 표정으로 나타나는 기본정서의 예시

한 생리적 변화의 양상과 결합되어 있다는 점에서 기본정서로 간주되어야 한다고 주장했다.

이후 오토니와 터너(1990)도 발달단계 초기에 신체적 변화와 결합된 정서인 기본정서가 있다고 주장하였다. 예를 들어 분노는 눈을 크게 뜨고 눈썹을 찌푸리면서 입술을 꾹 다문 채로 입가를 아래로 내리는 표정의 변화로 보여준다.

(2) 영장류를 대상으로 한 연구

초기 연구에서는 정서가 적응적인 기능을 가지고 진화했다는 것을 증명하기 위해 영장류를 대상으로 얼굴 표정, 자세, 몸짓과 같은 정서표현을 관찰했다. 김경희(2004)는 영장류를 대상으로 한 여러 연구를 소개하고 있다. 슈발리에-스크놀리코프는 인간과 침팬지의 표정을 비교 관찰하였는데 인간과 침팬지는 분노, 미소, 욕구좌절, 슬픔 및 웃음에서 표정이 일치했다고 한다. 인간의 분노유형 I은 침팬지가 입을 꽉 다물고 노려보는 것과 일치했으며, 인간의 분노유형 II는 단순한 분노가 아닌 분노에 공포가 혼합된 형태로서, 침팬지에게는 입이 벌어지고 불안하고 화난 소리를 내는 표현으로 나타난다. 미소와 웃음에도 미묘한 차이가 있었는데, 미소는 상냥하고 수용적인 반면 웃음은 상냥하면서 미소보다 적극적인 표현으로 나타난다.

이 밖에도 기본정서를 전제로 하는 많은 학자들이 영장류를 대상으로 특정한 상황에서 특수한 의미를 갖는 표정과 행동유형에 대해 연구했다. 그들은 영장류의 얼굴 표정과 표현 행동을 통해 정서가 드러난다고 하였다.

(3) 영유아를 대상으로 한 연구

이후 영아를 대상으로도 연구가 진행되었다. 영아는 태어난 지 얼마 되지 않아 환경이나 다른 사람과의 관계, 정서적 교환, 교육의 영향을 적게 받았기 때문이다. 만약 영아가 기본정서를 갖고 있다면 그것은 기본정서가 선천적으로 유전되었다는 주장을 뒷받침해 줄 것이다. 연구 결과, 영아는 기본정서 표현에 필요한 얼굴 부분을 움직일 수 있다는 것이 밝혀졌고 영아의 얼굴 움직임이 정서적인 정보를 전달하는 데 충분하다고 주장했다.

영아들이 정서를 표현할 수 있다면, 한 걸음 더 나아가서 영아는 태어난 직후에도 모든 기본정서를 느끼고 표현할 수 있을까? 연구에 의하면 정서의 종류별로 처음 관찰되는 시기는 연구마다 조금씩 다른 것으로 보인다. 기쁨, 놀람, 혐오 등의 표현은 생후 며칠 또는 몇 주 안에 관찰되지만(Malatesta, 1985; Steimer-Krause, 1996), 분노는 생후 6주째 관찰(Camras, 1987)되며 호기심은 생후 6개월쯤 관찰할 수 있다(Scjere, 1979). 또 불안과 슬픔은 6~12개월 사이에 나타난다(김경희, 2004). 이러한 영유아의 표정은 우연히 나타난 것이 아닌 일정한 상황과 맥락에서 기본정서에 부합하여 적절히 나타남이 확인되었다(Endres de Olivera, 1989).

갈라티 등(Galati, Miceli, & Sini, 2001)은 선천적으로 시각장애를 가지고 태어난 6개월~4살 아동과 10명의 정상아를 대상으로 일곱 가지 정서에 나타나는 표정을 비교 연구하였다. 이들은 특정 정서를 불러일으키기 위해 상황을 구성하였는데, 예를 들어 분노감정을 불러일으키기 위해 아동이 먹으려던 비스킷을 뺏는 식이었다. 연구 결과 선천적인 시각장애아의 표정은 또래 다른 아이들의 표정과 차이가 없었으며 빈번하게 나타나는 표정 유형도 기존의 연구 결과를 지지하는 것으로 나타났다.

영아들의 정서 발달에 관해서는 이 책의 제5장에서 따로 다룬다.

(4) 다른 문화권 사람들을 대상으로 한 연구

연구자들은 서로 다른 문화권의 사람들을 대상으로 기본정서를 연구하기도 한다. 환영한다는 의미의 인사표현으로 눈썹을 들어 올리는 행동은 베네수엘라, 서뉴기니아, 서아프리카 등지에서 동일하게 관찰되었다(김경희, 2004). 기본정서는 모든 문화에 걸쳐 보편적으로 존재하며 얼굴 표정을 통해 구별할 수 있으므로, 많은 연구자들은 서로 다른 문화권에서 관찰되는 보편적 얼굴 표정에 근거하여 기본적인 정서들을 확인하였다. 다른 문화를 가진 사람들의 표정을 분석함으로써 얼굴 표정에 드러난 정서표현 행동이 학습된 것이 아니라 선천적으로 타고났으며, 모든 문화에 걸쳐 보편적으로 존재하는 기본적인 것이라는 것을 증명하고자 한 것이다.

다윈은 다른 문화권과 접촉이 거의 없는 부족을 골라 상황에 따른 얼굴 표정을 묘사한 질문을 하였다. 그가 사용한 질문은 예를 들어 '놀랐을 때 표현은 눈을 크게 뜨고 입을 크게 벌리며 눈썹을 치켜 올리는가?' 또는 '한 사람이 다른 사람을 조롱하거나 비웃을 때 윗입술의 모서리가 송곳니의 옆으로 올라가는가?'였다. 다윈은 유럽과 거의 접촉이 없는 문화권의 사람들이 같은 상황에 대해 동일한 표정을 보이는 것을 보고 문화를 초월하는 보편적 정서가 있다고 결론지었다.

다윈의 연구가 수행된 지 약 100년 후, 폴 에크먼이라는 심리학자가 등장했다. 아마 표정 연구라고 했을 때 가장 많이 떠올리는 연구자일 것이다. 폴 에크먼은 정서와 표정 연구의 대가로서 정서와 표정의 관계가 보편적이라는 점에 착안, 1978년 **표정기호화법**(Facial Action Coding System, FACS)을 통해 인간의 대표적인 정서들의 특징을 발표하였다. 에크먼은 픽사 애니메이션 〈인사이드 아웃〉의 자문을 맡은 것으로 유명하며, 표정을 통한 거짓말 탐지 전문가로서 드라마 〈라이 투 미〉의 모델이 되기도 했다. 폴 에크먼은 거짓말을 할 때 1/25초에서 1/5초 사이에 스쳐 지나가는 순간적인 얼굴 움직임인 미표정(微表情, micro expression)을 포함한 미세 표정(subtle expression)을 활용하여 **미세표정훈련도구**(Subtle Expression Training Tool, SETT)를 개발하여 누구나 쉽게 훈련할 수 있도록 하였다.[1] 또 이러한 연구들을 바탕으로 개발한 에크먼의 '진실성 평가 훈련 프로그램'은 지금도 FBI, CIA 등 미국의 여러 기관에서 실무적으로 활용되고 있다(Ekman, 2020).

그러나 에크먼이 처음부터 보편적인 정서를 주장한 것은 아니었다. 오히려 처음에 그는 문화권마다 정서에 따른 표정이 달라질 것이라 가정하고 그 가설을 증명하기 위해 연구했다. 하지만 파푸아뉴기니의 문화적으로 고립된 사람들을 대상으로 연구하던 중 문화권이 서로 다름에도 정서에 따른 얼굴 표정이 비슷하다는 점을 발견했고, 그 후 보편적인 정서에 대한 표정 연구를 본격적으로 진행하였다. 에크먼과 프리젠(1971)은 서양문화와 전혀 접촉이 없는 뉴기니아의 포레족을 선택하여 이 집단을 대상으로 보편

---

1) 에크먼의 웹사이트(https://www.paulekman.com/)에 들어가면 미표정에 대한 트레이닝을 받을 수 있다.

성 가설 검증 연구를 수행하였다. 포레족 연구에서는 성인과 아동에게 정서가 드러난 얼굴 표정 사진을 보여주고 감정을 짧게 기술하도록 요구했다. 연구 결과, 공포를 제외하고 모든 기본정서는 64~84%의 비율로 인식되었고 공포는 놀람과 혼동되는 경향을 보였다. 그 외에 10개의 문화에서 수행된 연구들은 정서의 얼굴 보편성 가설을 지지했는데, 모든 문화권에서 '기쁨'을 90~98%로 인식했다. 예외적으로 수마트라는 '기쁨'의 인식률이 69%에 불과했다. '혐오' 정서는 대부분 80%의 인식률을 보였으나, 일본에서는 60%였다.

빌 등(Biehl, Matsumoto, Ekman, Hearn, Heider, Tsutomu, & Ton, 1997)은 일본인과 미국인의 얼굴 표정을 찍은 56개의 사진을 여러 문화의 사람들(미국인 271명, 폴란드인 75명, 헝가리인 45명, 일본인 44명, 베트남인 34명, 수마트라인 32명)에게 10초간 보여주고 어떤 정서인지, 강도는 어떤지 체크하게 하였다. 연구 결과, 문화는 다르지만 얼굴 표정을 보고 인식하는 정서의 종류는 비슷한 것으로 나타났다.

김광수 등(2017)은 기본정서에 뇌과학적 근거가 존재하는지 알아보기 위해 연구를 진행하였다. 기본정서들이 일관되고 구별 가능한 국부적인 뇌 반응과 관련되고, 뇌 활성화에 유의한 차이가 존재하는지에 대한 연구들을 모아 비교 분석해 보았다. 연구팀은 즐거움, 행복, 공포, 분노, 혐오, 슬픔 등 6개의 개별정서를 선정하고, 이들 정서와 관련된 개별정서의 fMRI 자료를 수집하기 위해 최근 10년간 69편의 fMRI 연구를 조사했다. 즐거움(또는 기쁨)은 관련된 선행 메타분석 연구 결과가 보고되지 않았기 때문에 즐거움을 제외한 5개의 정서(행복, 공포, 분노, 혐오, 슬픔)를 살펴본 결과, 행복, 공포, 분노, 혐오, 슬픔은 관련된 뇌 활성화 영역이 선행 메타분석 연구들의 결과와 일치했다. 결론적으로 기본정서 이론의 관점에서 개별정서들은 일관되고 구별 가능한 국부적인 뇌 반응과 관련되어 있었다.

3. 문화와 정서

제2장 정서의 정의에서와 마찬가지로 정서의 보편성에 대한 답 또한 정서를 무엇으로 정의하고 접근하느냐에 따라 달라질 수 있다. 진화론적 관점에 따르면 정서는 생존 및 번식과 관련된 보편적인 문제를 다루는 데 도움을 준다. 진화론적 관점을 강조하는 연구자들은 정서의 보편적 측면, 즉 전 세계의 인간들 사이에서 그리고 어쩌면 동물에게서도 유사한 정서적 측면을 찾으려 한다. 6개의 보편적인 기본정서(기쁨, 슬픔, 공포, 분노, 혐오, 놀람)의 표정은 문화를 막론하고 비슷한 상황에서 나타난다(한민, 류승아, 2018). 이를 증명하기 위해 서로 다른 문화에 속해있는 사람들이 동일한 상황에 대해 특정 정서적 사건이라고 보는지를 알아본 연구가 있었다. 세계 5개 대륙 사람들을 대상으로 7개의 정서를 어떤 상황에 적용하는지(예 : "저 상황은 화날 만하다고 본다", "저 상황은 슬프다고 본다") 패턴을 살펴본 연구에 의하면 세계 모든 곳에서 정도의 차이는 있지만 특정 정서를 적용하는 상황은 비슷한 패턴을 보인 것으로 나타났다(Scherer, 1997).

에크먼도 얼굴 표정의 범문화성을 토대로 우리의 주관적 감정과 얼굴 표정은 신경회로로 연결되어 있고, 인접하지 않은 국가의 사람들의 기본정서가 동일한 얼굴 표정으로 나타남을 연구하였다. 다만, 이러한 보편성 가설만 가지고 얼굴 표정과 정서를 100% 확률로 연결시킬 수 있는 것은 아니며, 정서의 표현과 인식은 문화적 학습과정에 의해서 변할 수 있다는 설명을 덧붙인 바 있다. 이제 문화에 따라 독특하게 경험되는 문화적 정서에 대해 함께 알아보도록 하자.

문화적 정서란 문화에 관계없이 보편적으로 경험되는 기본정서(예 : 공포, 혐오, 분노, 슬픔, 기쁨 등)와는 달리 특정 문화권에서만 이해되는 정서들을 뜻한다(Ekman, 1972; Kitayama & Markus, 1994; Lutz, 1982; Mesquita & Frijda, 1992).

인류학자들은 다양한 사회의 사람들이 정서를 경험하고 표현하고 이야기하는 방식에서 차이를 보인다는 점을 발견했다. 이러한 차이는 많은 연구자들로 하여금 정서의

사회적 구성,즉 문화가 정서 개념을 발달시키고 의사소통하는 과정을 강조하게 하였다. 이 정서의 사회적 구성을 강조하는 연구자들은 여러 가지 정서의 어떤 측면은 선천적이거나 보편적인 것이 아니라 문화적으로 정의될 수 있다고 주장한다. 문화가 다르다면 삶의 이야기가 다를 수 있고, 따라서 다른 정서를 가질 수 있다는 것이다.

정서의 어떤 측면은 진화되고 선천적으로 보편적인 반면, 다른 측면은 서로 다른 문화에 의해 서로 다른 방식으로 사회적으로 구성될 것이다. 정서의 기반이 되는 기제 중어떤 것은 문화 간에 동일하다고 하더라도 그러한 기제가 표현되는 방식은 극적인 차이를 나타낼 수 있다. 마치 같은 음식재료를 가지고 다른 요리를 만드는 것처럼 말이다.

얼굴 표정 연구에서 보듯, 특정 정서와 연결된 평가 프로파일과 얼굴 표정은 문화 간에 매우 유사하여 인간 본성의 영향을 받았다는 것을 시사한다. 전 세계 사람들은 행복, 분노 등과 연결된 표정을 유사하게 해석한다. 그러나 문화가 개입되면 실제 사건을 해석하는 방식이 달라진다. 우리가 실제 사건을 해석하는 방식은 우리 문화의 규범과 우리의 개인적 경험에 의존한다. 각각의 문화는 상황에 대한 특정 해석을 장려하고 다른 해석은 억제한다(Scherer & Brosch, 2009). 똑같은 사건이 어떤 문화에서는 즐거움을 어떤 문화에서는 분노나 공포를 유발할 수 있다. 따라서 문화는 서로 다른 상황에서 표현해야 하는 정서에 대한 기준을 설정한다.

1) 문화란 무엇인가?

슈웨더(1993)에 따르면 **문화**란 규범적 사회 제도 및 관습에의 참여를 통해 활성화되거나 구성되거나 가동되는 의미와 개념 그리고 해석 도식으로 이루어지며 사회 속 개인의 심리과정에 형태를 부여하는 것이다. 문화는 우리가 살고 있는 세상에서 일어나는 일들에 대해 이해하고 해석하는 방식인 의미체계를 제공한다. 우리나라의 광복절이나 개천절은 한국 문화 속에서만 특별한 의미를 갖는다. 또 우리는 상황에 따라서 다른 행동을 하는데, 그 행동을 하게 하는 것이 바로 문화이다. 우리는 문화 속에서 학습한 개념에 따라 행동한다. 외국의 톱스타들이 한국에 방문했을 때 인사하는 모습을 떠올려보라. 방문횟수가 많아질수록 손을 들어 인사하는 대신 고개를 숙여 절을 한다. 그 모습을 보고 우리는 '저 사람이 한국 문화를 이해하게 되었구나'라고 생각할 것이다.

2) 문화적 정서

기본정서 연구에서 살펴보았듯이 문화가 달라도 인간이라면 보편적으로 몇 가지 공통적인 기본정서를 갖고 있다. 기쁨, 슬픔, 공포, 혐오, 두려움 등의 기본정서는 생존과 밀접한 관련을 가지고 있기 때문에 별도의 추가적인 해석 없이도 명확하게 인식된다. 그러나 생존과는 일차적 연관이 없는 문화적 정서는 문화적 관습, 가치의 영향을 받기 때문에 문화가 다른 개인들이 경험하는 정서의 종류와 빈도에 차이가 생긴다(Markus & Kitayyama, 1991; Mesquita & Frijda, 1992). 따라서 정서의 생리적 · 행동적 측면이 전 세계적으로 매우 유사하다고 하더라도 문화는 정서에 대하여 표현하는 방식에 영향을 미치기 때문에 추가적인 해석이 주어지지 않으면 충분히 이해되지 않는다(한민, 류승아, 2018).

문화에 대한 차이를 논할 때 가장 대표적으로 비교되는 대상이 집단주의와 개인주의이다.

개인주의와 집단주의

- 개인주의(individualism)
  - 집단보다 개인을 우선시함
  - 개인의 독특함, 권리
  - 독립성
  - 남들과의 차이점

- 집단주의(collectivism)
  - 개인보다 집단을 우선시함
  - 집단 동일시
  - 사회적 조화(타인과의 유사성)

개인주의 문화에서는 개인의 자율성과 독립성에 기반하는 분화 정서들이 많이 경험되는 데 반해, 집단주의 문화에서는 관계와 연계성이 중시되어 관계 정서를 많이 경험한다(Kitayama, Markus & Kurokawa, 2000; Kitayama, Mesquita & Karawawa, 2006). 개인주의 문화에서는 개인의 욕구와 목표 등이 개인행동의 준거가 되며 집단주의 문화에서는 집단의 목표나 집단 내 조화가 개인의 행동에 영향을 미친다(Triandis, 1994). 이러한 문화적인 특징은 개인의 정서 경험과 표현에도 영향을 미칠 것으로 예상된다. 개인주의 문화에서는 개인의 독립성과 자율성을 신장시킬 수 있는 자기주장을 선호하는 반면, 집단주의 문화는 집단의 조화와 성취를 위해 개인적 충동을 억제하고 표현을 조절할 것을 요구한다(Triandis, 1990). 따라서 정서표현에 있어서도 집단주의 문화에서는 동정심이나 공감 등 타인중심적 정서(other-oriented)의 표현은 권장되지만 자부심이나 분노 등의 자기중심적(self-oriented) 정서의 표현은 억제하는 일이 많으며, 개인주의 문화에서 정서표현은 개인의 내적 가치의 표현으로 간주되어 분노와 자부심 등 자기중심적인 정서도 비교적 자유롭게 표현된다(Markus & Kitayama, 1991). 특히 우리나라를 포함하여 대표적인 집단주의 문화권인 아시아 나라들에서는 다른 사람에게 상처를 주지 않고 관계를 유지하기 위한 목적으로 많은 상황에서 표현의 억제를 장려한다(Wierzbicka, 1994)

(1) 문화와 정서 단어

비에스비카(1995)에 따르면 정서는 언어를 통해 인식되고 표현된다. 따라서 특정 문화에서 그 문화만의 독특한 정서 단어를 사용하는 경우, 다른 문화권 사람들은 그 특정 정서를 온전하게 이해하기 어렵다. 이는 우리가 외국어를 배울 때 여실히 느낄 수 있다. 다른 나라 언어를 배우다 보면 나라에 따라 강조되는 정서 단어가 다르다는 것을 알게 된다.

민경환 등(2004)은 일본의 '아마에(甘え)'를 예로 들고 있다. 일본 방송이나 만화에서 자주 접할 수 있는 '아마에'는 우리나라 말로는 응석, 어리광이라고 번역되는데, 가족이나 애인과 같은 가까운 관계에서 조건 없는 보살핌을 받는 것에 대해 느끼는 만족

그림 3-4 정서는 언어를 통해 인식되고 표현된다.

스러운 의존을 뜻한다. 뜻 자체로 보면 보편적인 정서일 수도 있지만 일본인들의 경우 사회적 지지에 더 많이 의존하는 경향이 있어 '아마에'라는 단어를 많이 쓴다. 반면 미국의 경우에는 이러한 사회적 지지에 의존하고 장려하는 문화가 적기 때문에 해당하는 영어 단어를 찾기가 힘들다.

에크먼(2020)의 저서에는 기쁨에 대한 다양한 단어들의 예시도 있다. 이탈리아어의 '피에로(fiero)'는 자신의 성취에 대해 느끼는 뿌듯함을 뜻한다. '나헤스(naches)'는 이디시어로 기쁨 중에서도 자녀가 주는 기쁨이나 자랑스러움을 나타낼 때 쓰는 표현이다. 독일어의 '샤덴프로이데(schadenfreude)'는 남의 불행을 고소해하는 마음을 가리킨다.

'마밀라피나타파이(Mamihlapinatapai)'라는 단어를 들어본 적이 있는가? 이 단어는 칠레 남부 야간족 원주민어에서 유래된 단어로 세상에서 가장 긴 단어, 번역하기 어려운 단어로 1993년 기네스북에 등재되었다. '마밀라피나타파이'의 뜻은 '서로에게 꼭 필요한 것이면서도 자신은 굳이 하고 싶지 않은 어떤 일에 대해서 상대방이 자원해 주기를 바라는, 두 사람 사이에서 조용하면서 긴급하게 오가는 미묘한 눈빛'이라는 긴 문장으로 풀이된다. 간단히 말해 책임감에 대한 눈치를 보는 상황으로, 우리나라에서는 한 인터넷 유저에 의해 "조장하실 분?"이라는 말로 단번에 이해시킨 사례가 있다.

우리나라 말 중에서도 민족의 고유한 정서를 담은 단어들이 많다. '정(情)'과 '한(恨)'의 정서를 외국인이 이해하기까지는 시간이 걸릴 것이다. 특히 '한'의 경우 의미 자체는 '몹시 원망스럽고 안타깝고 슬퍼 응어리진 마음'이나, 우리나라에서의 '한'은 단순

그림 3-5 우리나라의 고유한 정서는
문화를 알아야 이해할 수 있다.

ARA CHO on Unsplash

한 분노나 원한에 머무르지 않고 용서와 체념의 승화를 통한 역동적이고 긍정적인 속성을 갖고 있다(나채근, 2018).

또한 같은 단어로 번역되더라도 문화에 따라 다른 정서를 느끼기도 한다. 같은 기본정서 단어(기쁨, 슬픔)라 할지라도 각 문화별로 정서적 느낌이 다르며 그것이 어떤 속성을 포함하는지도 서로 다르다(Niedenthal et al., 2004)는 것이다. 예를 들어 긍정정서와 부정정서를 측정하는 심리척도인 PANAS(Positive and Negative Affect Schedule)에서 원척도의 'Alert'은 긍정정서인 데 반해 이를 번역한 '기민한'은 부정정서 차원에 포함되는 결과가 나타나기도 했다(이현희, 김은정, 이민규, 2003).[2]

이처럼 문화에 의해 해당 사회에서 중요하게 여겨지는 정서는 과대인지되어 구별이 정교한 관계망을 창조하고 어휘의 증가를 가져오며, 반대로 어떤 정서는 과소인지되어 인지적 정교화나 상세화가 많이 이루어지지 않을 수 있다(Levy, 1984). 심지어 어떤 언어에서는 '정서'라는 단어조차 없다고 한다(Hupka, Lenton, & Hutchison, 1999).

만약 정서에 대해 연구 하고 싶은데 그 문화권에 해당 정서에 부합하는 어휘(단어)가 없다면 어떻게 해야 할까? 그럴 때는 정서 어휘(단어)를 떠나, 연구에서 가정하는 정서 꾸러미가 다른 문화에서 어떻게 관찰되는지를 살펴보면 된다. 언제 그 정서를 느끼고 행동하며 그때 얼굴 표정은 어떤지, 문화별 차이점과 공통점에 따라 비슷한 정서인지 확인이 가능하다. 이런 연구는 정서의 어떤 면이 보편적이고 또 어떤 면이 문화에 의해

---

2) 물론 이 결과에 대해 다른 설명도 가능하다.

보다 많이 영향을 받는지를 이해하는 데 도움을 줄 수 있을 것이다(민경환 등, 2004).

그렇다면 정서 단어의 존재 유무가 해당 문화권의 정서 경험에 미치는 영향은 무엇일까? 단어가 없다면 그 정서도 느끼지 못하는 것일까? 인간이 생각하기 위해서는 언어가 필요하기 때문에 해당하는 단어가 있는 경험, 사고, 지각만 할 수 있다(Sapir, 1921; Whorf, 1956)고 주장하는 연구자들도 있다. 하지만 이 가설에 대해 증거를 찾을 수 없고, 경험적으로 보았을 때도 타당하지 못한 것으로 보인다. 위에서 예를 든 '마밀라피나타파이'라는 단어에 해당하는 정서 단어가 우리나라에는 없지만, 그 정서를 느끼지 못하는 것은 아니기 때문이다.

(2) 문화와 정서적 평가

문화가 다르면 같은 정서를 불러일으키는 상황에서 다른 평가를 내리기도 한다. 쉐러(1997)의 연구에 따르면 아프리카 문화에서는 촌락 공동체를 존속시키기 위해 도덕성과 공정성의 잣대가 엄격한 데 비해, 라틴아메리카의 경우에는 덜 엄격한 도덕적 잣대를 가지고 있다. 그렇기 때문에 비난 등의 부정적 정서를 유발시키는 동일한 상황에 대해서 엄격한 도덕적 잣대를 갖고 있는 아프리카 사람들은 대부분의 라틴아메리카 사람들보다 그 상황이 더 부도덕하다고 평가하는 모습을 보였다.

조수진과 이재은(2015)은 한국, 중국, 그리고 일본 대학생을 대상으로 '수줍음'과 '친밀감'의 정서 차이를 조사하였다. 가족이나 친한 친구를 만났을 때, 얼굴만 아는 사람을 만났을 때, 처음 만나 인사를 나누는 낯선 사람을 만났을 때의 상황을 제시하고 수줍음과 친밀감을 얼마나 느낄지의 정도를 설문으로 조사한 결과, 같은 아시아 문화권인 한국, 중국, 일본인임에도 수줍음과 친밀감을 느끼는 정도의 차이가 있음을 알 수 있었다. 세 집단 중 수줍음을 가장 많이 느끼는 집단은 중국, 일본, 한국의 순서로 나타났고, 친밀감의 경우는 한국이 가장 높았으며 다음으로 일본, 중국의 순서였다.

쉐러와 브로쉬(2009)의 연구에서는 'help your self'라는 표현에 대해 미국인과 일본인의 정서차이를 알아보았는데, 미국인은 'help your self'라는 문장을 들었을 때 유쾌하다, 행복하다고 평가한 반면 일본인은 불쾌, 분노를 느꼈다. 사회적 지지에 더 많이 의존하는 일본인의 경우 자신을 챙겨주지 않고 방치한다는 의미로 평가하기 때문에 부정적인 감정을 경험했던 것이다.

'수치심'이라는 감정에 대한 연구에서도 문화권 간의 차이가 드러난다. 중국인들은 '수치심'을 수줍은 성격, 그것을 불러일으킨 상대에 대한 분노, 부끄러움을 모르는 사람 및 공동체 규범을 어기는 행동 등의 다양한 단어들과 연관시켰다. 반면, 미국인들은 '수치심'을 공동체 규범을 어기는 것으로 인식하고 있었다(Kagan, 2007). 한국인들의 경우에는 '수치심'이 비판이나 모욕, 멸시를 외부로부터 받았다거나 수줍음을 잘 타는 성격, 또는 '면목 없는' '낯 뜨거운' 등의 당황감과 연관되어 있었다(남기숙, 조선미, 이훈진, 2006).

'억울함'에 대하여 우리나라와 관련된 문화적 현상이 바로 자살이다. 한국에서는 정치나 경제 스캔들에 연루된 관계자들이 피의 혐의를 받은 후나 조사 과정에서 억울하다는 메시지를 남기고 자살을 하는 사례가 많다. 서구사회에서는 억울함이 불안과 우울을 유발하지만, 우리 사회에서는 억울함과 화가 자살을 유발한다(김효창, 2010). 한국의 억울이라는 감정에는 분노나 답답함과 같은 개인 내적인 감정 상태만이 아니라 자신의 입장이나 심정, 상황 등을 알리는 의사소통 수단으로써 사회에서 통용되는 특정한 의미나 기능이 존재한다는 것을 알 수 있다(한민, 류승아, 2018).

행동 또한 문화마다 다른 정서적 의미를 가진 경우가 있다. 손뼉을 치는 것은 미국에서는 기쁨, 즐거움을 의미하지만 중국에서는 걱정이나 실망을 의미한다(Klineberg, 1938). 보통 머리를 끄덕이는 것은 동의, 옆으로 흔드는 것은 비동의를 의미하지만 그리스와 터키에서는 머리를 뒤로 기울여서, 스리랑카에서는 고개를 흔들어서 동의를 표시한다(Kalat & Shiota, 2015).

(3) 정서표현 차이

정서표현의 주된 목적은 의사소통이므로, 문화에 따라 어떤 정서가 표현되거나 감추어져야 하며 어떤 상황에서 어떻게 표현되어야 하는지에 대한 규칙에서 차이를 보인다. 상황 맥락에서 정서를 경험하고 해석하며 이해하는 문화적 규칙이 존재하는 것이다(김정운, 2001; Mauro, Sato, & Tucker, 1992). 이와 같이 상황에 맞고 문화적으로 수용되는 정서표현에 대한 사회적 기대를 **정서표현규칙**이라고 한다(Josephs, 1994). '사내 녀석이 눈물을 보이면 안 된다.'거나 '선물을 받았을 때, 감사와 기쁨의 표현으로 감사하다고 하거나 웃어야 한다'와 같은 정서표현규칙은 친사회적 동기를 포함한 관습이다(이승은, 2011). 여기에서 **친사회적 동기**란 인간이 사회의 한 구성원으로서 소속된 삶을 살기 위한 동기를 말한다. 마쓰모토 등(2005)의 연구에 따르면 장례식장에서 슬픔을 표현할 때 미국인의 경우 일본인, 러시아인보다 슬픔의 정서를 더 뚜렷하게 표현한다. 일본인과 러시아인들은 미국인들에 비해 부정적인 정서표현을 더 제한하려 하고, 공포, 분노, 슬픔을 표현할 때 종종 인상을 부드럽게 하기 위해 약간의 미소를 덧붙이기도 했다. 일본인들은 슬픔이나 다른 부정적 정서를 가까운 친구나 가족보다는 지인에게 드러내는 것이 더 적절하다고 생각하는데 미국인들은 그 반대이기도 했다.

최근의 연구 결과들을 보면 같은 집단주의 내에서도 차이가 발견된다. 한국, 중국, 일본의 세 나라의 정서 연구에 따르면 한국인이 일본인보다 표정의 표현 정도와 변화 차이가 더 컸다(Daibo, Kamide, Murasawa, Chou, Mao & Takahashi, 2007).

실험실에서 불러일으킨 정서(슬픔, 화)를 표현하는 정도를 살펴본 연구에서도 일본인들이 한국인들보다 얼굴 표정에 자신의 감정을 덜 나타내었으며, 실제로 표현을 억제해야 한다는 생각도 더 큰 것으로 나타났다(Lee & Matsumoto, 2011).

이러한 연구 결과는 일반적인 표현 행동에도 적용되는 듯하다. 벡맨-브리토(2003)의 연구에 의하면, 한국 학생들은 수업시간 중 개인의 의견을 표현하는 것이 매우 적절하다고(5점 만점에 5점) 생각하였고, 반대로 일본 학생들은 수업시간에 그러한 표현이 매우 부적절하다고(5점 만점에 1점) 여기는 것으로 나타났다. 오브리(2009)는 미국의 ESL/EFL 영어 수업에 참가한 한국인과 일본인이 수업시간에 보이는 차이를 기술하였는데, 일본인들은 수업시간에 공격적인 감정이나 자신의 의견을 거의 얘기하지 않는 반면, 한국 학생들은 어떤 문제나 요구사항이 있을 때 자신의 의견을 쉽게 말하였다.

우리는 자라면서 정서표현규칙을 학습하는데, 이승은(2011)의 연구에 따르면 우리나라 유아들의 경우 만 3세부터 정서를 파악하고 인식하는 능력이 발달하기 시작하며,

만 4세부터는 정서표현규칙을 적절히 사용하기 시작한다고 한다. 정서표현규칙을 사용한다는 것은 특정 상황 속에서 허용되는 정서가 무엇인지를 알고, 또 상황에 맞게 표현하거나 자제할 수 있다는 것을 의미한다. 우리나라 유아들은 다른 문화권 유아들보다 정서표현규칙을 더 일찍 발달시키는데, 이는 우리 문화가 속마음을 겉으로 다 드러내는 것보다 정서적 표현을 자제하고 통제하는 축에 속하기 때문일 것이다.

이처럼 진화와 문화 속의 정서 연구를 통해 알 수 있는 것은 정서와 관련된 얼굴 표정이 신경계와 연결되어 모든 사람에게 공통적으로 나타나지만, 문화나 사회의 규범과 관습의 영향을 받는다는 것이다. 에크먼(1972)도 얼굴 표정과 정서반응의 일반적인 관련성은 인정하면서 그 불일치의 문제는 문화적 차이로 해석한다. 얼굴 표정은 신경계와 문화의 두 요인에 의해 결정된다고 하여 이를 정서의 **신경-문화 이론**이라고 한다. 정서의 신경-문화 이론은 진화와 문화 두 가지 관점을 통합한 이론으로서 의의가 있다.

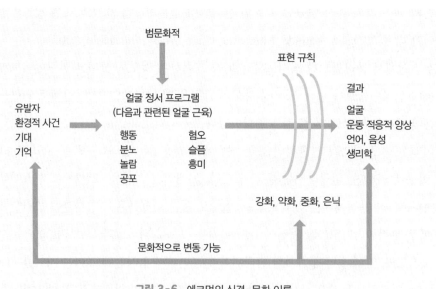

그림 3-6 에크먼의 신경-문화 이론

요약

1. 진화론적 관점에서 정서는 선천적으로 갖고 태어나는 것이며, 인간을 포함한 모든 동물에게서 공통적으로 발견되는 적응반응이다. 정서는 인간의 생존 가능성을 높여 주는 적응적인 기능을 하기 때문에 존속한다.

2. 기본정서는 모든 문화에 보편적으로 존재하며, 얼굴 표정, 신체부위를 움직이는 반응을 통해 변별이 가능하다. 또한 인간뿐 아니라 대부분의 영장류에서도 관찰되기 때문에 영장류를 대상으로 많은 연구가 이루어졌다.

3. 문화적 정서란 기본정서와는 달리 특정 문화권에서만 이해되는 정서를 말한다. 사회의 규범과 문화가 다르다면 같은 사건에 대해 서로 다른 정서를 불러일으킬 수 있다.

4. 서로 다른 문화권에서는 강조되는 정서 단어가 다르고, 같은 단어라 할지라도 다르게 평가를 하며, 같은 상황에서 주로 경험하는 정서의 종류, 정서표현의 강도도 달라질 수 있다.

참고문헌

김경희 (2004). 정서심리학, 박영사:서울

김광수, 한미라, 박병기(2017) 기본정서 뇌 영상 연구의 fMRI 메타분석. 감성과학, 20(4), 15 -30.

김정운 (2001). 관계적 정서와 문화적 정서: 정서의 문화심리학적 접근. 한국심리학회지: 일반, 20(2), 389-407.

김효창 (2010). 자살: 문화심리학적 관점에서의 조망. 한국심리학회지: 문화 및 사회문제, 16(2), 165-178.

나채근 (2018). 한국어 고급 학습자의 감상문 쓰기를 통한 한국 정서 한(恨)에 대한 이해 교육. 한국언어문화학, 15(3), 86-112.

남기숙, 조선미, 이훈진 (2006). 한국어 단어를 기초로 한 수치심 척도의 개발 및 타당화 연구. 한국심리학회지: 임상, 25(4), 1063-1085.

박인조 민경환(2005). 한국어 감정단어의 목록 작성과 차원 탐색. 한국심리학회지 : 사회 및 성격, 19(1), 109~129.

손진훈 (2011). 정서의 심리적 모델: 개별 정서 모델, 평가 모델, 차원 모델을 중심으로. 대한 인간공학회지, 30(1), 179-186.

이승은 (2011). 유아기 정서표현규칙과 정서인식의 발달에 관한 연구. 한국보육학회지, 11(4), 121-142.

이현희, 김은정, 이민규 (2003). 한국판 정적 정서 및 부적 정서 척도의 타당화 연구. 한국심리 학회지: 임상, 22(4), 935-946.

조수진, 이재은 (2015). 문화콘텐츠 개발을 위한 한, 중, 일 대학생들 간의 정서차이에 관한 연구: '수줍음'과 '친밀감'중심으로. 문화산업연구, 15(1), 57-64.

한민, 류승아 (2018). 부당한 상황에서 경험되는 정서의 문화 차이: 한국, 중국, 일본, 미국을 중심으로. 한국심리학회지: 문화 및 사회문제, 24(2), 251-272.

Aubrey, S. (2009). A cross-cultural discussion of Japan and South Korea and how differences are manifested in the ESL/EFL classroom. *Asian Social Science, 5*, 34-39.

Beckman-Brito, K. (2003). Classroom Etiquette: Across-cultural study of classroom behaviors. *Arizona Working Papers in Second Language Acquisition and Teaching, 10*, 17-34.

Biehl, M., Matsumoto, D., Ekman, P., Hearn, V., Heider, K., Kudoh, T. & Ton, V. (1997). Talking about internal states: The acquisition of an explicit theory of mind. *Developmental Psychology, 18*(6), 906-921. https://doi.org/10.1037/0012-1649.18.6.906

Bretherton, I., & Beeghly, M. (1982). Talking about internal states: The acquisition of an explicit theory of mind. *Developmental Psychology, 18*(6), 906-921. https://doi.org/10.1037/0012-1649.18.6.906

Coyne, Jerry A. (2011). 지울 수 없는 흔적(김명남 역). 서울: 을유문화사. (원저 2009 출판) Why Evolution Is True

Daibo Ikuo, Kamide Hiroko, Murasawa Hiroto, Chou Yong Jin, Mao Xinhua, Takahashi naoki (2007). Comparison of physiognomic features among Japanese, Chinese, and Koreans: Cultural comparison of physiognomic features with facial expression. *IEICE technical report, 107*(241), 13-18.

Ekman, P., & Friesen, W. V. (1971). Constants across cultures in the face and emotion. *Journal of Personality and Social Psychology, 17*(2), 124-129. https://doi.org/10.1037/h0030377

Ekman, P. (1972). *Universals and cultural differences in facial expression of emotion.* In J. Cole(Ed.), Nebraska Symposium on Motivation, 1971. Lincoln: University of Nebraska Press.

Ekman, P., & Davidson, R. J. (1994). *The nature of emotion: Fundamental questions.* Series in affective science. NY: Oxford University Press.

Ekman, P. (2020). 표정의 심리학: 우리는 어떻게 감정을 드러내는가?(허우성, 허주형 역). 서울: 바다출판사(원저 2003 출판). Emotions revealed : recognizing faces and feelings to improve communication and emotional life.

Fehr, B., & Russell, J. A. (1984). Concept of emotion viewed from a prototype perspective. *Journal of Experimental Psychology: General, 113*(3), 464–486. https://doi.org/10.1037/0096 –3445.113.3.464

Hupka, R. B., Lenton, A. P., & Hutchison, K. A. (1999). Universal development of emotion categories in natural language. *Journal of Personality and Social Psychology, 77*, 247–278.

Josephs, I. E.(1994). Display rule behavior and understanding in preschool children. *Journal of Nonverbal Behavior, 18*, 308–326.

Kagan, J. (2007). *What is Emotion: History, measures, and meanings*. New Haven: Yale University Press.

Kalat, J,. & Shiota, M. (2015). 정서심리학 (민경환, 이옥경, 이주일, 김민희, 장승민, 김명철 역). 서울: Cengage Learning. (원저 2011년 출판). Emotion.

Kemper, T. D. (1987), How many emotions are there? Wedding the social and the autonomic components. *American Journal of Sociology, 93*(2). 269 https://doi.org/10.1086/228745

Klineberg, O. (1938). Emotional expression in Chinese literature. *The Journal of Abnormal and Social Psychology, 33*(4), 517.

Kitayama, S., & Markus, H. M. (1994). *Emotion and culture: Empirical studies of mutual influence*. Washington D. C: American Psychological Association.

Kitayama, S., Markus, H. R., & Kurokawa, M. (2000). Culture, emotion, and well-being: Good feelings in Japan and the United States. *Cognition and emotion, 14*, 93–124.

Kitayama, S., Mesquita, B., & Karasawa, M. (2006). Cultural affordances and emotional experience: Socially engaging and disengaging emotions in Japan and the United States. *Journal of Personality and Social Psychology, 91*, 890–903.

Lee, Y. J., & Matsumoto, Y. (2011). Emotional display rules of Japanese and Koreans. *Shinrigaku Kenkyu, 82*, 415–423.

Lutz, C. (1982). The domain of emotion words on Ifaluk. *American Ethnologist, 9*, 113–128.

Mesquita, B., & Frijda, N. H. (1992). Cultural variation in emotion: A review. *Psychological Bulletin, 112*, 170–204.

Markus, H., & Kitayama, S. (1991). Culture and self: implications for cognition, emotion, and motivation. *Psychological Review, 98*, 224–253.

Mauro, R., Sato, K., & Tucker, J. (1992). The role of appraisal in human emotions: A cross-cultural study. *Journal of Personality and Social Psychology, 62*, 301-317.

Mesquita, B., & Frijda, N. H. (1992). Culture variations in emotions: A review. *Psychological Bulletin, 112*, 179-204.

Niedenthal, P. M., Auxiette, C., Nugier, A., Dalle, N., Bonin, P., & Fayol, M. (2004). A prototype analysis of the French category "émotion." *Cognition and Emotion, 18*, 289-312.

Ortony, A., & Turner, T. J. (1990). What's basic about basic emotions? *Psychological Review, 97*(3), 315-331. https://doi.org/10.1037/0033-295X.97.3.315

Sapir, E. (1921). *An introduction to the study of speech*. New York: Harcourt, Brace.

Scherer, K. R., & Brosch, T. (2009). Culture-specific appraisal biases contribute to emotion dispositions. *European Journal of Personality: Published for the European Association of Personality Psychology, 23*(3), 265-288.

Scherer, K. R., & Wallbott, H. (1990). *Ausdruck von Emotion*. Im K. Scherer (Hg.), Enzyklopadie der psychologie: Psychologie der Emotion(Band 3). Gottingen, Toronto, Zurich: Hogrefe.

Scherer, K. (1997). Profiles of emotion-antecedent appraisal: Testing theoretical predictions across cultures. *Cognition & Emotion, 11*(2), 113-150.

Shweder, R.A. (1993). *The cultural psychology of the emotions*. In Lewis, M., Haviland, J. (Eds.), The handbook of emotions (pp. 417-431). New York: Guilford Press.

Tomkins, S. (1962). *Affect Imagery Consciousness:* Volume I: The Positive Affects. New York, Springer Publishing Company.

Triandis, H. C. (1990). *Cross-cultural studies of individualism and collectivism*. In J. J. Berman(Eds.), Cross-cultural perspectives: Nebraska Symposium on Motivation, 1989 (pp.41-133). Lincoln, NB: University of Nebraska Press.

Traindis, H. C. (1994). *Individualism and collectivism. Boulder*, CO: Westview Press.

Wierzbicka, A. (1994). *Emotion, language, and cultural scripts*. In S. Kitayama & H. R. Markus(Eds.), Emotion and culture (pp.133-196). Washington, DC: American Psychological Association.

Wierzbicka, A. (1995). Emotion and facial expression: A semantic perspective. *Culture and Psychology, 1*, 227-258.

Whorf, B. L. (1956). *Language, thought, and reality: selected writings of...*. (Edited by John B. Carroll.). Technology Press of MIT.

제 **4** 장

정서의 생물학적 측면

학습목표

1. 정서를 비롯한 모든 심리적 현상이 생물적 이라는 점을 이해한다.
2. 정서와 관련된 우리 몸의 화학물질의 종류 와 기능을 배운다,
3. 신경계의 구조와 기능을 알아본다.
4. 우리가 하는 모든 일은 뇌를 바꾼다는 신 경가소성의 원리를 이해한다.

학습개요

모든 심리적 현상은 생물적인 것이다. 숨을 쉬고 몸을 움직이는 것 못지않게 생각하는 것, 감정 을 느끼는 것이 생물학적인 사건이라는 말이다. 편의상 행동에 대한 생물학적 영향과 심리적 영향을 분리하여 설명하지만, 사실 신체가 없이 생각하고 느끼고 행동한다는 것은 상상할 수조 차 없다. 가령 지금 여러분이 우울하다면 그것이 심리적 문제인지 아니면 생물학적 문제인지, 혹은 상황 탓인지 하나만 꼽을 필요가 없다. 여러분의 모든 상태는 이들이 상호작용하는 상태 이고 이들로 구성된 네트워크의 모든 면을 포함한다. 따라서 여러분의 상태는 이 중 그 어떤 관 점으로도 접근할 수 있다. 이번 장에서는 정서의 생물학적인 면을 생각해 본다.

정서의 생물학적 근간을 알아보면서 정서를 비롯한 심리적 현상이 어떻게 생물학적인 것인 가를 이해하게 될 것이다. 또한 우리가 경험하는 모든 것 — 주의를 기울이는 것, 듣고 보고 생각 하는 것 — 그 모든 일이 뇌의 변화를 가져올 수 있다는 점을 배울 것이다.

1. 뇌와 정서

1) 피니어스 게이지 사례

피니어스 게이지는 지금으로부터 백 년도 더 된 1848년 9월 13일 미국 버몬트 주 철도 공사장에서 일하고 있었다. 바위를 깨기 위해 쇠막대기로 화약을 바위 구멍에 채워 넣으려다 폭발이 일어났다. 당시 1미터 정도되는 쇠막대기가 그의 머리 왼쪽으로 들어가 뇌를 관통하는 끔찍한 사고를 당했다.

25세의 게이지는 다행히 큰 후유증 없이 회복되는 듯했으나 곧 '사람이 완전히 변했다'는 말을 듣기 시작했다. 사고 전에는 근면성실했고 남들의 호감을 사던 그가, 무례하고 공격적인 사람이 되어버렸다. 정서가 없지는 않았지만 남이 어떤 기분일지 아랑곳하지 않는 사람, 눈치를 보지 않는 사람, 같이 어울리고 싶지 않은 사람이 되어서 사회생활이 잘 영위되지 않았다. 무엇이 중요한지 몰라서 이일 저일을 손에 잡히는 대로 하는 등, 우선순위를 정하거나 계획적으로 일하는 것을 못해서 직장생활을 제대로 할 수 없게 되었다.

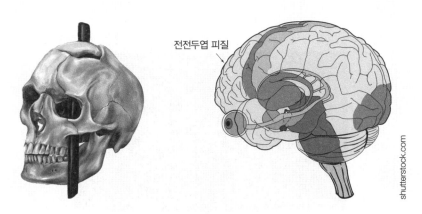

그림 4-1 왼쪽 : 피니어스 게이지가 당한 사고
오른쪽 : 이마 앞부분에는 전전두엽 피질(prefrontal cortex)이 있다.

이 예가 보여준 것은 다음과 같다.

① 손상을 입은 사례를 보고 해당 손상 부위가 어떤 기능을 하는지 추측할 수 있다. (물론 다른 부위와의 연결, 상호작용 가능성을 잊지는 말 것)

② 피니어스 게이지는 뇌의 전전두엽이라는 부위가 손상되었다. 손상 후 다른 사람의 마음을 헤아리지 못하고 무계획적인 사람으로 변했다. 그 결과 가족 관계를 비롯한 인간관계를 제대로 유지할 수 없었고 일을 할 수 없었다. 이 사례를 통해 뇌와 성격, 정서를 비롯한 심리 현상 간 네트워크를 엿볼 수 있었다.

2) 뇌의 작동방식

정서는 사실 뇌가 가진 생물학적 기능 중 하나다.

인간의 뇌는 약 100억 개의 **신경세포**(뉴런)와 그 뉴런들 사이의 복잡한 연결들로 이루어진 구조물이다. 〈그림 4-2〉는 그중 몇 개의 뉴런만 확대해서 보여준다. 뉴런은 같은 영역에 있는 다른 뉴런들뿐 아니라 뇌의 다른 영역들과도 소통한다. 이렇게 서로 소통하는 뉴런들의 네트워크를 **신경회로**라고 하는데, 간단하게 말하자면 뇌에는 걱정 담당 회로, 즐거움 담당 회로, 고통을 느끼는 회로 등 다양한 회로들이 있다고 상정할 수 있다. 또한 서로 다른 회로들끼리도 소통한다.

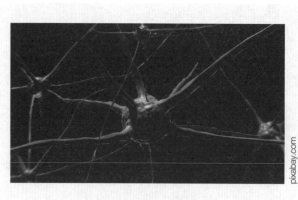

그림 4-2 신경세포들

우선 신경계의 세포인 뉴런에 대해 알아보자. 뉴런에는 〈그림 4-3〉에서 보듯 가늘고 긴 가지(축색)가 있는데 전선의 기능을 한다. 자극에 의해 시작된 전기 신호가 축색의 끝인 종말단추(terminal button)에 도달하면 **신경전달물질**(neurotransmitter)이 들어있던 작은 주머니(소포)가 터진다. 그러면 이 뉴런과 다른 뉴런 사이의 공간인 시냅스틈(간격)으로 신경전달물질이 나온다(그림 4-4). 방출된 신경전달물질은 다음 뉴런의

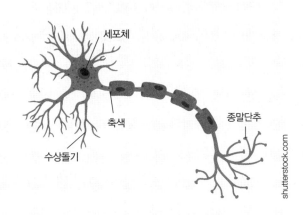

그림 4-3 신경세포의 구조

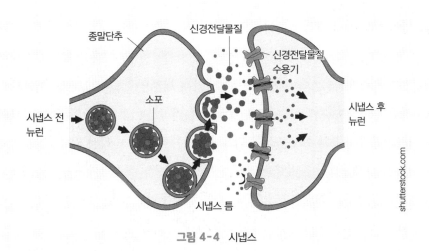

그림 4-4 시냅스

그림 4-5 열쇠와 자물쇠 : 신경전달물질이라는 열쇠가 수용기라는 자물쇠와 맞물리면 다음 뉴런으로 신호가 전달되는 문이 열린다.

수용기에 마치 자물쇠에 열쇠가 들어가듯 부착된다. 그러면 다음 뉴런이 전기신호를 시작하게 된다.

이렇게 뉴런 내의 정보는 한 뉴런의 세포체나 수상돌기에서 시작해서 축색을 따라 흐른 후 시냅스를 건너 다른 뉴런의 세포체나 수상돌기로 전달된다. 신경전달물질이 시냅스에 방출된 후 금방 재흡수되는 것을 막으면 시냅스에 오래 머물러서 그동안 다음 뉴런에 정보를 전달할 가능성을 높일 수 있다. 신경전달물질은 여러 종류가 있으며 신경회로들이 제대로 작동하기 위해서는 이들이 모두 적정 수준을 유지해야 하고 상호작용이 잘 이루어져야 한다.

특정 신경전달물질계(예 : '세로토닌계')는 해당 신경전달물질을 방출하거나 해당 신경전달물질에 반응하는 뉴런들을 총칭한다. 가령 세로토닌계는 세로토닌이라는 신경전달물질을 방출하거나 세로토닌에 반응하는 뉴런들로 이루어진다. 세로토닌계의 활동이 저하되면 우울증의 주요 증상인 의욕상실이 나타난다. 따라서 의욕상실을 극복하기 위해서는 ① 세로토닌 분비량을 늘리든지 ② 세로토닌과 결합하는 부위인 수용기의 수를 늘리든지 ③ 세로토닌이 수용기에 더 잘 붙도록 하든지 ④ 시냅스에 방출된 세로토닌이 금방 재흡수되지 않고 오랫동안 활동하게 두는 등의 방법을 생각해 볼 수 있다. 여기서 분명히 이해해야 할 것은 약물뿐 아니라 심리치료 등의 비약물적인 방법으로도

표 4-1 신경전달물질계의 종류	
종류	기능
세로토닌	의욕과 기분 향상, 식욕과 수면 조절
노르에피네프린	집중력과 사고, 스트레스 대처
도파민	쾌감, 보상에 의해 동기가 생긴 행동
옥시토신	사랑, 신뢰감, 연대감
가바	긴장과 불안 감소
멜라토닌	수면
엔도르핀	고통 완화

세로토닌계의 활동을 증진할 수 있다는 것이다. 또한 세로토닌이면 세로토닌 독자적으로 우리의 정서나 행동에 영향을 주는 것이 아니라 다른 물질들과 상호작용을 한다. 그리고 단순히 세로토닌 같은 특정 신경전달물질 한두 개가 부족하다고 우울증이 생기는 것은 아니다.

여러분이 알아두면 좋을 신경전달물질계의 종류와 그 역할을 〈표 4-1〉에 정리해 두었다. 이들 대부분은 바로 이어서, 또 관련된 다른 장에서 자세히 다룬다.

2. 우리 몸의 화학물질

정서에 관여하는 화학물질로는 앞서 설명한 신경전달물질, 호르몬, 그리고 신경조절물질(neuromodulator)이 있다.

호르몬은 혈관 속에서 온몸에 퍼지다가 해당 호르몬에 민감한 장기에만 영향을 준다. 혈류를 통해 전달되기에 신경전달물질보다 작용이 느리다.

신경전달물질이 신경조절물질로 작용하는 경우도 있는데 신경조절물질은 신경전달물질의 양을 조절해서 정보전달의 속도나 효과에 영향을 준다.

　다른 장에서도 다루지만 여기서 정서와 관련이 있는 몇 가지 우리 몸의 화학물질을 살펴보자.

1) 세로토닌

세로토닌(5-Hydroxytryptamine, 5-HT)은 '행복호르몬', '행복화학물질'로 대중에게 알려져 있다. 필수아미노산인 트립토판을 재료로 해서 만들어지는 신경전달물질로서 위장관과 뇌에서 발견되는데 뇌에 분포하는 세로토닌 양은 5%도 안 되고 95% 정도가 위장관에 존재한다. 위장관의 세로토닌은 위장관의 운동, 감각, 분비기능에 관여하며 뇌의 세로토닌은 알려진 대로 행복감과 관련이 있다. 세로토닌 분비량이나 활동량이 적으면, 다시 말해 세로토닌계의 기능이 저하되면 앞서 설명했던 우울 장애뿐 아니라 섭식장애, 성격장애 등의 다양한 정서 문제, 행동 문제를 보일 수 있다.

　세로토닌은 수면, 식욕, 활기 등에 관여한다. 심한 스트레스가 오래 지속되면 우리의 뇌는 세로토닌을 빠른 속도로 소진한다. 우리 뇌의 세로토닌 수준이 떨어지면서 우리는 우울을 느끼게 된다. 세로토닌 수준이 낮으면 수면 사이클도 제대로 조절이 안 되어 새벽에 깬 후 도로 잠을 못 자는 등 수면 문제가 생긴다. 활기와 의욕, 에너지 수준도 떨어져서 아무리 많이 자도 피곤하고 기운이 없다. 우울증은 지속적인 심한 스트레스에 대한 신경화학적인 반응이므로 스트레스를 줄이거나 신경화학적인 반응을 직접 손보는 접근을 시도한다. 우선 심리치료를 통해 스트레스를 다루어 준다. 프로작, 졸로프트, 팍실 등은 SSRI(선택적 세로토닌 재흡수 억제제 : Selective Serotonin Reuptake Inhibitors)로 분류되는 우울증 치료제로서, 시냅스에 방출된 세로토닌만 '선택적으로, 강력하게' 재흡수를 방해해서 세로토닌 수준을 높인다.

2) 도파민

세로토닌, 엔돌핀, 도파민은 모두 기분을 좋게 해 주는 화학물질이다. **도파민**은 몇몇 중요한 신경회로에 관여하는데 여기서는 보상회로만 살펴보겠다.

보상회로는 변연계, 전전두엽 피질까지 뻗친다. 행복감, 만족감을 주는 것을 포착했을 때 혹은 행복감을 주는 행동을 하거나 하기 전 보상회로에 도파민이 대량 방출된다. 우리가 맛있는 음식을 볼 때나 성관계를 할 때 기쁨을 느끼기에 개체가 보존되고 종족이 유지되는 것이다. 음식을 먹어도 행복감을 느끼지 못하면 생존에 실패하고 성관계를 할 때마다 별로라는 느낌이 들었다면 그러한 생명체는 오늘날 지구상에 남아 있지 않다. 다시 말해 생명유지와 종족보존에 필수적인 활동을 하면 보상으로 행복감을 느끼는데 이 보상을 또 얻고자 계속 그러한 활동을 의욕적으로 하게 된다.

게임에 몰두할 때나 연애 대상을 점 찍을 때 도파민이 대량 분비되며 이는 우리가 보상물과 연결된 목표를 향해 적극적으로, 의욕적으로 달려들게 만든다. 가령 게임에서는 포착한 적을 향해 총을 쏘면서, 매력적인 사람을 보는 순간 다가가면서 도파민이 분비된다.

우리가 뉴스에서 가끔 들어보는 필로폰(히로뽕이라고도 부름)은 도파민을 천 배까지 증가시킨다. 필로폰을 사용하면 짜릿한 유포리아(euphoria : 극적인 행복감, 다행감)를 경험하고 에너지가 넘쳐서 피곤과 잠이 달아난다. 그리고 곧 내성이 생기면서 일상의 소소한 행복감 따위는 더 이상 만끽할 수 없게 된다. 약물 없이는 도파민 분비가 부족

그림 4-6 맛있는 음식을 먹거나 게임에 빠져 있을 때 도파민이 많이 나온다.

하거나 제대로 작용하지 않는 상태가 되어 불행해하고 컨디션이 나빠진다.

3) 노르에피네프린(혹은 노르아드레날린)

노르에피네프린은 호르몬이기도 하고 신경전달물질 역할도 하는 화학물질로서 액션을 취하도록 신체를 준비시킨다. 수용체에 작용하여 혈관을 수축시키고 심장의 수축력을 증가시켜 혈압 상승을 불러온다. 에피네프린은 수면 시 최소한만 방출되다가 깨어나면 수준이 높아져서 각성과 경계태세를 높이고 기억과 주의력을 증진시키는 기능을 한다.

에피네프린(혹은 아드레날린)과 함께 교감신경계에서 작용하며, 스트레스 상황에서 **싸우기 혹은 도망가기**(fight or flight) 반응에 관여하는 호르몬이다. 그래서 싸우기 혹은 도망가기 호르몬이라 불린다. 병원을 배경으로 하는 영화나 드라마에서 의사가 '에피'(에피네프린의 준말)를 응급환자에게 서둘러 주사해서 멎은 심장을 뛰게 하는 장면을 볼 수 있다. 그래서 노르에피네프린과 에피네프린은 응급 호르몬으로 불린다. 스트레스나 응급 상황에서 많이 분비되는 화학물질이기 때문이다.

4) 가바(GABA)

GABA(감마아미노뷰티르산)는 모든 시냅스에서 발견되는 흔하디흔한 화학물질로서, 신경의 흥분을 억제하는 역할을 한다. 또 근육의 움직임에도 관여한다.

여러분이 술을 마시면 몸에 힘이 빠지고 졸린 것은 술이 GABA 수용기에 작용해서 신경의 흥분을 억제하기 때문이다. 항불안제인 벤조디아제핀도 술과 마찬가지로 GABA 수용기에 작용해서 진정효과와 졸음을 부른다.

5) 엔도르핀

엔도르핀은 내인성 모르핀(endogenous morphine)이라는 뜻에서 앞 글자들(end+orphin)을 붙여서 만든 이름이다. 우리 몸 안에서 만들어지는 내인성 아편(endogenous opioid) 물질이라는 뜻이며, 이름대로 아편, 모르핀과 유사한 작용을 한다.

부상을 당해서 고통을 느끼기 시작할 때나 스트레스가 닥쳤을 때 분비되어 통증과 스트레스를 덜 느끼게 해 주고 유포리아(극도의 행복감, 다행감)를 겪게 한다. 그 옛날 맹수에 물렸는데 아픔이 너무 심해서 정신을 잃는다면 맹수에게 잡혀 먹었을 것이다. 다리의 심각한 부상에도 불구하고 엔도르핀 덕에 정신을 차려서 그야말로 죽을힘을 다해 도망친 덕에 그 개체는 살아남았고 번식할 수 있었다. 현대에 사는 우리는 맹수에 쫓길 일이 없지만 운동 중에 통증을 느낄 만하면 엔도르핀이 나와서 그 운동을 즐기면서 계속할 수 있다.

혹시 여러분 중에 매운 음식에 중독된 사람이 있는가? 기분이 안 좋으면 혹시 매운 음식이 당기는가? 아마도 매운 음식이 입안을 자극해서 통증을 야기하기 때문일 것이다. 그 바람에 엔도르핀이 분비되어 기분이 좋아지기 때문이라고 학자들은 설명한다.

6) 멜라토닌

수면-각성주기를 조절하는 호르몬으로 낮에 햇빛을 쬐면 만들어져서 어두워지면 분비된다. **멜라토닌**이 분비되면 마음이 가라앉으면서 졸리다. 겨울에 낮이 짧아져서 일조량이 적어지고 흐리거나 눈이 내리는 날이 잦으면 멜라토닌이 제대로 생성되지 않아 우울 증상을 겪을 수 있는데 심하면 '계절성 우울장애'라는 진단을 내리게 된다. 이 경우 빛을 활용한 광치료(light therapy)로 효과를 보는 수가 많다.

잠이 안 오면 여러분은 어떻게 하는가? 혹시 우유를 데워 마시거나, 타트체리 주스

그림 4-7 멜라토닌이 들어 있는 타트체리 주스와 우유

를 마시는가? 우유와 타트체리 등에 멜라토닌이 들어 있다고는 하지만 불면증을 치료할 정도로 많은 양은 아니다. 멜라토닌만을 추출한 약이 있는데, 여행할 때 시차 적응을 위해 또는 야간근무 후 잠이 안 올 때 수면 보조제로 사용된다. 북미에서는 타이레놀과 마찬가지로 쉽게 슈퍼마켓에서 구입할 수 있지만 우리나라나 유럽은 처방전이 필요하다.

7) 옥시토신

옥시토신은 시상하부에서 만들어져서 신경계와 혈류 모두에 분비된다. 따라서 호르몬과 신경전달물질 둘 다에 해당한다. 옥시토신은 신뢰감을 주고 불안을 감소시켜서 친근감을 느끼게 하고 사회적 유대와 접촉을 촉진하기 때문에 '사랑 호르몬', '애착의 화학물질'로 불린다. 동물연구에서 교미 후 옥시토신 분비가 많아졌고 인위적으로 옥시토신을 주입하면 공격행동이 감소하고 협력적이고 친사회적인 행동 및 접촉이 증가했다. 또한 옥시토신 길항제로 옥시토신의 작용을 억제하면 수유하고 새끼를 돌보는 모성행동이 줄어들었다.

인간을 대상으로 한 연구에서도 유사한 결과를 보였다. 마사지를 받거나 성행위를 하면 혈중 옥시토신 농도가 높아졌다(Turner et al., 1999). 합성 옥시토신을 흡입한 커플은 그렇지 않은 커플에 비해 눈을 맞추거나 미소를 띠는 등의 친화 행동을 더 많이 보였고 언쟁 후에도 스트레스를 덜 받았는지 스트레스 호르몬의 수준이 낮았다(Ditzen et al., 2008). 또한 투자 실험연구에서 옥시토신을 흡입한 사람이 중성용액을 흡입한 사람에 비해 낯선 수탁인에게 더 많은 돈을 투자하는 모습을 보였다(Kosfeld et al., 2005). 옥시토신 덕에 낯설어도 수탁인을 신뢰하게 된 결과인 듯했다.

산부인과에서는 자궁수축을 돕기 위해, 또 모유생산을 촉진하기 위해 주사용 합성 옥시토신을 사용한다. 손쉽게 흡입용 스프레이를 활용해서 신뢰와 친사회적 행동을 증가시켜 대인관계를 개선하고 긍정적 정서를 이끌어내는 효과를 보여준 연구들이 있고 실제로 유럽에서 옥시토신을 쉽게 구할 수 있다.

여러분들은 또 어디에다 옥시토신을 활용하고 싶은가?

3. 신경계

1) 중추신경계와 말초신경계

신경계는 뇌와 우리 몸 각 부분 간에 정보를 전달해서 몸의 활동을 조절하는 시스템이다. 신경계는 중추신경(뇌+척수)과 말초신경으로 나뉘는데, 외부의 자극을 받으면 말초신경을 통해 중추신경으로 정보가 전달되며 이후 중추신경(주로 뇌)은 다시 말초신경을 통해 몸의 근육과 기관에 지시를 내려서 해당 근육을 움직이거나 기관이 활동하게 한다.

말초신경계 중에 자율신경계는 **교감신경계**와 **부교감신경계**로 나뉜다. 교감신경계는

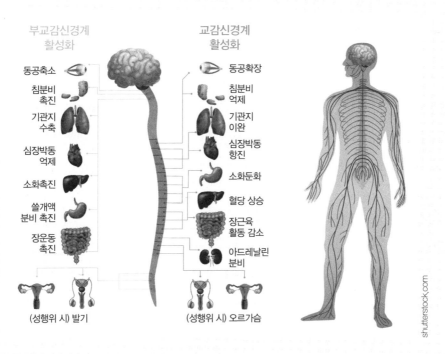

그림 4-8 신경계 중 부교감신경계와 교감신경계의 역할

우리가 활발하게 몸을 움직일 때 그리고 긴장되거나 스트레스를 받을 때 작용하며 부교감신경계는 쉬거나 잠을 자는 등, 휴식을 취할 때 활성화된다. 교감신경계가 자극되면 우리 몸이 어떻게 달라지나? 면접 순서를 기다리며 잔뜩 긴장한 채 대기실에 앉아 있는 여러분의 신체 반응을 떠올려 보라. 심장이 쿵쿵 뛰고 호흡은 가빠지며 손에 땀이 날 것이다. 위장이 약한 사람은 소화가 안 되고 속이 안 좋을 것이다. 면접이 끝나고 집으로 돌아오는 길, 내 몸은 어떠한가? 좀 전에 빠르게 뛰던 심장박동이 느려져 있고 호흡도 천천히 하고 있다. 부교감신경계가 활동하면서 평소의 내 몸으로 되돌아가 있을 것이다.

교감신경계는 불안과 공포의 대상으로부터 도망가거나 대응해서 싸우기 위해 몸을 준비시키고 부교감신경계는 몸의 진정 기능을 활성화해서 장기적으로 건강한 균형을 유지한다. 다시 말해 교감신경계는 '싸우기 혹은 도망가기(fight or flight)' 반응으로 몸이 액션을 취하게 하고 부교감신경계는 '휴식과 회복(rest and restore)'으로 몸의 균형상태를 되찾는다. 싸우기 혹은 도망가기 반응에 대해서는 이 장의 뒤에서 다시 다룬다.

2) 변연계

변연계(Limbic system)는 주로 심리학, 정신건강의학, 신경과학에서 사용되는 개념으로서 뇌의 어느 구조가 변연계에 속하는지 그 기능이 무엇인지 등에 대해 의견이 약간씩 다르다. 변연(limbic)은 가장자리, 경계를 뜻하며 기능적으로 두 부위 사이에 낀 구조물이라는 뜻에서 변연계라고 지칭한다.

변연계는 대뇌피질 아래, 간뇌 위에 위치한 부위로 대상회('띠이랑'이 최근 사용되는 용어임. cingulate gyrus), 해마(hippocampus), 편도체(amygdala) 등의 조직들로 이루어져 있다. 해마는 생긴 것이 해마 같다고 붙여진 이름이고 해마의 끝에 편도체가 있다. 해마는 기억을 관리한다. 우리의 모든 경험, 우리가 겪었던 사건들은 일단 해마에서 여과되고 관리된다. 해마는 사건과 관련된 정서도 기억할 수 있게 해 준다. 편도체가 기억의 정서적 측면을 처리하고 해마는 그 맥락을 처리하는데 강렬한 정서와 관련된 기억은 두 부위가 함께 열심히 처리한 덕에 기억이 더 잘된다. 행복한 추억, 견디기 힘들었던 사건이 오늘 지하철에서 앞에 서 있던 사람이 입은 옷보다 기억이 잘된다는 말이다.

편도체는 말 그대로 아몬드처럼 생겼고 공포와 보상 등에 관여한다. 편도체는 특히 자극사건이 얼마나 튀는지, 혹은 정서적으로 긍정적인지 부정적인지, 얼마나 중요한지 평가하는 영역이다. 가령 살인과 관련된 강렬한 자극이 약한 자극보다 편도체를 더욱 활성화시켰다(Cunningham et al., 2004). 편도체의 장악(Amygdala Hijack)이라는 말이 있는데 이는 편도체가 뇌를 장악한 상태를 뜻한다. 어떤 자극이 너무도 위협적이어서 편도체가 전전두엽 같은 이성적 처리를 하는 부위를 셧다운한 상태라고 이해하면 된다. 여러분도 어떤 사건 때문에 순식간에 심장이 마구 뛰고 머릿속이 하얘져서 감정을 제어하지 못하고 비이성적으로 행동한 적이 있을 것이다. 그것이 바로 편도체의 장악 상태다.

측핵(nucleus accumbens)도 변연계에 포함시키기도 하는데 이는 도파민과 아편성 화학물질의 주요 통로로서 쾌감, 기쁨에 관여한다. 예를 들어 맛난 음식을 보거나 먹을 때 혹은 성행위를 할 때 도파민이 많이 분비되고 측핵이 활성화된다. 도파민 증가와 측핵의 활성화는 기대와 원함을 증폭시켜서 맛난 음식을 계속 입에 집어넣기 같은 목표

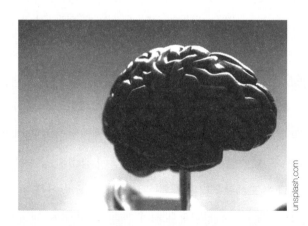

그림 4-9 뇌의 모형 : 주로 바깥쪽 대뇌피질만 보인다.

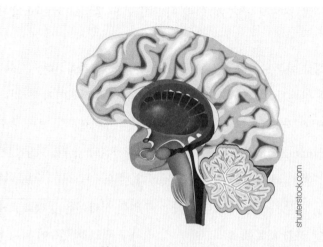

그림 4-10 뇌를 반으로 잘랐다고 가정한 그림
〈그림 4-9〉에서 대뇌피질에 가려 보이지 않던 변연계(피질 아래 짙은 회색으로 칠해진 부분)를 볼 수 있다.

지향행동을 촉진한다. 측핵이 손상되면 보상받기 위해서 행동하는 동기 수준이 감소된다. 다시 말해 즐거움을 가져다줄 만한 행동을 하고 싶어 하지 않게 된다.

3) 전두엽

앞에서 예로 들었던 피니어스 게이지의 경우 쇠막대기가 **전전두엽** 피질을 관통하였다. 전전두엽 피질은 말 그대로 전두엽의 앞부분, 뇌의 가장 앞부분에 있고 계획과 의사결정을 관장한다. 따라서 이 부위의 손상이 있는 사람들은 지능지수는 크게 떨어지지 않더라도 정서 문제가 생기고 계획성이 없으며 우선순위 정하기나 선택, 결정을 못하는 모습을 보인다. 전전두엽은 또한 동기부여와 충동조절에도 관여한다. 제10장에서 자세히 살펴보겠지만 우울증 환자는 아무것도 하기 싫어한다. 아마도 전전두엽에 문제가 생긴 상태일 것이다. 특히 전전두엽의 세로토닌 활동이 감소된 상태일 것이다.

전전두엽은 측핵과 편도체로부터 정서와 관련된 정보를 받아서 여러분 나름대로 사회적인 맥락에서 적절하다고 믿는 행동을 하게 한다. 다시 말해 정서와 관련된 표현을 조절한다. 피니어스 게이지도 맥락에 맞지 않는 부적절한 정서 반응(예 : 모르는 사람

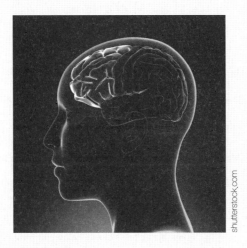

그림 4-11 전두엽은 뇌의 앞부분에 있다.

에게 욕하기)을 보였기 때문에 남의 눈치를 보지 않는 사람, 불손한 사람이라는 인상을 주었을 것이다.

안토니오 다마지오의 책(1994)에는 엘리엇의 사례도 소개되었다. 엘리엇은 뇌종양 제거 수술로 전두엽 손상을 입었다. 언어나 기억, 운동 등의 기능에는 문제가 없었으나 피니어스 게이지처럼 사회적 맥락에 맞지 않는 언행과 의사결정 장애를 보였다. 배우자와의 관계를 비롯한 인간관계가 붕괴되고 직장생활을 제대로 영위할 수가 없었다.

사람들이 의식적으로 정서를 조절하려고 할 때 전전두엽의 일부가 활발한 활동을 보인다. 가령 혐오감 등 부정적인 정서를 불러일으키는 사진을 보여주면서 좋은 쪽으로 보려고 노력하면 전전두엽의 특정 부위의 활동이 활발해진다. 따라서 감정이 나의 뇌를 지배해서 미친 사람 같은 행동을 할 것 같은 느낌이 들 때, 숨을 천천히 쉬면서 하나, 둘, 셋 하고 수를 세는 등의 노력을 하면 전전두엽이 힘을 받아 이성을 되찾을 수 있다.

4. 신경회로

정서 연구자들은 심장박동률의 변화, 뇌의 활동 등 여러 생리적인 변화를 측정하여 정서를 추정한다. 그러나 이러한 방법으로 얻는 정보는 전반적인 각성 수준에 대한 정보일 뿐 다양한 정서들 간의 차이를 구체적으로 말해 주지는 못한다. 그 이유 중 하나를 들자면 지금까지 정서의 생물학적인 면에 관한 연구가 주로 공포(극도의 각성)에 집중되었다는 점이다. 그러다 보니 그러한 연구 결과가 공포와 다른 정서와의 차이, 다양한 정서들 간의 차이를 충분히 보여주지 못하고 있다.

앞에서 서로 소통하는 뉴런들의 네트워크를 신경회로라고 했고, 간단하게 말하자면 뇌에는 걱정 담당 회로, 즐거움 담당 회로, 고통을 느끼는 회로 등 다양한 회로들이 있다고 했었다. 또한 회로들끼리도 소통한다는 것을 염두에 두고 오늘날까지 신경과학적 연구가 비교적 많이 이루어진 불안/공포의 생리학적 측면에 대해 간단히 살펴보자. 부정적 정서에 대해 자세히 알아보는 제7장에서 불안/공포 회로에 대해서 또 공부할 것이다.

1) 자율신경계와 '싸우기 혹은 도망가기' 반응

어떤 자극에 의해 정신이 번쩍 들면, 다시 말해 '각성'되면 교감신경계가 활성화된다. 그리고 잽싸게 싸우기 혹은 도망가기 반응을 수행할 수 있도록 준비한다. 옛날 들판에서 맹수를 본 우리의 조상을 상상해 보자. 싸우거나 도망가기 위해 중요한 다리와 팔 근육에 피를 공급하기 위해 심장 박동률이 증가하고 호흡이 가빠지는 등의 반응이 일어난다.

여기서 짚고 넘어가야 할 두 가지가 있다. 첫째, 두려움이나 설렘 등의 정서와 무관한, 비정서적인 것도 교감신경계에 영향을 미친다. 가령 운동을 할 때도 심장이 빨리 뛰고 호흡이 가빠지는 등의 반응이 나타난다. 다시 말해 이러한 반응들은 정서를 경험할 때만 나타나는 것이 아니다. 둘째, 정서를 느낄 때 보이는 생리적인 반응은 그 사람이 경험하는 정서를 제대로 보여주지 못한다. 즉, 심장박동률이 높은 것이 공포의 징조

그림 4-12 우리가 멋진 광경을 보거나 운동할 때도
싸우기 혹은 도망가기 반응과 유사한 생리적 반응을 보인다.

일 수 있지만 분노나 설렘의 징조일 수도 있다.

2) 불안과 거짓말 탐지

앞서 설명했듯, 운동할 때도 교감신경계가 활성화되지만 그러한 이유가 없는 상황에서 일어나는 갑작스러운 각성 증가는 강한 정서—아마도 불안과 공포—를 뜻한다. 거짓말 탐지기로 알려진 폴리그래프는 말 그대로 심박률, 호흡, 혈압 등 '다수'의 신체반응을 측정해서 그래프로 보여준다. 심박률과 호흡의 갑작스러운 변화는 불안을 나타낸다는 전제하에서 폴리그래프를 거짓말 탐지기로 쓰는 것이다. 그런데 '당신이 일주일 전 그 사람을 죽였지?'라는 질문에 대해 '나는 안 죽였지만 사람들이 내가 범인이라고 의심하면 어떻게 하지?' 하는 걱정에 심장이 뛰고 호흡이 가빠지는 각성 반응을 보일 수 있다. 진짜 범인이라면, 그리고 그동안 거짓말을 늘상 해오던 사람이라면 '당신이 그 사람을 죽였지?'라는 질문에 대해 '생일이 언제죠?' 같은 다른 질문에 대한 반응과 동일한 반응을 보일 것이다. 실상 죄가 없는 사람들이 진실을 말할 때 범인이 거짓말을 할 때보다 더 불안해질 수 있다는 것이다. 따라서 거짓말 탐지기가 거짓말을 신뢰롭게 탐지해 주는 것은 아니며 검사결과로 누가 범인인지 확실히 알 수는 없다. 따라서 증거물이라기보다는 참고용이라고 할 수 있다. 그럼에도 불구하고 폴리그래프는 대부분의 사람들이 그냥 육안으로만 판단을 내리는 경우보다는 정확하다. 여러분은 남이 거짓말

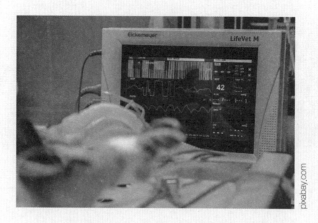

그림 4-13 폴리그래프 : 심박률, 혈압 등을 동시에 측정한다.

을 할 때 척 보면 안다고 하겠지만 사실은 그렇지 않다(Etcoff, Ekman, Magee, & Frank, 2000).

3) 편도체와 공포

앞에서 설명했듯 정서는 자율신경계뿐 아니라 뇌의 영역들, 특히 **편도체**를 활성화시킨다. 동물 실험에서 밝혀진 바로는, 편도체가 손상된 동물은 공포 반응을 보이지 않는다. 편도체가 손상된 쥐는 고양이에게 아무렇지도 않게 가까이 다가가고(Berdoy, Webster, & MacDonald, 2000) 원숭이들은 몸집이 크고 공격적인 원숭이나 낯선 인간에게도 다가간다.

인간을 대상으로 한 기능성 자기 공명 영상(fMRI) 연구 결과를 보면 경고신호를 받을 때라든지 정시를 표현하는 얼굴을 볼 때 편도체가 활성화된다. 특히 공포를 보이는 얼굴 표정에 대해 가장 많이 활성화되고 혐오나 분노 표정의 얼굴에도 반응을 보인다. 발표 공포증, 데이트 공포증 등의 사회공포증 환자들의 경우 더 그러하다.

편도체가 손상된 사람은 다른 사람들이 강한 정서를 겪는 사건에 대해 거의 반응을 하지 않는 경우가 많다. 도박 실험에서 느긋하게 위험이 큰 쪽에 베팅하는 모습도 보인다. 두려운 자극이 앞에 있다는 정보는 즉각 편도체로 가는데 편도체에서 아마도 이러한 정보의 빠른 처리를 도와 정서를 겪게 해 주는 것 같다는 데 동의하는 학자들이 많다. 전두엽보다도 빨리 공포 상황에 대한 정보를 처리해서 우리가 의식하기도 전에, 제대로 생각할 시간이 주어지기도 전에 우리 몸이 위험에 반응할 수 있게 한다. 다시 말해 매우 빠른 시간 안에 위험에 대한 정보를 신속하게 파악해서 싸우기 혹은 도망하기 반응을 활성화시키는 기능을 하는 시상하부 등에 위험신호를 전달한다. 조셉 르두에 따르면 지금 현재 우리가 경험하는 것이 위협적이면 이를 감지해서 우선 신체적인 반응부터 한다. 그리고 우리가 처한 상황, 우리 몸의 상태, 과거 경험 등에 대한 정보를 통합해서 인지적으로 해석하고 구성한 후 '공포'를 느낀다.

편도체가 손상되면 위험신호가 없어서 충동적으로 위험이 큰 베팅을 하는 것 같다. 물론 곧 전전두엽이 상황에 대한 정보를 처리해 주므로 상황에 따라서는 지장을 받지 않거나 위험해지지 않을 수 있다. 가령 밤에 누가 급히 뒤따라오는 소리를 들었는데 태연히 계속 걷고 있었다. 만약 뒤따르는 사람이 강도였다면 그대로 당했겠지만 바로 옆집 사람이라면 위험 상황이 아닌 것이고 아무 일도 없을 것이다.

편도체가 손상되어 충동적으로 위험한 선택을 한다면 심리치료로 충동성을 감소시킬 수 있고 평소에 주의를 잘 기울이는 훈련을 받을 수 있다. 단독으로 혹은 약물치료와 병행하여 편도체 손상 증상을 경감해 준다.

덧붙여서, 항불안제 혹은 진정제로 쓰이는 벤조디아제핀에 대한 수용기는 편도체에 많이 있어서 그 효과를 발휘한다. 벤조디아제핀은 GABA 수준을 늘리고 편도체의 활동을 줄여줘서 불안을 덜 느끼게 한다. 물론 약이 아니더라도 심리치료 등의 도움으로 전전두피질을 활성화시켜서 편도체의 활동을 줄일 수 있다. 가령 '내가 지금 어떤 상태인가', '나는 지금 불안한가', '내가 지금 할 수 있는 것은 무엇인가' 하는 식의 질문은 전전두피질의 활동을 자극해서 편도체를 진정시킬 수 있다.

5. 신경가소성

마음을 어떻게 사용하는지에 따라 뇌도 변한다. 뇌에 가소성이 있기 때문이다.

신경가소성은 전 생애에 걸쳐서 개인의 모든 경험이 뇌의 활동을 변화시키고 뇌를 리모델링할 수 있다는 것을 뜻한다. 물론 태아 때부터 출생 후 첫 몇 년간 뇌의 변화가 가장 급격하게 일어나지만 노인기에서조차 다양한 상황에서 신경가소성을 찾아볼 수 있다. 젊은 사람들이 새로 무언가를 배울 때 뇌회색질이 증가하는 것을 보여준 연구들이 있는데 노인들도 그러한 구조적 가소성을 가지는지 보기 위해 보이크 등(2008)이 건강한 노인들에게 3개월 동안 공 저글링 기술 훈련을 가르쳤다. 20대 젊은이에 비해 노인들의 저글링 기술 수준은 낮았지만 복잡한 시각적 운동의 처리 및 저장에 관여하는 것으로 알려진 뇌 영역에서 젊은이들과 동일한 양의 회색질이 증가했다. 다시 말해 60대 노인들이 20대의 뇌와 동일한 영역에서 동일한 가소성을 보인 것이다.

신경가소성이 우리에게 시사하는 것은 우리의 경험과 행동으로 우리의 능력을 끌어올릴 수 있고 더 나은 삶을 살 수 있다는 점이다. 그리고 나이가 많아도 그것이 가능하

그림 4-14 본문에 나온 연구에 따르면 저글링 같은 새로운 기술을 배우면 노인의 뇌라도 달라진다.

다는 것이다. 가령 스트레스가 해마를 위축시킬 수 있는데 심리치료를 통해 스트레스에 적절히 대처하면서 해마가 회복하는 것을 볼 수 있다.

요약

1. 다른 모든 심리적 현상과 마찬가지로 정서도 신경계의 작동결과이다.

2. 피니어스 게이지의 사례를 통해 뇌와 성격 혹은 정서를 비롯한 심리 현상 간 네트워크를 엿볼 수 있었다.

3. 정서 반응과 표현을 관장하는 신경계의 구조와 화학물질을 살펴보았다. 말초신경계 중 자율신경계는 생리적 반응을 통제한다. 우리 뇌의 변연계와 전두엽은 소통하면서 정보를 처리하고 정서반응을 일으키며 정서를 느끼게 하는 기능을 한다. 정서와 관련된 우리 몸의 화학물질로는 세로토닌, 도파민, 노르에프네프린, 가바, 엔도르핀, 멜라토닌, 옥시토신 등을 꼽을 수 있다.

4. 서로 소통하는 뉴런들의 네트워크를 신경회로라고 한다. 회로들끼리도 소통한다는 것을 염두에 두고 오늘날까지 신경과학적 연구가 비교적 많이 이루어진 불안/공포의 신경회로, 혹은 기제에 대해 살펴보았다.

5. 신경가소성이란 경험하는 모든 것—주의를 기울이는 것, 듣고 보고 생각하는 것 등 그 모든 일이 뇌의 변화를 가져올 수 있다는 것을 뜻한다.

참고문헌

Berdoy, M., Webster, J. P., & MacDonald, D. W. (2000). Fatal attraction in rats infected with Toxoplasma gondii. *Proceedings of the Royal Society B, 267*(1452), 1591–1594.

Boyke, J., Driemeyer, J., Gaser, C., Büchel, C., May, A. (2008). Training-induced brain structure changes in the elderly. *Journal of Neuroscience, 28* (28), 7031–7035.

Cunningham, W. A., Raye, C. L., & Johnson, M. K. (2004). Implicit and explicit evaluation: fMRI correlates of valence, emotional intensity, and control in the processing of attitudes. *Journal of Cognitive Neuroscience, 16*, 1717–1729.

Damasio, A. R. (1994). *Descartes' error*. New York, NY: Putnam.

Ditzen, B., Schaer, M., Gabriel, B., Bodenmann, G., Ehlert, U., & Heinrichs, M. (2008). Intranasal oxytocin increases positive communication and reduces cortisol levels during couple conflict. *Biological Psychiatry, 65*, 728-31.

Etcoff, N. L., Ekman, P., Magee, J. J., & Frank, M. G. (2000). Lie detection and language comprehension. *Nature, 405*, 139.

Kosfeld, M., Heinrichs, M., Zak, P. J., Fischbacher, U., & Fehr, E. (2005). Oxytocin increases trust in humans. *Nature, 435*, 673-676.

Turner, R. A., Altemus, M., Enos, T., Cooper, B., & McGuinness, T. (1999). Preliminary research on plasma oxytocin in normal cycling women: investigating emotion and interpersonal distress. *Psychiatry, 62*(2), 97-113.

제 5 장

정서 발달

학습목표

1. 유전과 경험이 정서에 미치는 영향을 알아 본다.
2. 생애 초기 울음과 미소짓기 등의 주요 정서 표현이 의미하는 것이 무엇인지 알아본다.
3. 정서에 대한 이해 그리고 정서조절이 생애 초기 어떻게 나타나고 발달하는지 배운다.
4. 10대 이후 노년기까지 정서상의 변화를 추적한다.
5. 건강한 성인으로 성장하도록 돕기 위해 어떻게 아이의 정서를 다룰 것인지 생각해 본다.

학습개요

갓 태어난 아기도 울고 웃는다. 그러나 성인처럼 표현이 다양하지 않고 아마도 성인과 같은 정서를 경험하지는 못하는 것 같다. 가령 '섭섭하다', '그립다' 같은 정서는 아마도 못 느낄 것 같다. 그러다가 나이가 들면서 그러한 복잡한 정서를 느끼고 표현하며 정서를 조절하는 능력이 배양된다. 이 장에서는 정서의 경험과 표현이 생애 초기에 발달하는 방식을 볼 것이고 이후 계속되는 변화를 다룰 것이다. 전 생애에 걸친 정서 발달 양상을 보면서 자신과 타인의 정서에 대한 이해도가 증폭될 것이며 공감 능력이 배가될 것으로 믿는다.

1. 유전과 경험

여러분이 알다시피 유전자는 우리의 몸과 마음에 영향을 끼치는 주된 요인이며 개인차의 많은 부분을 설명해 준다. 따라서 일상대화에서 "저 사람과 나는 유전자가 달라서 차이가 많이 나…"라고 인정하는 모습을 자주 보게 된다. 그렇다고 해서 유전자가 전적으로 우리의 삶을 결정하는 것은 아니라는 것도 우리 모두 잘 알고 있다. 환경, 심지어는 아기가 태어나기도 전의 환경도 영향력이 크다는 것을 알고 임신한 여성들에게 스트레스를 주지 않도록 조심한다. 실제로 임신 중 불안을 심하게 느끼면 태어난 아기가 부정적 정서를 예민하게 겪을 가능성이 크다. 특히 아기가 위협자극에 예민하게 반응하는 특질과 관련된 유전자를 가지고 태어난 경우 두려움이 더 크고 작은 일에도 스트레스를 받는 모습을 보였다. 여러분이 여기서 추가로 알아야 할 것은 유전자 자체도 외부적 요인의 영향을 받는다는 사실이다. 가령 임산부의 영양 섭취가 태아의 유전자에 영향을 미친다.

우리 개개인은 유전자형과 표현형을 가지고 있다. 유전자형(genotype)은 수정할 때, 다시 말해 난자와 정자의 핵이 융합할 때 결정되는 개개인의 유전적 구성이고 이 유전자형과 환경 사이의 상호작용에서 표현형(phenotype)이 결정된다. 표현형은 수정 이후 개인이 살아가면서 경험하는 것에 의해 평생 변화한다. 유전자형이 동일한 일란성 쌍둥이라도 환경이 다르면 차이가 많이 나는 표현형을 보인다. 여러분은 일란성 쌍둥이의 지문이 예외 없이 다르다는 것을 아는가? 일란성 쌍둥이인데도 성격이 판이해서 둘 중 한 사람은 아주 작은 일에도 노심초사 걱정이 많고 예민하게 굴지만 나머지 한 사람은 전혀 그렇지 않은 경우들을 볼 수 있다.

또한 동일한 경험이라도 어느 때 경험했느냐 하는 타이밍도 유전자형이 표현되는 데 영향을 끼친다. 여러분은 '**결정적 시기**'라는 개념을 알고 있는가? 가령 언어의 결정적 시기는 생후 2년부터 사춘기까지이며 이 시기를 놓치면 정상적 언어발달이 어렵다. 사춘기가 넘어서 외국어를 처음 배우면 원어민처럼 유창하게 그 언어를 구사하지 못하는

그림 5-1 쌍둥이

이유 중 하나로 '언어습득의 결정적 시기가 지나서'를 꼽는다. 이렇듯 언어 영역을 비롯, 각 영역 별로 발달이 활발하게 일어나는 최적의 시기를 '결정적 시기'라고 한다. 애착의 경우 개인의 생애 초기에 중요 인물(주로 부모)과의 상호작용을 통해 형성하게 되며 생후 첫 1~2년 동안이 결정적 시기라고 주장하는 학자들이 있다. 이 시기에 중요 인물과 떨어져 지냈거나 관계가 좋지 않았다면 나중에 불안 수준이 높은 등, 정서 문제를 보이거나 대인관계 문제를 겪을 수 있다.

연구 결과들은 분명히 이란성 쌍둥이보다 일란성 쌍둥이들 간에 정서 예민성, 사회성(외향성, 수줍음 등), 충동성 등의 측면에서 유사성이 높다는 것을 보여주고 있고 (Lemery & Goldsmith, 2002, 2003의 연구) 신생아 때부터 중기 아동기의 예민한 정서에 유전은 중간에서 강한 정도의 영향력을 발휘하고 성인기까지 그 영향력이 이어진다는 것을 시사하고 있다. 가령 일란성 쌍둥이 중 한 아동의 불안 수준이 높으면 나머지 한 아동도 그럴 가능성이 높고 성인 쌍둥이들도 그러한 높은 유사성을 보인다.

2. 생애 초기의 정서경험과 표현

아기들의 정서를 연구하기 어렵다는 것은 여러분도 쉽게 수긍할 것이다. 우선 자기보고에 근거한 연구가 불가능하다. 아기들에게 "너 착잡하니?"라고 물어도 그냥 눈만 깜박이거나 미소만 지을 것이다. 아기의 표정을 세밀히 관찰할 수는 있겠지만 웃고, 찡그리고 우는 표정 정도만 보이고 어른만큼 표정이 다양하지 않다. 또 MRI 기계 속에 들어가서 꼼짝 말고 가만히 누워 있게 둘 수도 없다. 따라서 어떤 종류의 정서가 어느 연령에서 처음 나타나는지에 관한 증거는 모호하거나 부족한 경우가 많다는 것을 염두에 두고 이 장을 공부하기를 바란다.

아기가 정서를 경험할 때, 제때 연구자들이 포착하기 위해서는 아기의 신체가 어느 정도 성숙해 있어서 정서를 경험하고 있다는 표시를 낼 수 있어야 한다. 신생아의 경우 시각이 덜 발달되어 무언가가 시야에 나타나도 뭐가 뭔지 제대로 보지 못하므로 우선 자극 입력에 문제가 있다. 또한 운동능력도 길러지지 않은 상태라서 설사 겁이 나도 도망가는 모습을 보여주지 못한다. 그러다가 돌이 지나면 확실히 정서를 경험하고 있는 모습을 온몸으로 보여주게 된다.

그림 5-2 MRI 검사

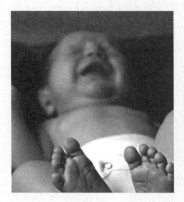

그림 5-3 아기의 울음과 미소 짓기

1) 울음

울음은 아기가 태어나자마자 보여주는 정서표현이다. 신생아의 정서연구는 기본적으로 울음의 연구라고 할 수 있다. 신생아는 언제 우나? 배고플 때, 졸릴 때, 배에 가스가 차서 등. 신생아는 무엇이든 불편하면 우는 것 같다. '괴로움', '짜증'의 표현이다. 커가면서 슬픔, 짜증, 서러움 등으로 분화되지만 신생아가 울면 '무엇인가 불편해서'라고 막연히 추측할 수밖에 없다.

아기의 울음은 주위 사람들, 특히 부모에게 즉각적이고도 강력한 효과를 가진다. 다들 무엇인가 아기에게 해 주어야 할 것 같은 압박감을 느끼고 아기가 원하는 것이 무엇인지, 무엇을 어떻게 해 주어야 아기의 울음을 그치게 할 수 있을지 전전긍긍한다. 아기가 어떤 때는 몇 분만에 울음을 그치지만 수 시간 내리 울어 젖혀서 주위 사람들이 당혹해히는 경우도 많다. "아! 배가 고픈 거야." 하고 아기가 우는 이유를 정확하게 맞히고 재빠르게 우유병을 물리면 아기가 울음을 그친다. 많은 경우 불편해하는 이유를 몰라 이런 저런 조처를 취해 보지만 계속 운다. 따지고 보면 아기에게 울음은 주위와 의사소통하고 돌봄을 받을 수 있는 유일한 방법이다. 울음의 원인이었던 불편함이 가시면 아기는 울음을 그치고 미소나 까르륵 하는 웃음으로 주위 사람의 돌봄 행동을 강화

그림 5-4 공감 울음

한다.

신생아는 생후 약 6개월 동안 **공감 울음**(sympathetic crying)을 보이기도 한다. 아기가 여럿 누워 있는 방에서 한 아기가 울면 다른 아기도 따라 우는 광경을 본 적이 있는가? 그것이 공감 울음 현상이다. 공감 울음은 다른 신생아의 울음소리에 대한 반응으로 우는 현상이다. 그렇다면 신생아인데도 공감능력이 있어서 같이 우는 것일까? 사실 아기가 만 한 살 정도가 될 때까지는 다른 사람들이 어떤 상태인지 파악하거나 관심을 가진다는 증거가 없고 한 살 즈음이 되어도 그에 대해 몇몇 단편적이고 제한된 증거만 있을 뿐이다. 따라서 다른 아기가 울 때 따라 우는 현상은 미스터리다. 그럼에도 연구자들은 왜 따라 우는지 추측해 본다. 공감 울음의 이유로 연구자들이 제안하는 것 중 하나는 양육자가 다른 아기를 돌보는 것을 방해하기 위함이다. 동물 연구에서 보면 같은 둥지 내 아기새 중에 가장 크게 우는 아기새가 다른 아기새보다 먹이를 많이 받아먹는다. 다른 아기가 울면 그 아기에게 주의가 갈 터이므로 자신에게 어른의 주의를 돌려 자신을 돌보도록 유도하기 위한 것이라고 추측한다. 다시 말해 아기들은 우리 속담대로 '우는 아이 떡 하나 더 준다'는 것을 알고 있다는 것이다. 이 가설을 지지해 주는 방증으로는 녹음된 자신의 울음소리를 틀어주거나 나이 든 아동이 울 때는 공감 울음을 보이지 않는다는 연구 결과가 있다.

2) 미소 짓기

태어난 지 며칠 되지도 않은 신생아가 시도 때도 없이 입꼬리를 올리는 것을 볼 수 있다. 그런 모습을 보고 어른들은 태어난 지 얼마 안 되는 데도 아기가 '행복한 미소'를 짓는다며 신기해한다. 그러나 신생아가 입꼬리를 올리는 것은 말 그대로 시도 때도 없으며 맥락과 무관한 경우가 많다. 그리고 미소라기보다는 아마도 그냥 입 근육을 움직이는 연습을 하는 것이 아닌가 추측한다.

그러다가 생후 약 3주가 되면 확연히 입은 물론 눈 근육을 써서 웃는 모습을 보이기 시작한다. 이 시기의 아기들은 자고 있을 때, 특히 급속안구운동(REM) 수면단계 때 미소를 지으므로 어른들은 "아기가 행복한 꿈을 꾸고 있나 봐." 하면서 카메라를 들이대고 귀여운 순간을 포착한다. 그러다가 아기들은 까꿍놀이 같은 새로운 경험을 할 때마다 웃는다. 여러분은 장난스러운 소리나 몸짓을 되풀이하면 아기가 그때마다 웃는 모습을 봤을 것이다.

생후 1개월이 지나면 타인과 미소를 주고받는 사교용 미소를 짓기 시작한다. 주위 사람이 아기와 눈 맞추며 미소 지을 때, 아기를 만질 때, 다시 말해 주위 사람이 아기와 상호작용할 때 미소 짓는다. 아기의 이러한 미소에 반해서, 아기의 웃음이 주는 행복감을 또 느끼고 싶어서 어른들은 시간과 에너지를 들여서 놀아준다. 바로 이것이 사교용 미소의 기능인 것이다. 다시 말해 사교용 미소는 어른들이 아기를 돌보고 놀아주는 행동을 강화한다. 아기는 미소 하나로 주위 사람들의 행동을 좌지우지하는 능력을 가지고 있다.

사교용 미소가 이 무렵에 나타나는 이유로 학자들은 아기의 시각능력이 좋아져서 다른 사람의 미소를 보고 따라 할 수 있게 된다는 점을 들었다. 그러나 이 설명만으로는 충분하지 않은 것이 시각장애를 가진 아기들도 미소를 짓는다. 또 적절한 촉각과 청각 자극에도 웃는 반응을 보인다. 생후 2개월이 된 아기들은 확실히 행복할 때, 즐거울 때 등 긍정적인 정서를 경험하는 때가 있는 듯하며 이를 웃음으로 보여준다.

3) 그 밖의 정서표현

아기의 모로 반사(Moro reflex)를 본 적이 있는가? 모로 반사란 갑자기 큰 소리가 나는 것 같은, 위험의 소지가 있는 상황에서 아기가 고개를 뒤로 젖히고 팔을 벌리며 손가락을 폈다가 오므리면서 신속히 도로 웅크리며 무엇인가를 감싸 안는 것 같은 동작을 보이는 일련의 반사 행동으로서 일상 대화에서는 '(유아) 놀람 반사(startle reflex)'라고 부른다. 성인의 놀라움 반응과 유사한 점이 있지만 고개를 뒤로 젖히고 팔을 벌리는 앞쪽 부분은 신생아에서만 볼 수 있다. 아마도 갑자기 뚝 떨어지는 상황에서 급히 팔과 손을 벌리면 무엇인가를 움켜쥐어 유아를 보호해 줄 가능성이 클 것이다. 진화가 계속되면서 생존 가능성을 높이는 기능이 유용해서 발달해온 반사일 것이라고 추측할 수 있다.

그런데 여기서 짚고 넘어가야 할 점은 다음과 같은 것이다. 모로 반사로 '놀랐음'이라는 정서를 보이고는 있으나 해당 유아가 공포를 느낀다고 할 수는 없다는 점이다. 여러분이 알다시피 놀람과 공포는 관련이 있지만 동일한 정서는 아니다. 다른 장에서도 설명했듯이 공포는 상황을 인지적으로 평가하고 해석한 결과 경험하는 것이다. 어른도 갑작스러운 큰 소리에 놀라지만 그 큰 소리가 서프라이즈 파티에서 "서프라이즈" 하는 소리거나 불꽃놀이에서 폭죽 터뜨리는 소리라는 것을 알고는 오히려 즐거워할 것이다.

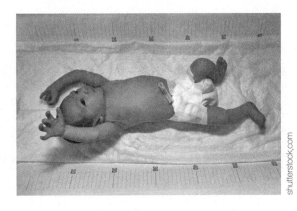

그림 5-5 모로 반사 자세

그림 5-6 놀란 아기

신생아는 그러한 인지적 평가를 내리지 못한다. 따라서 불꽃놀이 소리에 계속 깜짝깜짝 놀라며 울 것이다. 상황 판단을 못하기 때문이다.

그렇다면 공포, 두려움은 언제부터 나타나는가? '낯을 가린다'는 것은 처음 보는 사람을 두려워한다는 의미이다. 처음에 신생아는 아무나 미소 지으며 다가가면 되받아서 미소 반응을 보이다가 생후 수개월이 지나면 처음 보는 사람들을 무서워하기 시작한다. 생후 4개월 정도부터 처음 보는 사람으로부터 얼굴을 돌리고 도망치려 하는 모습, 심리학적 용어로 '낯선 사람 불안(stranger anxiety)'을 보인다. 이는 애착(attachment)과 함께 시작된다. 애착은 유아와 양육자 사이에서 유지되는 정서적 유대이다. **낯선 사람 불안**의 기본 전제는 양육자와의 애착 형성이다. 아기가 낯선 사람 불안을 보이기 위해서는 우선 시각 자극을 제대로 변별할 수 있게 되어 익숙한 양육자와 처음 보는 사람을 인식하고 구별할 수 있어야 한다. 또한 예전에 위협적이었던 자극을 기억 속에서 떠올리고 현재의 상황과 비교할 수 있는 인지 능력이 배양되어야지만 두려움을 경험할 수 있을 것이다. 진화론적으로 볼 때 아기의 이동능력이 발달하면서 생기는 낯선 사람 불안과 애착은 충분히 생존가(survival value)가 있다. 아기가 기어 다니기 시작하면서 여기 저기 위험에 부딪힐 수 있는데 믿을 만한 사람을 가까이하고 잠재적으로 위험한 낯선 사람은 피해야 그나마 안전이 보장될 수 있을 것이다. 혼자 몸을 옮겨 돌아다니지 못하는 6개월 이하의 아기들에게는 애착행동이 생존이나 적응과 그다지 관련이 없을 것이며 1세 반 이상의 나이가 되면 혼자서도 위험물을 인식하고 피할 수 있게 되면서 그러한 애착행동의 필요성이 줄어든다.

아기가 확연한 분노를 처음 경험하는 때는 언제일 것 같은가? 많은 연구자들이 불과 생후 5~6개월에 얼굴로 분노를 표현하기 시작한다고 주장한다. 가령 팔을 쓰지 못하도록 아기를 잡으면 화가 난 표정을 짓는다. 무엇인가를 하려고 하는데 저지당한 상황에 대한 인식이 있어야 그러한 상황에 분노할 것이다. 생후 5~6개월은 되어야만 그러한 인지적 능력을 갖추게 된다는 방증이다.

그림 5-7 아기의 슬픈 표정

슬픔은? 생후 4~5개월부터 아기는 성인과 유사한 '슬픈' 얼굴 표정을 짓는다. 가령 아기가 양육자를 봐도 양육자가 무시하면 슬픈 표정을 짓는다. 사회적 사건('내가 엄마를 본다')에 대해 아기가 기대하는 것('엄마가 나를 안아줄 것이다')이 이루어지지 않았다는 점을 생각해 보면 아기가 이러한 '기대를 하는 능력'과 기대한 대로 이루어지지 않았다는 것을 '아는 능력'이 갖추어져야 이런 상황에서 슬픔을 경험하고 슬픈 표정을 지을 수 있다.

수치심, 죄책감 같은 복잡한 정서는 여러분도 짐작하다시피 적어도 만 2세가 되어야지만 경험하는 것 같다. 특히 이 수치심, 죄책감 같은 정서는 자신이나 자신의 행동을 내적인 기준과 비교한 결과 경험하게 되는 정서인데 2세 전의 아기들은 '이래야 좋다', '이래야 옳다'라는 자신만의 기준이 아직 형성되지도 않았고 형성이 되는 중이라고 하더라도 그러한 비교를 하지도 않거니와 '자기', '자신의 행동'이라는 분명한 느낌이나 개념도 없는 것 같다.

3. 생애 초기의 정서이해와 정서조절

1) 마음이론과 사회적 구성주의

뇌의 전두엽은 10대 후반이 될 때까지 계속 발달하며 그 이후에도 계속 생활하면서 경험하고 학습하는 과정에서 변화한다. 아기들을 보면 확실히 지난주에 잘 못 하던 것을 이번 주에 마스터하는 식의 빠른 변화가 일어난다. 블록을 잡고 입에 가져가려고만 하던 아기가 어느새 잘 맞추며 노는 모습을 보여서 어른들은 박수를 치게 된다. 아기를 몇 달간 안 보다가 오랜만에 보면 그새 훌쩍 똑똑해진 모습에 놀라워한다. 태어난 후 첫 몇 년간 인간의 지적인 능력은 극적으로 변화한다. 가령 다른 사람의 입장에서 상황을 파악해 보는 능력, 우리가 다른 사람들을 어떻게 보는지에 대한 인식 등을 획득한다.

정서나 정서조절의 발달에 관해 공부할 때 우선 알아두면 좋을 개념은 '마음이론'과 '사회적 구성주의'이다.

만 4세가 된 유아는 이야기의 주인공이 자신의 강아지를 찾아 헤매다가 강아지를 찾으면 기뻐할 것이고 고양이를 발견하면 실망하고 계속 자신의 강아지를 찾을 것이라는 것을 안다. 이 유아는 **마음이론**(theory of mind)을 형성했음을 보여준다. 마음이론이란 말 그대로 우리 각자가 가지고 있는 마음에 대한 이론이다. 다른 사람들도 나처럼 마음을 가지고 있고 내가 다른 사람들을 보는 것처럼 다른 사람들이 나를 보고 있고, 나를 평가한다는 것에 대해 이해하는 것이다. 그리고 마음에 대한 이해를 바탕으로 다른 사람이나 다른 사람의 행동을 이해하고 추측할 수 있다. 강아지를 찾던 주인공이 바라는 것은 '강아지'이지 고양이가 아니라는 것을 이 유아는 알고 있고 그 바람이 충족되면 기쁘고 그렇지 않으면 기뻐하지 않으리라는 것을 추측하는 것이다. 자신의 정서에 대한 이해를 바탕으로 타인에 대한 공감과 이해를 가능하게 하므로 마음이론은 사회성 발달, 그리고 정서지능과 밀접한 관련이 있다. 참고로, 정서지능과 실행기능을 담당하는 전두엽 영역은 이 마음이론도 담당한다.

제3장에서 설명한 대로 **사회적 구성주의**(social constructionism)에서는 개념, 지식 같

은 것들이 사회적 상호작용을 통해 많은 부분 형성된다고 말한다. 아기들은 사회 속에서 정서에 관해 배운다. 다시 말해 주 양육자를 위시해서 가족 등 주위 사람들, 개인이 속한 사회와 문화 등 환경의 영향을 받으며 정서표현과 정서에 대한 이해가 발달한다. 가령 정서표현에 문화특이적인 요소가 있다는 연구 결과가 많다. 예를 들어 미국에 사는 유럽계 아기들은 중국에 사는 아기들보다 정서표현을 더 많이 하고 더 자주 미소 지었는데 아마도 미국의 부모들이 정서를 드러내는 것을 더 잘 받아주기 때문일 것이다(Camras, Oster, Campos, & Bakeman, 2003).

2) 정서이해의 발달

앞에서 신생아는 공감 울음을 제외하고 타인의 정서를 파악하거나 관심을 가진다는 표시를 보이지 않는다고 했었다. 그러다가 마음이론을 형성하게 되면서 타인의 정서를 파악하고 그 원인을 추측할 수 있게 된다.

다른 사람이 웃는 것을 볼 때 아기들은 그 사람이 기분이 좋아서 웃는다는 것을 어떻게 아는가? 첫 번째 가설은 선천적으로, 자동적으로 안다는 것이다. 또 하나의 가설은 학습에 의한다는 것이다. 그런데 어른인 여러분도 사실 남의 얼굴 표정만을 보고 그 사람의 기분을 추측하기 어려워한다. 그 사람이 자신의 기분을 숨기거나 왜곡할 가능성이 있다는 것, 복잡한 맥락이 복잡하고 애매한 표정을 만들어 낸다는 것을 안다. 분명히 경험과 학습이 얼굴 표정을 해석하는 능력을 배양하겠지만 태어난 지 6개월도 안 된 아기들이 주위 사람의 행복한 표정과 두렵거나 슬픈 표정을 구별할 줄 아는 모습을 보면 어느 정도 선천적인 면이 있다는 데 동의할 것이다.

여러분은 자신도 모르게 남의 얼굴 표정을 자주 모방한다는 것을 아는가? 슬픈 표정을 짓는 사람 앞에서는 여러분도 슬픈 표정을 덩달아 짓고 미소는 전염되는 것이 아닌가 싶을 정도로 남의 웃는 얼굴을 보면서 함께 웃는다. 이러한 현상을 **얼굴모방**(facial mimicry)이라고 하는데 상대방이 보이는 정서적 얼굴 표정(예 : 슬픈 표정)에 반응해서 일어난다. 아무 때나 반사적으로, 자동적으로 일어난다고 느끼겠지만 당시 상황이나 상대방과의 관계가 얼굴모방 여부를 결정한다. 모든 상황에서, 내 앞의 사람이 누구든 상관없이 얼굴모방이 일어나는 것은 아니라는 뜻이다. 아기가 울 때 엄마도 울상을 지으며 "응애, 슬퍼? 응애, 우리 아기 슬퍼?" 하는 것은 엄마가 아이의 슬픔에 주의를 기울이고 돌봐주고 있다는 메시지를 강력하게 전달한다. 얼굴모방은 애착을 촉진하고 긍정적인 관계를 이끌고 유지하는 데 기여한다. 이 얼굴모방은 태어난 지 며칠 되지도 않은 아기도 보이는 현상이다. 슬픔, 기쁨 등의 정서표현이 아니라도, 가령 엄마가 그냥 입을 벌리기만 해도 아기가 따라 한다.

아기가 말을 할 수 있을 만큼 성장해서 '나 슬퍼' '나 무서워' 라고 할 때, 다시 말해 자신의 내적 정서 경험을 말로 표현할 때 제대로 이해하고 정확하게 표현하고 있는 것인가? 연구 결과 아직 말하는 것이 서투른 2세 아동도 정서단어를 상당히 정확하게 사용한다는 것이 밝혀졌다. 여기에는 환경적 요인이 강력하게 작용해서 정서경험에 대해 가족과 많이 얘기한 2~3세 아동들이 학령이 되었을 때 타인의 정서에 대해 이해하는 능력이 더 출중했다. 따라서 어렸을 때 서로가 겪는 정서에 관해 이야기를 나누는 것이 정서지능을 향상시키는 방법 중 하나이다.

아기가 자라면서 타인의 정서를 알아내는 능력이 발달하는데 이는 지각능력과 정서정보를 추출하는 능력에 비례한다. 우선 눈, 코, 입 등 얼굴의 구성요소를 구별할 수 있

그림 5-8 얼굴모방

게 되고 정서 상태를 알리는 특징(예 : 웃을 때 올라가는 입꼬리)을 식별할 수 있게 되면서 정서인식 능력이 향상된다. 뒤에 설명할 사회적 참조현상에서도 보듯 아기는 어른의 얼굴 표정, 몸짓, 목소리 정보들을 활용해서 정서적으로 반응한다. 5개월 된 아기는 어른이 보이는 특정 정서를 정확히 인지하지 못하더라도 대충 '좋다, 행복하다'와 '안 돼, 두렵다'는 쉽게 식별하는 모습을 보인다.

마음이론이 한창 발달하고 있는 아기들, 심지어 2세밖에 안 된 아기들도 정서를 잘 알고 자신의 정서표현이 타인에게 영향을 미친다는 것을 알기 때문에 이를 이용해서 원하는 것을 얻으려 한다. 가령 원하는 장난감을 얻기 위해 슬픈 척하며 눈물을 짜낸다. 3세 정도면 정서를 유발한 원인 사건을 추측할 수 있고 어떤 일이 생겼을 때 그 사람이 어떤 정서를 경험할지 성인과 유사한 정확도로 이해한다. 가령 이 사람이 왜 화가 났는지, 지금 저 사건으로 인해 이 사람은 어떤 기분일지 이해 한다. 이 무렵에 아동은 정서의 기본을 갖추게 되고 이후 계속 미세 조정하면서 성장한다.

3) 정서조절의 발달

아기의 주위 사람들은 아기의 정서를 조절해 주려고 전전긍긍한다. 아기가 물고 있던 공갈 젖꼭지를 떨어뜨리면 아기가 울음을 터뜨리기도 전에 어른이 재빨리 주워서 입에 물려줌으로써 아이의 부정적인 정서를 줄인다. 또 아기가 좋아하는 깍꿍놀이를 되풀이함으로써 아기의 긍정적인 정서를 불러오고 늘린다. 이렇게 어른이 아기의 정서표현에 즉각적으로 반응해서 아기의 정서를 조절해 주면 아이는 자신의 정서를 적절히 잘 조절하는 법을 알게 된다(Braungart-Rieker, Hill-Soderlund, & Karrass, 2010).

아기가 생후 3개월이 넘으면 주의전환으로 정서를 조절하는 모습을 보여준다. 화가 날 때 시야의 특정 장소에 주의를 기울이더라는 연구 결과들이 있다(Rothbart, Sheese, Rueda, & Posner, 2011). 그렇게 눈길을 다른 곳으로 돌리는 주의전환법만으로 정서조절을 하던 아기가 마음이론과 사고력이 발달하면서 다른 각도로 생각해 보고 해석해 보는 세련된 정서조절법을 보여주게 된다.

아동은 언제, 어디서, 얼마나 강하게 자신의 정서를 표현할지 어떻게 배울까? 당연하게 들리겠지만 주양육자를 비롯한 주위 사람들과의 일상적 상호작용을 통해서, 교육을 통해서 등이라고 답할 수 있다. 이러한 환경적 영향이 정서표현 강도와 방식을 조형한다. 문화적 영향도 작용한다. 앞에서도 언급했듯이 문화마다 정서표현법이 다르다. 가령 미국에서는 아이들이 정서를 솔직하게 표현하는 편이다. 그러나 우리나라나 일본에서는 억제하는 분위기다. 기쁜 일이 있어도 공손하게 보이기 위해 표정관리를 하고 슬픔은 의연히 누른다. 분노를 표현하면 버르장머리 없는 아이로 취급받는다. 그러나 여러분이 생각하는 것만큼 문화차이가 크지는 않으며 상황 요인이 더 영향력을 발휘한다.

일반적으로 기쁨 같은 긍정적인 정서를 많이 표현하는 부모의 자녀는 긍정적인 정서를, 분노 같은 부정적인 정서를 많이 표현하는 부모의 자녀는 부적 정서를 강하게 표현하는 경향을 보인다(Cole, Teti, & Zahn-Waxler, 2003). 그러나 이러한 연구 결과를 해석할 때 주의해야 할 점은 조사를 통한 상관연구들이기 때문에 인과관계에 관한 결론을 내릴 수 없다는 것이다. 다시 말해 부모와 자식의 정서표현이 유사하다고 나왔지만 어느 한쪽이 다른 쪽의 정서표현을 이끌어 내었다는 식의 결론을 지을 수는 없다. 아이의 부정적인 정서표현이 부모의 부정적인 정서표현을 야기했을 수도 있고 그 반대의 해석도 가능하다. 또 실제로 인과관계가 있다고 해도 후천적인 학습의 영향이 아닌, 부모 자식 간의 유전적인 유사성 때문에 그러한 결과가 나왔을 수도 있다.

마음이론과 언어능력이 함께 발달하면서 정서에 대해, 또한 정서의 원인에 대해 설명할 수 있게 된다. 또한 3세 정도부터는 자신의 정서에 대해 일부러 말을 하지 않거나 정서를 숨기는 법을 배운다. 한 연구에서 아이들은 거짓말을 하고도 죄책감 정서를 숨겼다. 정서를 드러내는 데는 물론 개인차가 있다. 가령 마음에 들지 않은 선물을 받고 분노나 실망감을 자기도 모르게 드러내는 아이가 있는가 하면 실망감을 잘 감추는 아이도 있는데 대체로 여자아이들이 남자아이들보다 자신의 정서표현을 잘 조절할 수 있었다.

아이가 주양육자와 상호작용하면서 상황을 해석하고 적절한 정서반응을 보이는 법을 배우는 한 가지 방식은 사회적 참조하기이다. 앞에서 잠깐 언급했듯 사회적 참조하기는 어떻게 상황을 받아들이고 반응할지 알지 못하는 모호한 상황에서 아기가 다른 사람의 정서를 참조하고 그와 유사하게 반응하는 것이다. 생각해 보면 사회적 참조하기는 생존가가 있다. 가령 처음 보는 동물에 맞닥뜨렸을 때 어떻게 해야 할까? 주변에 그 동물에 대해 아는 사람들이 있다면 그 사람들의 반응을 참고해서 따라 하는 것이 유리할 것이다. 그 사람들이 긴장하면 그 사람들처럼 긴장하는 것이 생존 가능성을 높일 것이다.

여러분은 시각절벽에 관한 연구에 관해 들어 본 적이 있는가? 시각절벽이란 실제 절벽이 아니고 시각적으로 절벽으로 '보일 뿐'인 조형물이다. 보통 한쪽 부분이 푹 꺼진 것처럼 보이는 투명 탁자이다(그림 5-9). 시각절벽을 사용한 연구에서 9개월 이상 된 아기는 시각절벽으로 기어갈지 결정하기 위해 엄마의 모습을 참고했다. 아기가 시각절벽으로 기어가려고 할 때 엄마가 놀라고 걱정하는 모습을 보이면 멈칫하며 건너가지 않았지만 엄마가 아기를 부르며 웃으면서 오라고 손짓하면 신이 나서 시각절벽을 건넜다. 또 다른 사회적 참조하기의 예로는 처음 보는 장난감에 대해 엄마가 부정적인 정서를 표현하면, 가령 공포에 질린 목소리와 표정을 보이면 한 살도 안 된 아기라도 그 장난감을 피한다. 그리고 잠시 후에 같은 장난감을 보여줘도 그것을 멀리한다. 처음 보는 사람도 마찬가지다. 그 사람에 대해 엄마가 친한 모습을 보이면 아기도 호의적인 반응을 보인다.

그림 5-9 시각 절벽

출처 : 인간심리의 이해, 제2판(시그마프레스)

4. 아동기 이후의 정서 발달

위에서 보듯 약 3세까지 정서 발달의 기초가 세워진다. 3세가 된 아동은 자신의 정서를 인식하고 언어로 표현할 줄 안다. 그리고 다른 사람의 정서를 알아차릴 수 있고 그 정서를 불러온 원인을 이해하며 자신의 정서표현이 다른 사람에게 미치는 영향을 알고 그것을 이용할 줄도 안다. 이후 미세 조정이 일어나는 과정이나 기전에 관한 연구는 찾아보기 힘들고 단편적이고 관찰만 하다가 끝난 연구가 많다. 가령 인지 능력이 발달하면서 정서조절 방략 중 인지적 정서조절 방략을 자주 사용하게 된다는 등의 연구 결과들을 볼 수 있다.

그러나 10대 중후반의 정서를 이해하고 정서 문제를 해소해 주기 위한 연구들은 활발하게 수행되고 있다. 10대는 질풍노도의 시기라고 규정짓는데 그 과학적 근거가 있을까? 아닌 게 아니라 자기 보고식 설문지에서 10대는 어린 아동이나 성인에 비해 기분의 변동이 더 심하고 자주 일어난다고 답한다. 그러나 여러분 모두 알듯이 자기 보고만을 근거로 도출되는 결론은 제한적이다. 그럼에도 '도움을 요청하는 메시지'를 무시할 수는 없다. 힘들다고 하면 구체적으로 왜 힘들다고 하는 것인지, 어떤 도움이 필요한지 연구해야 할 것이다. 자기 보고와 관찰연구 모두에서 일관성 있게 나타나는 결과 중 하나는 10대 소녀들의 우울 위험이 크다는 것이다. 지금까지 반복적으로 연구에서 나타난 결론 중 하나가 성인 여성들이 성인 남성들보다 우울 증상을 더 많이 보인다는 점인데 이 성별 차이가 10대부터 시작된다. 사춘기가 시작되면서 호르몬의 급격한 변화가 소녀의 우울증 위험을 증가시키는 것인지 가정해 보았으나 호르몬 양이나 변화 정도는 우울증 여부나 심각도와 관련이 없어 보인다. 단 일찍 사춘기를 맞이할수록 우울증 위험이 커진다는 연구 결과는 존재한다. 또한 10대에는 다른 연령대보다 부적응적인 정서조절방략을 자주 사용하며 정서조절 문제를 많이 보인다.

나이가 들면서 정서와 관련된 특징이 변화하는 측면이 있는데 한두 가지만 서술하면 다음과 같다. 한 연구에서 소설을 읽고 그에 대한 기억 검사를 했을 때 나이가 많을수록 사건 자체보다 정서적 측면에 대해 더 잘 기억했다. 연구자들은 나이가 많은 사람들이 아마도 정서적 측면에 주의를 기울인 탓일 것이라고 해석했다. 그리고 또 다른 연구에서 중년이 넘은 응답자의 실제 경험에 대해 설문하면 긍정적 정서와 관련된 경험은 많이 보고하고 부정적 정서 경험은 적게 보고했다. 이는 나이가 들면서 실제로 부정적인 사건이 덜 일어난 결과일 수도 있으나 부정적 사건에 주의를 덜 기울인 결과일 가능성이 크다고 시사했다. **사회정서적 선택이론**(socioemotional selectivity theory)에 따르면 시간에 대한 인식이나 지각이 동기에 영향을 준다. 나이 들면서 사람들은 여생이 얼마 남지 않았다고 느끼고 정서적으로 만족스럽고 의미 있는 삶의 목표를 지향하게 된다는 것이다. 따라서 미래지향적인 목표(예 : 새로운 도전기회 찾기)보다 정서적으로 의미심장한 목표들(예 : 좋은 관계 유지)을 우선시하는 쪽으로 목표들을 재정비한다. 중년이 지나면서 짧은 여생을 좋은 것만 경험하면서 보내고 싶어 하므로 긍정적 정서 경험을 최대화하고 부정적 정서 경험을 최소화하는 쪽으로 추구한다. 반면 젊은 사람들은 당장 부정적인 정서 경험을 하더라도 미래를 위해 도움이 된다고 판단하면 그러한 부정적인 정서 경험을 참으려 하고 배울 것이 있다고 여긴다.

또 나이가 들면서 사람들은 자신의 정서를 잘 조절할 수 있게 된다. 즉, 부정적 정서를 야기할 만한 상황에서 젊은이들보다 부정적 정서를 잘 관리하며 긍정적 정서를 불러오는 모습을 보인다.

지금까지 보듯 연령대에 따른 차이는 존재한다. 그럼에도 불구하고 개인의 정서 특징은 다소 안정적이다. 7세 아동 수백 명을 대상으로 정서 특징을 평가하고 이후 그들을 추적해서 35세 때 다시 평가한 연구는 개인의 정서적 특징이 잘 변하지 않는다는 것을 보여준다. 특히 분노 경향이 매우 안정적임을 보여주었다. 쉽게 분노하던 사람은 약 30년이 지나도 대충 쉽게 분노하는 사람으로 남더라는 뜻이다. 또 어렸을 때 다른 사람들보다 긍정적 정서를 많이 보였다면 커서도 그런 경향성이 남았다.

5. 정서 발달의 촉진

발달심리학자들은 아이의 정서를 중요하게 여기고 잘 다루는 것이 아이의 삶을 풍요롭게 만들고 건강한 성인으로 성장하도록 돕는다고 말한다. 지금까지 공부한 내용을 힌트 삼아서 아이의 정서가 잘 발달하도록, 감성 능력 혹은 정서 지능이 잘 배양되도록 부모로서, 또 선생님으로서 어떤 것을 알고 있으면 좋을지, 어떻게 아이를 대하면 좋을지 생각해 보자.

우선 양육자나 교육자는 자신이 정서에 대해 가지고 있는 생각, 철학을 점검해야 한다. 감정은, 특히 슬픔이나 분노 같은 부정적인 정서는 숨기고 억눌러야 한다고 여기지는 않는가? "화가 나도 할 수 없지. 그냥 받아들여.", "슬퍼도 참아."라고 아이는 물론 자기 자신에게도 항상 타이르고 있지는 않는지? 혹시 항상 "감정, 정서는 무시해. 그런 것은 중요하지 않아."라고 생각하는지? "그렇다."라고 답했다면 "정서는 삶에서 중요하다. 아이가 감정표현을 할 때 벌을 주거나 벌을 주겠다고 위협하지 말아야지. 아이가 감정표현을 하거나 하려고 할 때 교묘하게 아이를 조종하지 말아야지…"를 써두고 자

그림 5-10 이 아이는 어떻게 느낄까?

주 읽을 것을 권한다.

미국 예일대학교의 정서지능센터를 설립한 심리학자 마크 브래킷은 아이와 정서에 관한 이야기를 많이 나누고 자신의 정서를 전달할 때 정교한 언어를 사용하면 아이의 정서조절 능력을 함양하는 데 도움이 된다고 말한다. 그는 또한 아이의 언어적/비언어적 정서표현에 주의를 기울이고 아이의 정서에 따뜻하게 반응해 줄 것을 권한다. 부모가 대화 중 휴대전화에 신경을 쓰면 아이는 자신이 무시당하고 있다고 느끼며 더 힘들어하고 바람직하지 않은 행동을 할 가능성이 커진다는, 너무도 당연한 연구 결과들이 있다.

정서지능에 대해서는 뒤에 제9장에서 심도 있게 다룬다.

요약

1. 유전과 생애 초기 경험의 영향을 받아 약 3세까지는 정서 발달의 기초가 세워진다. 이후에는 미세 조정이 있을 뿐이다.

2. 생애 초기에 아기는 울음과 미소 짓기 그리고 그 외 정서적 표현을 보이는데 그 의미나 복잡성에서 성인과는 차이가 있다.

3. 3세가 된 아동은 자신의 정서를 인식하고 언어로 표현할 줄 안다. 그리고 다른 사람의 정서를 알아차릴 수 있고 그 정서를 불러온 원인을 이해한다. 자신의 정서표현이 다른 사람에게 미치는 영향을 알고 그것을 이용할 줄도 안다.

4. 아기의 정서표현은 주양육자를 비롯한 주위 사람들과의 일상적 상호작용을 통해서 발달하기 시작하고 사회 문화적인 영향을 받는다.

5. 10대에는 다른 연령대보다 부적응적인 정서조절방략을 자주 사용하며 정서조절의 문제를 많이 보인다.

6. 중년 이후 긍정적 정서경험을 최대화하고 부정적 정서 경험을 최소화하는 쪽으로 여생을 살고자 한다. 또 나이가 들면서 사람들은 정서조절에 더 능숙해진다.

참고문헌

Braungart-Rieker, J. M., Hill-Soderlund, A. L., & Karrass, J. (2010). Fear and anger reactivity trajectories from 4 to 16 months: the roles of temperament, regulation, and maternal sensitivity. *Developmental psychology, 46*(4), 791-804.

Camras, L. A., Oster, H., Campos, J. J., & Bakemand, R. (2003). Emotional facial expressions in European-American, Japanese, and Chinese infants. *Annals of the New York Academy of Sciences, 1000*, 135-151.

Cole, P.M., Teti, L. O,, & Zahn-Waxler, C. (2003). Mutual emotion regulation and the stability of conduct problems between preschool and early school age. *Development and Psychopathology. 15*, 1-18.

Lemery, K. S. & Goldsmith, H. H. (2003). Genetic and environmental influences on preschool sibling cooperation and conflict: Associations with difficult temperament and parenting style. *Marriage & Family Review, 33*(1), 75-97.

제6장

개별정서(긍정적 정서)

학습목표

1. 긍정적 정서의 종류와 그 기능에 대해 이   대해 생각해 본다.
   해한다.   3. 긍정적 정서의 정의와 생리학, 측정과의
2. 긍정적 정서가 우리의 삶에 미치는 영향에   연관성을 이해한다.

 학습개요

우리가 살아가는 일차적인 목표는 아마도 '행복해지는 것'이라고 해도 과언이 아닐 것이다. 우리는 살아가며 행복해지기를 끊임없이 갈구하고 노력한다. 왜 그럴까? 그중 한 가지 이유는 불행을 견디기 어려워서일 것이다. 그런데 행복이란, 단지 고통을 덜어내는 것일까? 슬픔이 사라지면 행복이 찾아올까?

살아가며 우리는 행복이 무엇인지 고민한다. 문제는 우리가 행복을 추구할 때 '부족한 부분이 무엇인지, 이를 어떻게 개선할지'에 대해 지나치게 몰두한다는 점이다. 이러한 생각의 기저에는 '내게는 부족하고 불완전한 부분이 있어', '모자란 부분을 보완하고 완전해질 때, 비로소 행복해질 거야'라는 마음이 뿌리내리고 있는 건 아닐까.

이 장에서 여러 가지 긍정정서의 종류와 정의 그리고 다양한 측면에서 긍정정서를 다루게 될 것이며, 이를 통해 좀 더 의미 있는 삶을 살아가기 위해 고민하는 시간이 되길 바란다.

1. 행복

행복(happiness)이란 인간이 추구하는 가장 중요한 목표 중 하나이다. 우리는 행복하기 위해 열심히 일하고, 또 열심히 공부하기도 한다. 그러나 막상 행복은 과연 어떤 것인지, 그리고 당신은 지금 행복한지를 묻는다면 잠깐 당혹해하면서 자신의 행복수준을 판단하기 어려워한다. 행복은 우리가 추구하는 가장 절실한 정서이면서도 실상 우리는 이에 관해서 잘 모른다. 또 행복에 대한 개인의 생각이나 느낌이 서로 다르다.

기쁨은 행복의 중요한 요소이기는 하지만 '기쁨=행복'의 등식이 항상 성립하는 것은 아니다. 상을 받을 때 기쁘지만, 그 기쁨은 시간이 흐르면 사라진다. 즉, 행복이란 비교적 덤덤한 그리고 장기간에 걸친 긍정적 정서임에 비해 기쁨은 단기간, 어떤 경우 단지 수 초간만 지속하는 강한 정서이며 기쁨은 구체적인 정서인 반면 행복은 다소 모호하고 포괄적인 개념이다.

1) 행복의 측정

행복에 대한 가장 인기 있는 정의는 '**주관적 안녕감**(subjective well-being)'이다. 안녕이란 평안하다는 의미인데, 즐거움이라기보다는 오히려 특별한 사건이 없는 편안한 상태를 의미한다. 여기에는 직장, 건강, 가족 등 다양한 분야에서 자기 삶에 대한 만족도가 중요한 역할을 한다.

주관적 안녕은 정서적 요소와 인지적 요소로 구성된 것으로 보고 있다(Diener, 1984, 1994). 주관적 안녕의 정서적 요소는 긍정적 정서와 부정적 정서를 말하며 긍정적 정서와 부정적 정서는 서로 연관되어 있으나 상당히 독립적인 것으로 알려져 있다. 반면, 인지적 요소는 개인이 설정한 기준과 비교하여 삶의 상태를 평가하는 의식적이고 인지적인 판단을 의미하며 삶의 만족도라고 흔히 지칭된다.

가장 흔히 사용되는 행복의 척도 중 하나는 '**삶에 대한 만족 척도**(Satisfaction With Life Scale)이다(Pavot & Diener, 1993). 이 척도는 사람들에게 진술문들(예 : '대체로 나의 삶은 나의 이상에 가깝다')에 대해서 얼마나 많이 동의하는지를 1점(결코 동의하지 않음)부터 7점(매우 강한 동의)까지의 척도상에서 평정하도록 요구한다.

전반적인 행복을 측정하기 위해 자주 사용되는 또 하나의 척도는 '**정적 정서 및 부적 정서 척도**(Positive and Negative Affect Schedule, PANAS)'의 일부인 정적 정서 척도이다 (Watson, Clark, & Tellegen, 1988). PANAS는 단일 단어로 구성된 20개 문항들로 구성된다. 이것은 1부터 5까지의 척도상에서 각각의 정서 단어(예: '재미있는', '고민하는', '신나는', '열받는')들이 일반적인(하루나 일주일, 한 달 또는 어떤 다른 시간 단위라도 될 수 있는 시간 동안의) 자신의 느낌들을 얼마나 잘 묘사하는지 평정하도록 하는 것이다.

행복을 측정하는 또 다른 방법은 제2장에서도 소개했던 **생태순간평가법**이다. 정해지지 않은, 즉 예측할 수 없는 시간에 알람이 울려 여러분이 무엇을 하고 있는지, 그리고 그것에 대해 얼마나 행복한지를 기록하는 것이다. 이 방법은 그때그때 얼마나 즐거운지 혹은 힘든지 잘 보여주지만 사람들이 제각기 갖고 있는 삶의 의미와 연관된 그 무엇을 놓칠 수 있다. 한 예로 어린 자녀의 부모는 기저귀를 갈고, 수시로 아이의 요구를 들어주고, 또 칭얼대는 아이를 달래면서 지치고 피곤한 많은 순간들을 보고한다. 이런 경우 낮은 점수를 매길 가능성이 높다. 그럼에도 불구하고 장기적으로 보면 대부분의 사람들은 부모였을 때를 인생에서 의미와 목적성이 있는 최고의 시기였다고 말한다 (Lyubomirsky & Boehm, 2010; S. K. Nelson, Kushlev, & Lyubomirsky, 2014). 마찬가지로, 즐거운 경험이 반드시 보람 있는 경험과 같다고 볼 수 없다(White & Dolan, 2009).

거의 모든 연구가 이렇게 자기 보고에 의존해서 행복을 측정하는데 이는 심각한 한계가 있다. 가령 오늘 자신의 행복을 7점 만점에 5점이라고 평가한다면, 4점을 매긴 어제보다 더 행복하다고 말할 수는 있다. 하지만 오늘 5점인 나는, 6점이라고 평가한 다른 사람보다 덜 행복한 걸까? 사람들의 기준은 제각기 다를 수 있기에 꼭 그렇다고 볼 수 없을 것이다. 즉, 자기평가가 행복지수와 항상 일치하는 것은 아니다.

자기 보고 외에도 뇌파로 행복을 측정하는 방법이 있다. 위스콘신대학의 리처드 데이비슨은 두개골 전체에 전극을 설치하고 여러 뇌 부위의 활동을 측정하였는데, 긍정적인 기분을 느낄 때 좌측 전뇌에서, 부정적인 기분을 느낄 때는 우측 전뇌에서 전기활동이 더 많이 측정되었다. MRI나 PET(뇌의 포도당 대사를 측정해 그 변화가 뇌의 어느 영역과 연관돼 있는지를 알려줌)를 이용하여 뇌를 촬영한 경우에도 이와 비슷한 결과가 나왔다. 먼저, 사람들에게 기분 좋은 사진(예 : 행복하게 웃는 아이 사진)을 보여주고 그다음에 기분 나쁜 사진(예 : 얼굴이 참혹하게 변형된 아이 사진)을 보여주며 뇌를 촬영한 결과, 행복한 아이의 사진은 사람들의 좌뇌를 활성화하였고, 참혹한 아이의 사진은 우뇌를 활성화했다. 이와 비슷한 흥미로운 연구로, 사람들이 재미있는 영화를 보는 것처럼 좋은 경험을 할 때는 좌뇌가 활성화되었다. 종합해 보면 좌측 전뇌에서 전기활동이 많이 측정될수록 행복하다고 결론 내릴 수 있다.

2) 행복의 결정요인

(1) 행복과 성격

행복은 정신적 안녕감의 주관적 상태이다. 행복한 사람들은 자신들이 삶을 전반적으로 잘 영위하고 있다고 생각하며, 삶의 영역에서 중심을 차지하는 일이나 건강 또는 인간관계가 대체로 잘 진행되고 있다고 믿는다. 여러 연구에서 밝혀진 일관되고 공통된 결과를 살펴보면, 주관적으로 행복하다고 말한 사람은 외향적이고 낙천적 성격인 반면 자기가 불행하다고 생각한다는 사람은 내향적이고 비관적인 성격이었다. 외향적 성격자들은 맛있는 저녁 식사, 감동을 주는 영화, 음악 감상 등 생활 속 사소한 것들에 대해 만족과 행복감을 느끼며, 불행한 경험을 다소 가볍게 넘기고 쉽게 잊는다. 반면 내향적 성격자들은 즐거운 생활 사건을 가볍게 여기고 불행한 사건을 과대지각하며 이를 쉽게 잊지 않는다. 낙천적인 사람과 비관적인 사람의 차이는 그들이 겪는 사건의 차이보다는 그 사건을 다르게 해석하거나 비중을 두는 데 있다. 즉, 낙천적인 사람은 긍정적 사건을 보다 중시하는 데 비해 비관적인 사람은 그 반대로 생각하고 행동한다. 이런 점에서 개인의 성격은 그 사람이 행복을 느끼는지를 미리 결정해 주는 선행결정 인자로 간주할 수 있다.

그러나 외향적 성격의 소유자가 아니라고 해서 낙심할 필요는 없다. 최근 옥스퍼드 브루크대의 피터 힐스의 연구(Hills & Argyle, 2001)에 의하면 내향적이거나 외향적인 것에 상관없이 사람들이 가진 성격특성 중 '**신경증(부정적 정서성** 또는 **정서적 불안정 성)**'이 낮거나 삶을 긍정적으로 바라보고, 주변 사람들과의 관계를 중요시 여기며 자기 자신을 스스로 괜찮은 사람이라고 바라볼 때 그렇지 않은 경우에 비해 더 행복한 것으로 나타났다. 따라서 작은 일들에 지나치게 일희일비하지 않고 자신의 삶의 의미를 발견하고 스스로를 돌보며, 주변 사람들과 좋은 관계를 쌓는 것이야말로 행복의 중요한 열쇠라는 것이다.

(2) 부유함과 행복

현대인에게 지금보다 더 행복해지기 위해서 필요한 것이 무엇이냐고 질문했더니, 국가나 계층에 무관하게 돈이라고 대답한 사람이 가장 많았다. 실제 복권당첨이 된 직후 사람들은 매우 높은 행복감을 보고하였다.

그렇다면 돈과 행복은 어떤 관계에 있을까? 아리스토텔레스는 부를 진정한 행복과 동일선상에 놓지 않았고, 영국 록밴드 비틀스의 노래에서는 돈으로 행복(사랑)을 살 수 없다고 했다. 하지만 행복을 유지하는 데 돈이 일정 부분 역할을 하는 것도 사실이다.

갤럽의 '세계행복보고서(2019)'에 의하면 부와 행복은 어느 정도 상관관계가 있는 것으로 보인다(그림 6-1). 평균적으로 1인당 국내총생산(GDP)이 2배 증가하면 삶의 만족도가 0.7% 포인트 올라가는 것으로 나타났다. 보고서에 따르면 핀란드 국민의 행복지수가 7.809로 153개국 가운데 가장 높은 것으로 조사되었다. 덴마크, 스위스, 아이슬란드, 노르웨이 등 유럽 국가들이 그 뒤를 이었는데, 이들 국가의 1인당 GDP는 최상위권에 속해 있으며 2019년 기준으로 5만 2천~8만 3천 달러 수준이다. 반면, 한국은 행복순위가 61위(5.872)에 불과하다. 2019년 한국의 1인당 GDP가 28위(3만1천430달러)인 것을 고려해 볼 때 한국의 행복순위가 낮다. 보고서는 "전 세계적으로 경제 성장이 지속되고 있음에도 행복도는 전반적으로 상당한 수준으로 후퇴하는 경향을 보인다."면서 "이는 경제적 부가 행복의 유일한 척도가 아니라는 사실을 새삼 보여준다."고 지적했다.

부가 일정 수준에 이르면 행복과는 별다른 관계가 없다는 연구 결과도 있다. 1974년

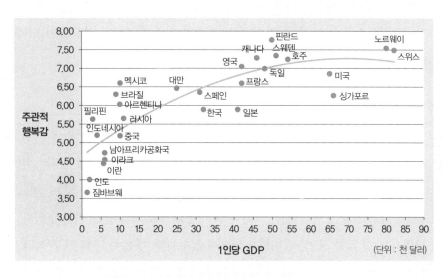

그림 6-1 2019년 1인당 GDP와 주관적 행복감 간의 관계

출처 : IMP '1인당 GDP' 현황, 유엔 '2019 세계행복보고서'

발표된 미국 경제학자 이스털린의 논문 '경제발전이 인간의 행복을 증진시키는가'가 대표적인데, 이 논문에 따르면 미국은 1946년부터 1970년까지 1인당 GDP가 65% 증가했지만 같은 기간 미국인이 느낀 행복지수는 상승하지 않았다. 그는 이를 토대로 인간은 기본적 욕구가 일단 충족되면 돈이 많을수록 더 행복해지는 것은 아니라고 주장했으며, 이를 '**이스털린의 역설**(Easterlin Paradox)'이라고 한다.

이러한 내용들을 토대로 몇 가지 잠정적인 결론을 내릴 수 있을 것이다.

첫째, 부유한 사람들이 평균적인 수준의 사람들보다 더 행복하다는 증거는 거의 없다. 하지만 우리는 부가 사람들을 더 행복하게 만들지 않는다고 결론을 내릴 수도 없을 것이다. 둘째, 부가 행복을 가져다주지는 않는다고 할지라도 가난은 불행을 가져온다. 특히 병이 든 동시에 가난하여 어떠한 조치조차 취할 수 없는 경우 더욱 불행하다. 셋째, 부가 행복을 가져다주는 정도에 있어서 영향을 미치는 것은 전체 소득 금액의 상승이 아닌, 부에 대한 기대치이다. 사람들은 이전보다 많은 돈을 갑자기 갖게 될 때 행복을 경험할 수 있지만, 시간이 흘러 그것에 익숙해지면 행복은 다시 예전 수준으로 되돌아간다. 즉, 절대적인 부가 아닌, 자신의 부에 대한 기준의 변화가 사람들이 느끼는 행복에 영향을 미친다고 볼 수 있다.

(3) 행복과 관련되는 다른 요인

"홀로 고독에 빠져 있을 때만큼 덜 외로운 때도 없다."는 철학자 카토의 말처럼 '혼밥 혼술'은 관계에 지쳐 있는 현대인에게 매우 편안하면서도 친숙한 일상이 되어 버렸다. 혼자 즐기는 것이야말로 누구에게도 방해받지 않고 누구도 신경 쓰지 않는, 최고의 자유와 행복이라고 외치는 현대인들. 그런데 여기 우리가 주목할 만한 연구가 있다. 바로 80여 년이라는 긴 시간 동안, 하버드대학교에서 수행한 '행복에 관한 연구'이다. 하버드대학교 성인발달 연구팀은 1938년부터 75년 동안 다양한 계층의 신입생 724명을 뽑아 2년마다 그들을 인터뷰하며 삶을 따라갔다. 부모의 직업부터 직업, 건강, 가정생활, 사회적 성취, 친구관계 등 삶의 전반을 추적했다. 2015년 하버드 의대 정신과 교수인 로버트 월딩거는 75년 동안 쌓인 데이터를 바탕으로 '무엇이 행복을 결정하는가?'에 대한 연구 결과를 발표했다. 그가 밝힌 행복한 삶의 첫 번째 조건은 바로 '인간관계'였다. 그에 따르면, 가족과 친구, 공동체와의 연결이 긴밀하면 할수록 행복도가 높으며, 외로움과 고독은 독약과 같은 역할을 한다고 하였고, 또한 얼마나 많은 사람과 관계를

그림 6-2 혼밥의 자유와 행복 그리고 좋은 인간관계에서 오는 행복

맺느냐보다 친밀감, 신뢰도가 높은 관계를 맺는 사람이 더 행복하다고 했다. 즉, 75년 동안의 연구에서 가장 행복한 삶을 산 이들은 부와 명성을 가진 사람이 아닌, 의지할 수 있는 가족과 친구, 공동체와 연결되어 있는 사람들이었다.

일반적으로 건강한 사람들은 건강하지 않은 사람들보다 더 행복하다(DeNeve, 1999; Myers, 2000a). 여기서 아픈 것이 사람들을 불행하게 만든다는 사실을 의심하기는 어렵지만 그러한 상관관계의 일부는 아마도 반대 방향의 영향을 반영했을 것이다. 즉, 행복은 아플 확률을 감소시킨다(Danner et al., 2001). 또한 행복한 사람들은 거의 같은 정도로 아픈 경우에도 불행한 사람들보다 아프다는 말을 덜 하고 더 적은 수의 증세를 보고하는 경향이 있다(Salovey & Birnbaum, 1989).

종교는 명확한 목적의식, 위안, 안정성, 공동체 소속감 등을 제공해 주기 때문에, 종교적인 신념을 가진 사람들은 더 행복한 경향이 있다(Myers, 2000a; Myers, 2000b). 다른 가능한 설명은 행복한 사람들이 불행한 사람들보다 종교를 잘 받아들일 가능성이 더 높다는 것이다.

(4) 행복에 영향을 미치는 사건들

행복은 어느 정도 성격과 연관되었다고 하지만 완전히 그렇지는 않으며, 인생을 살면서 겪는 사건이 그 차이를 만들어 내기도 한다. 강렬한 기쁨을 가져다주는 사건들은 행복감을 일시적으로 증가시키지만 이 행복은 지속하지 못하고 감소하는 경향이 있다. 예를 들어, 사람들의 삶의 만족도는 일반적으로 그들이 결혼할 때 증가하지만, 1년 정도 지나면 결혼 전 만족도로 돌아오며, 아이를 출산했을 때도 비슷한 패턴을 보인다(Luhmann, Hofmann, Eid, & Lucas, 2012).

신체 마비와 같은 장애를 유발하는 사고는 행복의 장기적 감소를 초래하며 삶에 대한 만족을 급격히 떨어뜨린다. 안타깝게도 대부분의 사람들은 몇 년이 지나도 제대로 회복하지 못한다(Lucas, 2007).

또 다른 강력한 영향으로 죽음이나 이혼으로 인해 배우자를 잃는 것을 들 수 있다. 연구참여자들이 몇 년에 걸쳐 반복적으로 삶의 만족도를 보고한 연구 결과(Diener &

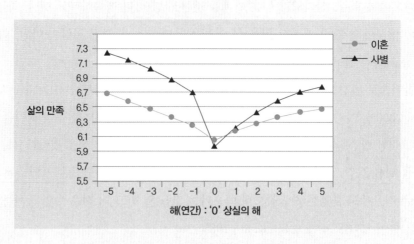

그림 6-3 이혼이나 배우자 사별로 인한 삶의 만족도 변화

출처 : E. Diener & M. E. P. Seligman(2004)

Seligman, 2004)를 살펴보면, 먼저 생활 만족이 서서히 하락하며 죽음이나 이혼으로 인한 상실의 해로 향한다. 이는 아마도 이혼의 경우에는 배우자와의 관계가 나빠지고 있었기 때문이며 사별의 경우에는 배우자의 건강이 악화되었기 때문일 것이라고 추측할 수 있다. 배우자가 사망한 당시에는 사별한 사람들의 삶의 만족도가 이혼한 사람들과 별다른 차이가 없었지만, 전반적으로는 이혼한 사람들보다 더 행복했다. 삶의 만족은 사별 후 서서히 회복되었지만, 이전의 수준으로 돌아가지는 않았다. 물론 모든 개인에게 적용되는 것은 아니며, 개인에 따라 회복력의 차이가 있으나, 이혼과 사별 둘 다 수년간 삶의 만족에 영향을 준다는 것은 분명하다(그림 6-3).

2. 열광

우리가 즐거운 경험을 기대할 때는 **열광**(enthusiasm)을 경험하게 되며, 이것은 보상에 대한 기대의 즐거움이라고 볼 수 있다. 하나의 예로 TV 프로그램 시청에 몰입하며 기대하는 결말이 등장할 때쯤 '1분 후에'라는 자막과 함께 중간 광고가 나오는 경우를 종종 겪었을 것이다. 김빠지는 일이지만 우리는 다른 채널로 돌리기보다는 다음 장면을 기다리며 광고를 시청하곤 한다. 그런데 연구자들은 우리를 김빠지게 만드는 TV의 중간 광고가 오히려 사람들로 하여금 그 프로그램을 더 즐기게 한다는 놀라운 발견을 했다. 프로그램이 중단된 동안 사람들은 프로그램이 다시 시작하기를 고대하고, 또 기다리던 것이 다시 시작하면 사람들은 중단되기 전보다 더 즐긴다는 것이다(Nelson, Meyvis, & Galak, 2009).

여러분은 위의 발견에 의아해했을 것이다. 우리는 다가오는 보상을 최대한 빨리 얻기 원하지 않나? 잠시 원시시대로 돌아가 당시의 환경에서 보상을 떠올려 보자. 나뭇가지에 매달린 맛있는 과일 하나, 냇물에 흐르는 시원한 물, 또는 목초지 한 켠에 있는 통통한 토끼 한 마리가 당신 눈앞에 있다고 해도, 그것을 보는 즉시, 당신의 손과 입으로 넣지는 않는다. 왜냐하면 우리는 그 행동에 대한 다양한 결과를 감당해야 하기 때문이다. 만약 그 보상이 도망가거나 오히려 반격하려 한다면 생존하기 위해 여러분은 더 빨리 달릴 준비를 하거나, 싸울 준비를 해야 할 것이며 이것은 보상을 기다리는 것에 우리가 적응할 수 있도록 영향을 미쳤을 것이다.

인간이 아닌 동물에서 이 반응은 좋은 음식, 번식의 기회 등의 자극으로 제한되며, 동물이 익힌 이 낌새는 자극(음식, 성행위)의 출현을 예측한다. 일반적으로 보상 회로의 일부로 알려진 **측좌핵**(nucleus accumbens)의 회로는 보상이 제공될 것이라는 신호에 의해 신경전달물질인 도파민이 더 많이 분비되면서 활성화된다(Berridge & Kringelbach, 2013; Floresco, 2015). 특히 예상치 못한 보상이 나타나면 더욱 활성화되고 예상했던 보상이 나타나지 않으면 덜 활성화되어, 확률에 따라 보상을 예측하는 법을 배우게 된다(Cox et al., 2015). 일반적으로 측좌핵은 마약물(코카인 등), 음식, 성교, 게임과 같은 다양한 강화물에 반응해 더욱 활성화되며, 인간 참여자를 대상으로 한 뇌 영상 연구에 의하면 이 체계는 커피, 초콜릿을 먹는 것부터 시작해서 도박, 게임, 매력적인 사람과 시선을 맞추고, 유머, 좋아하는 음악을 듣는 것에 이르기까지 많은 보상

그림 6-4 보상 기대 상황에서의 활동 증가

상황에서 활동을 증가시킨다(그림 6-4)(Bavelier et al., 2001; Blood & Zatorre, 2001; Kampe, Frith, Dolan, & Frith, 2002; Knutson, Wimmer, Kuhnen, & Winkielman, 2008; Mobbs, Greicius, Abdel-Azim, Menon, & Reiss, 2003; Small et al., 2001).

여러 연구를 종합해 보면 열광과 공포의 생리학적 프로파일이 상당히 비슷해 보인다 (Kreibig, 2010). 여러분이 상을 받는 자리에 후보자로 선정되어 그 대상자를 호명할 차례를 기다리던 그 순간을 떠올려 보자. 심장은 쉴 새 없이 뛰고 혈압은 상승하며 손은 땀으로 촉촉해지는 것을 느낄 수 있다. 이는 공포감을 느낄 때와 유사하다. 공포 상황에서 분비되는 코르티솔 호르몬은 우리의 몸을 도망가거나 투쟁하기 위한 최적의 상태로 만들며 또한 심장을 빨리 뛰게 하여 팔·다리로 피를 많이 보내 잘 달릴 수 있게 하고, 땀을 나게 해 공포의 대상에게 쉽게 붙잡히지 않게 하려는 진화의 산물인 셈이다. 비록 현대에 살고 있는 우리는 식사를 하러 갈 때 신체적인 위험에 직면하는 경우는 거의 없지만, 조상들이 먹기 위해 직면해야 했던 위험의 흔적을 우리는 유지하고 있는 것으로 보인다.

3. 기쁨

사람들이 언제 기쁨을 느끼는지 조사해 보면, 어떤 사람은 인내로 마라톤 전 구간을 완주해 냈을 때, 다른 이는 오랫동안 머릿속을 맴돌던 작품을 마침내 완성했을 때, 또 다른 사람은 어려운 이웃을 위해 팔을 걷어붙일 때 기쁨을 느낀다. 이렇듯 즐거워하는 일이 사람마다 다르지만, 슬픔이 뭔가를 잃어버렸을 때의 감정이라면 기쁨이란 뭔가를 얻었을 때의 감정이라고 할 수 있다.

기쁨(joy)은 정신적인 기쁨과 감각적인 기쁨으로 나눌 수 있는데, 감각적인 기쁨은 육체적 쾌락이라고 해서 정신적인 기쁨보다 한 차원 낮은 것으로 폄하되기도 한다. 흔히 육체적인 쾌락이란 한순간 느꼈다가 지나가는 감정이고, 정신적인 쾌감은 지속된다고 강조한다. 하지만 음식에 대한 기쁨을 상기시켜 보면 어릴 때 먹었던 엄마의 음식과 같은 맛에서 더욱 큰 기쁨을 느끼기도 한다. 이렇듯 대부분의 즐거움은 정신적인 요소와 육체적인 요소가 모두 있을 때 느낀다고 볼 수 있다. 한편 자신과 세계가 하나가 되는 종교적 체험은 순간적인 평화와 같은 느낌일 수도 있고, 황홀감이나 환각 혹은 자아가 없어지는 느낌일 수도 있다. 이처럼 진리를 깨닫는 순간에는 큰 기쁨을 느낄 수 있기에, 육체적 감각이 없이는 순수한 정신적 즐거움이 없다고 말하기는 어렵다.

1) 기쁨의 생리학

사람마다 즐겨 하는 일이 다른 것은, 뇌가 큰 기쁨을 느끼는 일이 서로 다르기 때문이다. 1950년대에 신경과학자 올즈와 밀러는 15마리가 넘는 쥐의 쾌락중추에 전극을 이식한 후, 쥐가 자극 회로에 연결된 지렛대를 누르면 쾌락중추로 전기 자극이 흘러가도록 하여 쥐들이 얼마나 지렛대를 누르는지 관찰했다. 이 쥐들을 지렛대가 있는 장 속에 넣고, 쥐가 이 지렛대를 누를 때마다 전기 자극 회로에 연결된 스위치가 켜지고 뇌의 쾌락중추에 약한 전기충격이 주어진다. 뇌의 쾌락중추에 자극을 받기 위해 시간당 수천 번씩 지렛대를 누르는 쥐들이 생겨났으며, 마치 전기 자극에 중독된 것처럼 음식도,

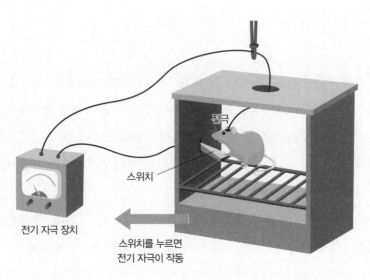

전극

스위치

전기 자극 장치

스위치를 누르면
전기 자극이 작동

그림 6-5 올즈와 밀러의 뇌자극 실험

수면도, 또는 교미도 잊은 채 더 많은 자극을 얻기 위해 반복했다(그림 6-5).

올즈와 밀러는 뇌는 쾌락, 고통, 그리고 중성적 중추를 갖고 있고, 쥐를 학습하게 만든 것은 바로 이 쾌락과 고통중추라고 주장했다.

사람도 쥐와 다소 유사한 신경체계를 가지고 있다. 1963년 헬스는 두 명의 환자를 대상으로 뇌에 대한 전기 자극의 효과를 연구했다. 기면증(수면발작)으로 일상생활이나 직장 생활이 불가능했던 28세 남성의 뇌에 14개의 전극을 삽입하고 환자 자신이 버튼을 눌러 자극하도록 했는데, 그가 자주 자극을 주고 싶어 한 부위는 **중격 영역**(septal area)이었으며, 이 부위는 쥐 실험에서도 쥐들이 가장 많이 자극했던 부위로, 뇌의 중앙에 위치한다. 이 남성은 이 부위를 자극하면 기분이 좋아지고 오르가즘을 느낀다고 했다. 또 다른 환자는 간질을 앓는 25세 남성으로, 이 남자 역시 중격 영역을 자극할 때 즐거움과 행복에 취한 느낌을 경험했고, **복측피개**(tegmentum)를 자극할 때도 같은 기분을 느꼈다. 이렇듯 **대뇌보상회로**(cerebral reward circuit)는 전기나 약물을 통해서도 활성화되어 쾌감을 느끼게 되며, 음식이나 성(性)을 통해서도 보상회로가 활성화되기 때문에 이를 또 일으키고자 맛난 음식을 먹거나 성행위를 계속하게 되는 것이다. 대뇌보상계는 전전두엽피질과 중격측좌핵, 복측피개영역이라 불리는 부분들이 연결되는 신경회로로 구성돼 있으며, 그중에서도 특히 중격측좌핵에서 분비되는 도파민이라는 물질로 보상 체계가 작동해 기쁨을 느끼게 된다. 즉, 도파민이 바로 '기쁨'의 원인인 것이다. 도파민에 대해서는 제4장에서도 설명했다.

사람은 약물이나 도박, 혹은 인터넷 등에 이르기까지 여러 가지에 대해 집착하고 의존하는 경향을 보일 수 있는데, 이런 행동이 깊어져 병적으로 나타나게 된 것을 보통 '중독'이라고 부른다. 알코올, 니코틴, 도박 등 중독의 대상은 다양하지만 중독이 일어나는 뇌의 과정을 보면 예외 없이 중격측좌핵에서의 도파민이 중요한 역할을 한다. 예를 들어 중독성 약물인 암페타민은 도파민을 과다 분비시키고 분비된 도파민이 신경 말단에서 흡수돼 없어지는 것도 방해한다. 담배 속의 니코틴도 도파민 분비를 증가시키는데, 이와 같이 서로 다른 종류의 약물이지만 모두 중격측좌핵 내에서의 도파민에 직간접으로 영향을 주어 결과적으로 도파민 수준의 증가를 가져오게 한다. 이와 같은 효과가 반복되면 대뇌보상회로가 점차 약물 중독물질의 영향을 크게 받고 도파민의 양이 정상적으로 조절되지 못하는 병적 상태로 바뀔 수 있다. 이렇게 보상회로의 정상 상태가 무너진 뇌가 결과적으로 중독이라는 이상 상태를 낳는다고 과학자들은 생각하고 있다.

2) 기쁨의 반대과정 이론

강한 기쁨은 쉽사리 사라져버린다. 그 이유로 솔로몬(1980)은 우리가 기쁨과 고통을 함께 경험하기 때문이라고 하였다. 보다 최근의 이론에서는 기쁨과 황홀감, 고통과 공포와 같은 강한 정서를 경험하면 그 경험이 사라지면서 그 반대의 정서가 잔상처럼 살며시 나타난다고 보았다. 타우시그(1969)가 보고한 사례를 보면, 벼락을 맞은 한 남자가 다리에 화상을 입었고 감각을 잃었으며 푸른 멍이 들어 걸을 수 없었다. 그러나 그가 근처 병원에 도착했을 때에는, 기분이 아주 상쾌해졌다고 말하였다. 또한 비행기에서 낙하산을 타고 뛰어내리는 스카이다이버들이 스카이다이빙을 하는 과정 내내 어떤 기분이고 그 기분이 어떻게 변해 가는지를 조사했는데, 스카이다이빙 초보자들은 점프 직전에 엄청난 공포감을 느꼈고, 무사히 착지한 직후부터는 엄청난 안도감을 느낀다고 응답했다(Solomon & Corbit, 1974). 그런데 초보자들이 점프를 반복할수록 점프 직전에 느끼는 공포감은 점점 줄어들고 착지 후에 느끼는 안도감은 점점 더 빠르게 찾아온다는 것을 발견했다. 나중에 스카이다이빙 고수가 되면 점프를 하러 비행기를 타고 하늘에 떠오르는 순간부터 마음이 차분해지더라는 것이다. 이런 결과를 근거로 솔로몬은 **'정서의 반대과정 이론'**을 내놓았는데, 이 이론에 의하면 사람은 언제나 서로 대립하는 두 쌍의 정서를 동시에 느낀다. 예를 들어, 우리가 쾌감을 느낄 때 우리 몸속 어딘가는 불쾌감을 동시에 느끼고 있다는 것이며, 두 대립 정서 중에서 처음에 우세하던 정서는 반복될수록 약화되고 반대로 처음에 약하던 정서는 반복될수록 더 강해진다는 것이다. 다시 말해서 처음에 짜릿하고 쾌감을 주던 일은 반복하면 할수록 점점 더 지루하고 불쾌한 일이 되고, 처음에는 고통스럽고 불쾌한 일이 반복될수록 오히려 황홀한 기쁨을 주는 일이 될 수도 있다는 얘기다.

이것은 특히 마약중독에 이르는 과정을 잘 설명해 준다. 개인이 환각제를 처음 사용하면 그는 황홀감을 느끼며, 행복감과 강한 성적 흥분을 경험할 것이다. 약 기운이 떨어져 가면, 그는 약간의 우울감을 느끼지만, 곧 정상으로 되돌아온다. 아직 중독되지 않았기 때문이다. 그러나 상습적으로 환각제를 사용하다 보면, 기쁨과 고통에 대한 균형이 변한다. 이제 중독자가 환각제를 맞으면, 그의 스릴은 급격히 감소한다. 더 이상 흥분을 초래하지 않는다. 이제, 같은 양의 환각제가 주는 행복감이나 황홀감은 점점 줄어들고 오히려 그 효과가 끝난 다음에 오는 지독한 불쾌감인 금단증상에 시달리게 된다. 그래서 점점 더 환각제의 복용량을 늘려도 결국에는 금단증상이 더 강해져서 나중에는 쾌감을 느끼기 위해 마약을 복용하는 것이 아니라 극도의 고통으로부터 벗어나기 위해 환각제에 의존하게 되는 것이다.

솔로몬은 기쁨, 사랑 등의 정서 또한 같은 양상을 따른다고 말한다. 즉, 누군가를 만나 사랑에 빠지면, 깊은 기쁨을 경험하게 되지만, 시간이 점점 흐르면서 점차적으로 만남의 기쁨은 감소한다. 또 우리는 상대방을 당연히 있어야 하는 존재로 생각하며 처음에 느꼈던 그 정열을 되찾을 수 없으며, 때론 상대방에게 상처를 주기도 한다. 만일 갑자기 서로 같이 있을 수 없게 되면, 고통을 맛보게 되고 깊은 절망감을 느낀다.

결국, 솔로몬은 어떤 정서가 너무 강하게, 너무 지속적으로, 그리고 너무 오랫동안 경험하게 되면 그 정서는 그 반대되는 정서로 대치된다고 본다. 따라서 사람들은 결코 강한 기쁨을 아주 오랫동안 경험할 수 없으며 불가피하게 그 반대쪽으로 돌아온다고 보고 있다.

4. 만족

만족(contentment)은 대부분의 사람들에게 친숙한 상태이다. 당신은 방금 근사하고 맛있는 식사를 했고, 기분 좋게 배부르다. 당신의 몸은 편안하고 따스함을 느끼고 당신의 뇌는 활동이 느려지는 것 같다(그림 6-6). 이러한 효과는 부교감신경계의 활성화가 골격근의 운동을 감소시키고 소화를 촉진시키기 때문이다. 실험연구에 의하면 사람들이 막 보상을 소비하고 만족을 느낄 때 부교감신경계의 활동이 증가하는 징후가 나타나게 된다는 것을 예상하게 되며, 이는 우리가 식후에 경험하는 상태와 비슷하다(Kreibig,

그림 6-6 보상을 소비한 후 만족을 경험하는 사람들

2010).

　동물의 경우, 식사 후 만족과 관련된 변화는 뇌에서 감지될 수 있다. 음식을 섭취한 후에는 보상 회로 내의 도파민 활동이 잦아들고 모든 행동에서 느려지는 **베타엔돌핀 활성화**로 대체된다(Depue & Morrone-Strupinsky, 2005). 베타엔돌핀은 원래 몸 안에서 만들어지는 일종의 마약성분으로 기분을 좋게 하고, 진통효과가 뛰어나 통증을 없애는 작용을 한다. 그렇다면 사람들은 그들이 먹을 만큼 먹어 만족을 느끼는 때를 어떻게 알까? 바로 자율신경계의 뉴런들이 내장 기관에서 뇌로, 그리고 다른 방향으로 메시지를 보내기 때문이다. 위가 가득 차면 부교감 신경계의 미주신경가지를 통해 시상 하부로 메시지를 보낸다(Dockray & Burdyga, 2011). 십이지장 점막의 장내 분비 세포 및 췌장에서 분비되는 콜레시스토키닌(CCK)과 시크리틴 두 호르몬이 소화를 원활히 해 주며, 콜레시스토키닌(CCK)은 시상하부에 작용해 포만감을 느끼게 하고 음식물 섭취를 제한한다. 하지만 이러한 경로에 문제가 있어 포만감을 잘 느끼지 못하게 되면 과식을 하게 된다. 또 스트레스를 받는 경우에도 뇌에서 분비되는 신경전달물질인 세로토닌의 분비 부족으로 실제 배가 고프지도 않은데도 폭식을 하거나 단 것을 찾게 된다. 그리고 이는 기분 좋은 만족감을 넘어 다소 불쾌감을 가져다주기도 한다.

　그렇다면 만족은 인지에 어떤 영향을 미칠까? 소화를 위한 위장의 혈류 증가는 뇌로 흐르는 혈류를 억제시키며, 이로 인해 인지활동이 느려진다. 하지만 연구자들은 열광과 마찬가지로 만족이 복잡한 정보를 처리할 때 사람들이 더 빠르게 처리하도록 촉진한다는 것을 발견하였으며(Griskevicius, Shiota, & Neufeld, 2010), 바바라 프레드릭슨 (1998) 또한 소비 후의 만족이 보상받았던 경로에 대한 기억을 촉진시킨다고 주장했다. 즉, 방금 수행한 모든 것이 성공적이었기에 그 행동을 기억하게 되고, 이는 미래를 위한 좋은 계획을 세우는 데 바탕이 되기도 한다. 이 가설을 지지하는 연구가 있다. 이 연구에서 연구자들은 단일 세포 기록 전극을 쥐의 해마에 위치해 있는 '장소 세포'에 삽입하였다. 그런 다음 쥐가 간식을 찾기 위해 미로를 달리게 했다. 간식을 먹은 후 쥐는 근처에 포식자가 있는지 확인하고, 털을 손질하고, 조용히 놀면서 전형적인 '**포만 시퀀스**'를 거쳤다(Bradshaw & Cook, 1996). 이는 저녁 식사를 마친 후 소파에 누워 여유 있게 TV를 보는 사람과 비슷하다. 쥐가 만족하는 행동을 하는 동안, 그들의 해마 내의 장소 세포는 마치 자신이 지나왔던 길을 추적하는 것처럼 역순서로 점화되었다(Foster & Wilson, 2006). 하지만 인간에게도 비슷한 효과를 보이는지 알아보기 위해서는 더 많은 연구가 필요하다.

----
5. 사랑

'사랑은 정서일까?' 이 질문에 대해 신경학자들은 **사랑**(love)은 정서가 아니라는 입장이다. 그들은 사랑이 만약 정서라면, 사랑을 얼굴 표정으로 나타낼 수 있어야 한다고 주장한다. 우리는 기쁘고 즐겁고 슬프거나 분노하는 정서는 얼굴 표정을 통해 얼마든지 표현할 수 있으며, 표정을 통해 상대의 그런 정서 상태를 읽어낼 수 있다. 하지만 사랑에 대응되는 표정은 존재하지 않으며, 아무도 사랑에 빠진 표정을 명확히 지을 수 없다. 우리는 주변 친구에게 연인이 생기면 그 사실을 다양한 행동들을 통해 알아차릴 수는 있지만, 사랑이라는 상태는 확실히 기쁨이나 슬픔과 같은 정서 상태와는 확연히 구별된다는 데 동의할 것이다.

사랑은 반드시 행동을 동반한다는 점에서도 여느 정서와 구별된다. 우리는 슬프거나 기쁜 정서 상태를 표현하지 않은 채, 그저 마음 상태로만 오래 간직된다고 해서 정서 자체를 부정하지는 않는다. 하지만 사랑은 다르다. 사랑이라는 상태는 사랑하는 상대에게 모든 것을 집중하며 그와 함께하고, 그를 얻기 위해 할 수 있는 모든 행동을 수행한다. 그리고 그 일련의 행동에는 뚜렷한 목적이 존재한다. 그런 점에서 사랑은 정서라기보다는 욕구나 동기에 더 가깝다고 볼 수 있다.

그렇다면 '사랑이란 무엇인가?' 우리는 사랑에 대해 관심이 많고 또 아름답고 소중한 것이라고 생각하지만 정작 사랑이 무엇인지 잘 알지 못한다. 하지만 영화, 노래, 방송 프로그램 등 많은 매체에서 사랑 얘기를 많이 다루듯이 사랑이 무엇인가에 대해 알고 싶어 한다.

도대체 사랑은 무엇이고, 또 사람들은 사랑이 무엇이라고 생각하고 있을까? 페어와 러셀(1991)은 이러한 질문에 대해 상향식 접근으로 '**사랑의 프로토타입**(prototype, 원형)'을 찾고자 했다. 즉, 사랑이라는 단어와 연합된 관계, 사고, 감정, 행동 등의 연결망을 해명하기 위한 접근으로 사람들이 '사랑'이라는 말을 들으면 무엇을 연상하고, 무엇이라고 생각하는지를 밝히려고 시도했다. 이는 본질에 가장 가까운 사랑은 무엇인지, 또 대표적인 사랑이라 말할 수 있는 것은 무엇인지를 알아보는 데 적합한 방법이라고 할 수 있다.

페어와 러셀은 참여자들에게 사랑의 '가장 좋은 예'는 무엇이며, 그러한 예들이 어떤 공통점을 가지는지를 질문하였고, 어떤 유형의 사랑이 가장 자주 언급되는지 살펴보았다. 그 리스트를 바탕으로 20개의 사랑 유형을 추출해 냈으며, 그 리스트에 있는 사랑의 유형들이 사랑의 원형에 가까운지를 평가했다. 연구 결과를 살펴보면, 사람들은 부모(어머니, 아버지)의 사랑이 원형에 가장 가깝다고 평가하고 있었으며, 의외로 남녀 간의 낭만적 사랑보다는 우정을 사랑의 원형에 더 가깝다고 평가했다. 사람들은 성적이고 열정적인 사랑보다는 헌신하고 봉사하는 사랑을 사랑의 원형에 더 가깝다고 보았다. 그래서인지 호의, 헌신적인 사랑, 인류에 대한 사랑 등의 항목들이 중위권이었고, 열정적이고 성적인 사랑보다 헌신하고 플라토닉한 사랑을 사랑의 원형이라고 보고 있었다(표 6-1).

한편 로버트 스턴버그는 하향식 접근으로 **사랑의 삼각형 이론**(triangular theory of love)을 제시하며, 다양한 사랑의 형태를 삼각형의 모양과 크기로 구분할 수 있다고 주장했다. 사랑 삼각형은 **친밀감**(intimacy), **열정**(passion), **결심/헌신**(decision/committment)의 세 꼭지로 구성되어 있으며, 이 모두가 균형을 이루면 사랑의 형태는 정삼각형에 가까워진다(그림 6-7).

친밀감은 가깝고, 함께 연결되어 있다고 느끼는 상태이다. 친밀감의 측정 요소들로는 함께 있을 때 행복감을 느끼는 정도, 사랑하는 사람의 행복을 높여주고자 하는 바람, 친밀한 대화, 서로에 대한 이해와 사랑하는 사람과 함께 공유하고 싶은 마음 등이다.

표 6-1 사랑의 원형 순위

순위	사랑의 유형	전형성	순위	사랑의 유형	전형성
1	어머니의 사랑	5.39	11	인류에 대한 사랑	4.42
2	아버지의 사랑	5.22	12	정신적 사랑	4.27
3	우정	4.96	13	열정적 사랑	4.00
4	자매 간의 사랑	4.84	14	플라토닉한 사랑	3.98
5	낭만적 사랑	4.76	15	자기애	3.79
6	형제 간의 사랑	4.74	16	성적인 사랑	3.76
7	가족의 사랑	4.74	17	조국에 대한 사랑	3.21
8	남매 간의 사랑	4.73	18	일에 대한 사랑	3.14
9	호의	4.60	19	첫사랑	2.98
10	헌신적인 사랑	4.47	20	맹목적 사랑	2.42

출처 : B. Fehr and J. A. Russell(1991), p. 425-438

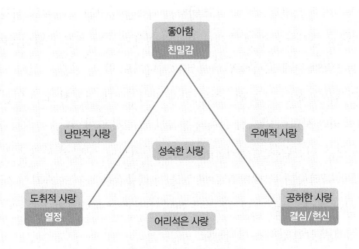

그림 6-7 사랑의 삼각형 이론

출처 : Robert Sternberg(1986), p. 120

열정은 낭만적이고, 신체적인 매력을 느껴 성적 관계를 맺고 싶어 하는 욕망이다.

결심/헌신은 두 가지 측면에서 구성된다. 단기적으로 어떤 사람만을 사랑하겠다는 결심과 장기적으로 그 사랑을 지속시키겠다는 헌신이다.

〈그림 6-7〉은 사랑의 구성요소들이 사랑의 유형과 어떻게 연관되는지 보여준다. 두 사람 사이에 친밀감만 존재한다면, 진정한 친구들과의 관계에서의 우정과 같은 감정을 말하며, 이 경우 강한 열정이나 헌신 없이도 상대를 향해 친밀감, 결합되어 있다는 느낌, 따뜻함 같은 것을 느낄 수 있다.

열정만 있으면 도취적 사랑이다. 즉, 열정적인 흥분만으로 이루어진 사랑이다. 도취는 상대에게 일방적으로 감정을 표현하거나 혼자 빠지는 것으로 그대로의 상대를 보기보다 이상화된 상대를 그리기 때문에 일방적 관계로 빠질 수 있는 문제가 있다.

결심/헌신만 있으면 공허한 사랑이다. 공허한 사랑은 상대방에게 헌신하지만 친밀한 정서적 관계와 열정적인 관심이 부족한 경우로 두 사람 사이에 관계가 끝나갈 때 나타난다. 오랜 기간 사귀어서 아무런 애정도 없이 책임감으로 만난다면 공허한 사랑일 수 있다. 또 한 사람은 상대에게 진정한 밀착과 유대를 유지하지만 다른 한 사람은 헌신만을 느끼는 수가 있다. 그런 비대칭적인 관계에서는 상대에게 몰입하지 않은 사람이 더 몰입한 상대에게 감정적으로 빚지고 있다는 죄책감이 더해질 때 특히 어려워진다.

현대사회에서 공허한 사랑은 대체로 오래된 관계가 끝날 때쯤 나타나지만, 어떤 사회에서는 장기적인 관계의 시작 단계에서 나타나기도 한다. 가령 조선시대와 같은 중매결혼 사회에서 결혼은 서로 헌신하는 관계의 시작인데 거기서 모든 일들이 시작된다. 따라서 공허한 사랑이 반드시 관계의 종결이 되는 것은 아니다.

낭만적 사랑은 친밀감과 열정이 결합되어 만들어진다. 낭만적 사랑은 젊은 세대의 사랑에서 주로 나타나며, 상대방과 같이 있을 때 행복감을 느끼고 자기가 가진 것을 함께 나누고 싶어 한다. 친밀한 의사소통을 하면서 서로에게 매력적으로 보이려는 신체적 욕망과 성적 욕망이 강하게 나타난다.

우애적 사랑은 친밀감과 결심/헌신이 만나서 이루어진다. 열정이 주된 원천인 육체적 매력이 약해진 오래된 우정 같은 결혼에서 자주 발견되는 사랑이다. 사실 대부분의 낭만적 사랑은 차츰 우애적 사랑으로 변하면서 남게 된다. 즉, 열정은 없어지기 시작하나 친밀감은 남아 있다. 열정은 오래 지속되고 깊게 느껴지는 결심/헌신으로 거듭 대체된다.

어리석은 사랑은 열정과 결심/헌신으로 이루어져 있으며, 할리우드 영화의 섣부른 프로포즈에서 접하게 되는 종류의 사랑으로, 친밀감의 요소가 결여되어 있다. 즉, 남녀가 어느 날 만나 급속도로 약혼하고 결혼하며, 둘의 관계가 발전해 가는 데 열정에 근거해서 결심/헌신이 이루어진다는 점에서 그것은 실체가 없어 보인다.

세 가지 사랑의 구성요인들이 조화를 이루면 성숙한 사랑 혹은 완전한 사랑이 된다. 우리 모두가, 특히 낭만적 관계에 있는 사람들이 도달하려고 노력하는 그런 사랑이다. 성숙한 사랑을 얻기는 어려우며, 그것을 지키는 것은 더욱 어렵다.

사랑의 세 요인이 부재한 상태는 사랑이 아닌 것이다. 이런 것은 우리가 경험하는 다수의 대인관계에서 나타난다. 그 관계는 사랑도, 우정도 지속되지 않는 단편적인 방식이며, 이런 식으로 아는 사람들에 대해서는 많은 것을 알려고 하지 않는다.

스턴버그의 사랑의 삼각형 이론은 사랑하는 관계에 있는 사람들의 사랑이 발달하는 단계를 예측할 수 있다는 장점이 있지만, 어떤 시점에서 이러한 단계들이 발달하는지 명확하게 설명하지 못한다. 또한 그는 세 가지 구성요소를 동일한 비중에서 바라보았지만, 현실에서는 그렇지 않은 경우가 대부분이다. 만일 어떤 사람이 사랑에서 성격이 가장 중요하다고 생각한다면, 그것은 친밀감을 중요한 요소로 간주하는 것이다. 따라서 세 가지 구성요소들은 동일한 무게를 갖는 것이 아니라, 개인이 추구하는 사랑의 지향점에 따라 중요도가 다를 수 있다.

사랑의 삼각형 이론은 연인이나 친구관계, 배우자 관계 등에서 관계의 구성원들이 서로가 가진 사랑의 감정의 균형 상태를 확인하고 행동을 수정해 나가기 위한 방향성을 제시할 수 있다. 하지만 세 가지 사랑의 구성요인과 함께 시간에 따른 변화, 다른 사회적 요인, 그리고 두 사람의 경제 · 교육 수준 등도 사랑을 만들어가는 데 중요한 요인으로 작용한다는 사실을 우리는 간과하지 말아야 한다.

6. 자의식 정서 – 자부심

자부심(pride)은 자기와 관련된 정서이며, 어떤 긍정적인 결과를 낳은 것에 대한 공로를 인정받았을 때 느끼는 정서이다. 자기와 가장 분명하게 연관된 감정은 수치심인데, 이 수치심과 자부심은 둘 다 스스로에 대해 느끼는 것으로, 자신이 어떤 사람인지, 어떤 사람이 되고 싶은지 등에 대한 감정이다. 수치심이 자존감을 공격하며 자신과 다른 사람들에게 자신의 인기나 지위가 걸맞지 않음을 알리는 것과 마찬가지로, 자신의 성취, 성공, 긍정적 기능에 대해 자부심을 느끼는 것은 자존감을 유지하고 고양하며, 자신과 다른 사람들에게 자신이 그러한 인정과 지위를 받을 만한 자격이 있음을 알린다.

자부심을 느낄 때 여러분은 어떤 표정을 짓는가? 또 다른 누군가의 얼굴 표정에서 자부심을 알아볼 수 있는지도 생각해 보자. 사실 자부심을 느낄 때 사람이 어떤 표정을 짓는지 예측하기도 쉽지 않고, 일반적인 기쁨의 표정과 구분하기도 어렵다. 흔히 자부심을 느낄 때면 표정과 몸짓이 함께 달라지는 경우가 많으며, 표현에 있어서도 당혹감이나 수치심과는 정반대이다. 사람들은 과하지 않은 약간의 미소와 함께, 머리를 약간 뒤로 젖히고, 앉거나 서 있을 때 가슴을 벌리고 몸을 곧게 세우고, 팔을 올리거나 허리에 손을 얹는 방식으로 자부심을 표현한다(Tracy & Matsumoto, 2008; Tracy & Robins, 2004). 이러한 자세는 사람을 더 커보이게 하고, 그에 따라 자신에 대한 관심을 끌게 만들기도 한다. 이러한 자부심 표현은 아동에게도 쉽게 인지가 된다는 점(Tracy, Robins, & Lagattuta, 2005), 그리고 사회화를 통해 이러한 표현을 쉽게 배운 적이 없었을 시각장애인들도 이러한 행동을 자연스럽게 표현한다는 점에 주목할 필요가 있다(Tracy & Matsumoto, 2008). 이뿐만 아니라 전 세계에서 모여든 올림픽 선수들이 경기에서 승리한 순간 자연스럽게 취했던 그 몸짓을 익히 봐왔다(그림 6-8).

그렇다면 그 순간 보인 표정과 몸짓은 진화에 의해서 결정된 것일까? 진화의 층위에서 볼 때, 굉장한 성공을 얻어낸 사람들이 누구라도 자부심으로 알아볼 수 있는 행동을 자연스럽게 취하는 이유는 무엇일까? 이러한 표현 방식이 학습 없이 타고난 행동으로

그림 6-8 인간과 인간 외 영장류의 자부심 표현 간 유사성

보인다는 점을 고려할 때, 그 기원은 우리 종이 탄생하기 전 어느 시점으로 보는 것이 타당할 것이다.

영장류 동물학자들은 사람 이외의 영장류 여러 종에게서 자부심과 상당히 흡사하게 보이는 비언어적 표현을 관찰해 왔다. 아마 영화 〈킹콩〉의 주인공인 고릴라가 가슴을 두드리는 몸짓을 기억할 것이다. 침팬지도 수컷들 앞에서 몸을 키우는 몸짓을 보이는 허세 동작을 보이는데, 이는 사람의 비언어적 자부심 표현과 상당히 닮았다(그림 6-8).

자부심은 두 가지 속성을 가진 복합 정서이다. 한편으로 자신의 성공에 대한 자부심은 진정한 자존감이나 성취에 대한 행동, 이타주의와 같은 친사회적 행동을 촉진한다(Tracy & Robins, 2007; Wubben, DeCremer, & van Dijk, 2012). 이러한 진정한 자부심을 경험하는 사람들은 외향적이고, 상냥하고, 차분하고, 불안해하지 않고, 창의적이며, 사람들에게 인기가 있다. 그들은 타인을 도와주고 조언해 주기를 좋아하며 실제로 시간을 내어 그런 활동을 한다. 즉, 대체로 함께하는 삶을 지향하는데 이는 인간관계와 우정에 높은 가치를 부여한다는 뜻이다. 그리고 아마도 그 결과로 그들은 타인들과의 관계와 삶 전반에 대한 만족도가 굉장히 높게 나타난다. 또한 진정한 자부심은 주관적으로 성취, 성공, 자신감, 생산적이고 충만함을 경험하는 것과 관련이 있으며, 이것은 내적이고 불안정하고 통제 가능한 귀인에 뿌리를 두고 있다.

다른 한편에서 자부심은 어두운 측면이 있다. 자부심은 나르시시즘과 관련될 수 있으며, 공격적이고 갈등적 관계, 타인을 조종하고 열등하게 취급하고 약자를 멋대로 부리는 행동과 같은 반사회적 행동과 연관된다(Campbell, 1999; Tracy & Robins, 2007; Wubben et al., 2012). 즉, 오만한 자부심을 주로 경험하는 사람들은 나르시시즘 경향을 보이며, 자존감이 오히려 낮을 뿐만 아니라 수치심을 느끼는 상황에 취약한 모습을 보인다. 그들은 호전적이고 적대적이며, 남을 자기 뜻대로 조종하려 들며 주위의 어떤 사람보다도 자기가 더 낫다고 믿는다. 아마 그 결과로 그들은 인간관계에 갈등이 많으며 속마음을 나누는 친구가 거의 없다. 그들은 타인을 폄하하고 이용하려 들며 타인들과의 관계에서 불안을 느끼며, 때에 따라 심각한 우울증을 겪기도 한다. 또한 오만한 자부심은 고상한 척하고 우쭐대고 으스대고 건방지고 독선적이고 자기중심적인 주관적 경험과 관련이 있다.

트레이시와 동료들은 이 주장을 뒷받침할 근거를 얻기 위해 대학 대표 스포츠 팀의 선수들을 대상으로 연구를 수행했다. 이들은 서로의 팀 내 서열까지 잘 알고 있는 학생들로 이루어졌으며, 이들에게는 '승리'라는 확고한 목표와 이 목표를 달성하는 데 도움이 되는 엄격한 위계질서가 형성되어 있다. 이 선수들에게 동료들의 지배와 신망 정도를 점수로 매기게 한 결과, 평소 진정한 자부심을 자주 경험한다고 했던 선수들이 동료들로부터 가장 신망이 높다는 평가를 받았다. 또한 이들은 동료들이 존경하며 도움이 필요할 때 의지하는 사람이었다. 반면에 오만한 자부심을 자주 느낀다고 보고했던 선수들은 동료들에게 지배적인 성향이 강하다고 평가받았다. 이 선수들은 팀을 지휘하고 통제하며 리더 역할을 해왔지만, 좋아하는 동료라는 평은 받지 못했으며, 이 선수의 뜻대로 따라 주지 않을 때 공격을 받게 될까 봐 동료들은 염려하였다.

결국 진정한 자부심은 신망을 얻기 위한 행동을 하게 만들지만, 오만한 자부심은 강압에 의해 행동하게 만든다.

요약

1. 행복은 생활 속 사건들의 영향을 받는 동시에 개인의 성향이나 성격에 의해서도 좌우된다. 하지만 성향이 전부가 아니며 상황 역시 우리가 어떻게 받아들이고 해석하느냐에 따라 달라질 수 있다.

2. 복권에 당첨되는 것처럼 갑자기 부를 얻게 된 직후에는 자신의 부가 기대보다 더 높기 때문에 사람들의 행복이 증가할 수 있으나, 획득한 부에 익숙해진 후 행복은 평상시 수준으로 되돌아간다.

3. 어떤 사람은 자신의 목표에 대해 성취했을 때, 또 어떤 사람은 봉사활동 등의 이타적인 행동을 했을 때 기쁨을 느낀다. 이렇듯 즐거워하는 일이 사람마다 다르지만, 슬픔이 뭔가를 잃어버렸을 때의 감정이라면 기쁨이란 뭔가를 얻었을 때의 감정이라고 할 수 있다.

4. 식사 후 소화하기 위해 위장의 혈류가 증가하고 뇌로 흐르는 혈류를 억제시키며, 이로 인해 인지활동이 느려진다. 열광과 마찬가지로 '만족'은 복잡한 정보를 처리할 때 사람들이 더 빠르게 처리하도록 촉진하며, 인지의 적어도 한 측면을 향상시킬 수 있다.

5. 우리는 기쁘고 즐겁고 슬프거나 분노하는 정서를 얼굴 표정을 통해 얼마든지 표현할 수 있고, 표정을 통해 상대의 그런 정서 상태를 읽어낼 수 있다. 하지만 사랑에 대응되는 표정은 존재하지 않으며, 사랑에 빠진 표정을 명확히 지을 수는 없다. 또한 사랑은 반드시 행동을 동반한다는 점에서도 전형적인 정서나 감정과 구별된다.

6. 자부심은 두 가지 속성을 가진 복합 정서이다. 진정한 자부심을 경험하는 사람들은 외향적이고, 상냥하고, 차분하고, 불안해하지 않고, 창의적이며, 인간관계와 우정에 높은 가치를 부여하는 활동을 한다. 반면 오만한 자부심을 주로 경험하는 사람들은 나르시시즘 경향을 보이며, 자존감이 낮을 뿐만 아니라 수치심을 느끼는 상황에 취약한 모습을 보인다.

참고문헌

Berridge, K. C., & Kringelbach, M. L. (2013). Neuroscience of affect: brain mechanism of pleasure and displeasure. *Current Opinion in Neurobiology. 23*, 294-303.

Blood, A. J., & Zatorre, R. J. (2001). Intensely pleasurable responses to music correlate with activity in brain regions implicated in reward and emotion. *PNAS, 98*(20), 11818-11823.

Bradshaw, J. W. S., & Cook, S. E. (1996). Patterns of pet cat behaviour at feeding occasions. *Applied Animal Behaviour Science, 46*, 61-74.

Danner, D. D., David. A., & Wallace. V. (2001). Positive emotions in early life and longevity: Findings fro the nun study. *Journal of Personality and Social Psychology, 80*(5), 804-813.

DeNeve, K. M. (1999). Happy as an Extraverted Clam?: The Role of Personality for Subjective Well-Being. *Current Directions in Psychological Science*.

Diener, E., & Seligman. M. E. P. (2004). Beyond Mondy: Toward an Economy of Well-Being. *Psychological Science in the Public Interest*.

Dockray, G. J., & Burdyga, G. (2010). Plasticity in vagal afferent neurones druing feeding an fasting: mechanisms and significance. *Acta Physiologica, 201*, 313-321.

Fehr, B., & Russell, J. A. (1991). The concept of love viewed from a prototype perspective. *Journal of Personality and Social Psychology, 60*(3), 425-438.

Floresco, S. B. (2015). The Nucleus Accumbens: An Interface Between Cognition, Emotion, and Action. *Annual Review of Psychology, 66*, 25-52.

Foster, D. J., & Wilson, M. A. (2006). Reverse replay of behavioural sequences in hippocampal place cells during the awake state. *Nature. 440*, 680-683.

Griskevicius, V., Shiota, M. N., & Neufeld, S. L. (2010). Influence of different positive emotion on persuasion processing: A functional evolutionary approach. *Emotion, 10*(2), 190-206.

Hills, P., & Argyle, M. (2001). Happiness, introversion-extraversion and happy introverts. *Personality and Individual Differences, 30*, 595-608.

Kampe, K. K. W., Frith, C. D., Dolan, R. J., & Frith, U. (2001). Reward value of attractiveness and gaze. *Nature, 413*, 589.

Knutson, B., Wimmer, G., Kuhnen, E., & Winkielman, P. (2008). Nucleus accumbens activation mediates the influence of reward cues on financial risk taking. *NeuroReport, 19*, 509

−513.

Kreibig, S. D. (2010). Autonomic nervous system activity in emotion: A review. *Biological Psychology, 84*, 394−421.

Lucas, R. E. (2007). Adaptation and the Set-Point Model of Subjective Well-Being: Does Happiness Change After Major Life Events?. *Current Directiions in Psychological Science*.

Luhmann, M., Hofmann, W., Eid, M., & Lucas, R. E. (2012). Subjective well-being and adaptation to life events: A meta-analysis. *Journal of Personality and Social Psychology, 102*(3), 592−615.

Lyubomirsky, S. & Boehm, J. K. (2010). *Human Motives, Happiness, and the Puzzle of Parenthood:* Perspectives on Psychological Science.

Mobbs, D., Greicius, M., Abdel-Azim, E., Menon, V., & Reiss, A. L. (2003). Humor Modulates the Mesolimbic Reward Centers. *Neuron, 40*, 1041−1048.

Myers, D. G. (2000). The funds, friends, and faith of happy people. *American Psychologist, 55*(1), 56−67.

Nelson, L. D., Meyvis, T., & Galak, J. (2009). Enhancing the Televison-Viewing Experience through Commercial Interruptions. *Journal of Consumer Research, 36*, 160−172.

Nelson, S. K., Kushlev, K., & Lyubomirsky, S. (2014). The pains and pleasures of parenting: When, Why, and how is parenthood associated with more or less well-being? *Psyhcological Bulletin, 140*(3), 846−895.

Olds, J., & Milner, P. (1954). Positive reinforcement produced by electrical stimulation of septal area and other regioins of rat brain. *Journal of Comparative and Physiological Psychology, 47*(6), 419−427.

Parker-Pope, T. (2010). *For Better: The Science of a Good Marriage*, Hialeah, FL: Futton.

Salovey, P., & Birnbaum, D. (1989). Influence of mood on health-relevant cognitions. *Journal of Personality and Social Psychology, 57*(3), 539−551.

Seligman, M. E. P. (1991). *Learned optimism*. New York: Knopf.

Solomon, R. L., & Corbit, J. D. (1974). An opponent-process theory of motivation: I. Temporal dynamics of affect. *Psychological Review, 81*(2), 119−145.

Sternberg, R. J. (1986). A Triarchic Theory of Human Intelligence. *Human Assessment: Cognition and Motivation*, 43−44.

Tracy, J. L., & Matsumoto, D. (2008). The spontaneous expression of pride and shame:

Evidence for biologically innate nonverbal displays. *PNAS. 105*(33), 11655−11660.

Tracy, J. L., & Robins, R. W. (2004). Show Your Pride: Evidence for a Discrete Emotion Expression. *Psychological Science*.

Tracy, J. L., & Robins, R. W. (2007). Emerging Insights Into the Nature and Function of Pride. *Current Directions in Psychological Science*.

White, M. P., & Dolan, P. (2009). Accounting for the Richness of Daily Activites. *Psychological science*, 2009.

Wubben, M. J. J., Cremer, D. D., & Dijk, E, V. (2012). Is pride a prosocial emotion? Interpersonal effects of authentic and hubristic pride. *Cognition and Emotion, 26*, 1084−1097.

제7장

개별정서(부정적 정서)

학습목표

1. 부정적 정서의 종류와 그 기능에 대해 알아본다.
2. 부정적 정서가 우리의 삶에 미치는 영향에 대해 이해한다.
3. 부정적 정서의 생물학, 발달, 사회적 관계 및 인지와의 관련성에 대해 이해한다.

학습개요

우리는 살면서 부정적 정서를 피하고 싶어 한다. 하지만 좀 더 흥미로운 삶을 살아가기 원한다면 기꺼이 경험하기를 바란다. 새로운 것을 시도하고 한계를 뛰어 넘을 때 두려움, 혐오감 및 당혹감과 같은 정서를 느끼게 된다. 또한 사랑을 하는 것은 상실의 위험, 도전은 실패의 위험이 있다. 그러나 이러한 위험에도 불구하고 부정적 정서는 우리의 삶에 많은 의미를 부여한다. 분노, 난처함, 부끄러움, 죄책감과 같은 부정적인 정서는 개인이 다른 사람들과의 관계를 탐색할 수 있도록 도와주므로 주변 사람들을 대할 때 신중하게 행동하도록 이끈다.

이 장에서는 여러 가지 부정적인 정서가 어떤 기능을 제공하며, 무엇이 부정적인 정서 반응을 일으키는지 다루게 될 것이다. 또한 우리의 건강과 안녕을 위해 우리의 정서를 어떻게 수용하고 그에 적응해야 하는지에 대해 고민하게 될 것이다.

1. 공포

공포(fear)는 현재 우리 앞에 위험하고 위협적인 자극이 있거나, 그것을 예상할 때 생기는 정서이다. 또한 강렬한 느낌, 뚜렷한 얼굴 표정과 목소리 떨림, 심장 박동의 증가 등 강한 신체생리적 반응, 뚜렷한 행동(도망가거나 얼어붙거나 공격하기) 등을 특징으로 하는 가장 전형적인 정서라고 볼 수 있다.

공포와 불안은 둘 다 불쾌하고 위협이 되는 자극에 의해서 유발되는 유사한 정서이지만 종종 구분되기도 한다. 즉, 공포는 지금-여기 현재의 위험에 대한 반응이고, 불안은 미래에 생길지도 모르는 위험과 고통이 예상되거나 상상되는 위험에 대한 반응이라고 보며(Reber, 1985), 공포는 곧 나타날 특정한 외부적 위협에 초점이 맞추어져 있기 때문에 불안보다 더 행동(도피, 회피)과 관련되지만, 불안은 공포와 관련된 행동이 봉쇄될 때 일어난다고 보기도 한다(Epstein, 1972).

공포와 불안은 간단한 검사지를 통해 쉽게 측정할 수 있으며, 보다 정교한 측정이 필요한 경우, 이 책의 제2장에서 소개한 **상태 불안 척도**와 **특성 불안 척도**(Spielberger & Sydeman, 1994)를 활용할 수 있다. 상태 불안 척도는 현재의 불안 수준을, 특성 불안 척도는 평소 불안 수준을 체크하는데, 상태 불안 척도는 시간에 따라, 그때그때 환경에 따라 변화될 수 있으나 특성 불안 척도는 시간이 흘러도 비교적 안정적이라고 볼 수 있다.

공포는 얼굴 표정으로도 잘 구분되며, 공포의 전형적인 얼굴 표정(그림 7-1)은 안쪽과 바깥쪽 눈썹을 치켜 올려서 두 눈썹을 끌어 모으는 것, 눈을 크게 뜨는 것, 입술이 귀쪽으로 살짝 당겨져 약간 벌어지는 것, 아래쪽 턱의 피부를 아래와 옆쪽으로 끌어내는 것 등이다(Ekman et al., 1987). 사람들이 놀랐을 때도(그림 7-2) 공포의 경우와 마찬가지로 눈썹이 올라가고 눈이 커지지만, 눈썹이 수축하고 아래쪽 턱이 아래로 움직이는 것은 공포를 느끼는 얼굴에서만 나타난다.

사람들은 예상치 못한 큰 소리를 갑자기 듣게 되면 놀라는데, 이때 보이는 반응은 0.2초의 짧은 시간에 이루어지는 반사적인 행동이다. 근육, 특히 목 근육이 신속하게

| 그림 7-1 공포의 표정 | 그림 7-2 놀란 표정 |

긴장하고, 눈을 꽉 감고 어깨는 으쓱해서 목을 움츠려 당겨지고 두 팔은 머리를 향해 올라간다.

또한 사람들은 유쾌한 자극보다 불쾌한 자극이 있는 환경에서 더 강한 놀람 반응을 하게 된다(Lang, Bradley, & Cuthbert, 2002). 예를 들어, 밤에 위험한 동네를 혼자 걸어가고 있는데 갑자기 큰 소리를 듣게 되었고, 그다음에는 저녁에 집에서 가족들과 있을 때 같은 강도의 자극을 들었다고 가정한다면, 물론 두 경우 모두 놀라겠지만 친숙하고 안전한 장소보다는 무섭고 낯선 장소에서 훨씬 더 놀랄 것이다. 정서 연구자들은 인간뿐만 아니라 동물의 공포를 측정하기 위해 이러한 **놀람의 상승작용**(startle potentiation)을 활용하였다.

1) 공포와 불안의 기능

공포와 불안은 인간의 생존과 안위에 유리하도록 진화되어 온 정서다. 인류의 조상들이 공포를 느끼지 못했다면 위험한 상황을 피할 수 없어 현재까지 인류가 살아남지 못했을 것이다. 즉, 생명을 유지하고 자손을 번식시키는 데 꼭 필요한 정서로 인간뿐만 아니라 모든 동물은 공포와 불안을 느낀다.

긍정적 측면에서, 공포와 불안은 직면한 위험으로부터 벗어날 수 있도록 새로운 대처 반응을 할 수 있게 한다. 예컨대 폭우 속에서 고속도로를 달리는 운전자는 저속으로 달리며 주변을 탐색할 것이며, 오른발은 재빨리 브레이크를 밟을 수 있도록 준비할 것이다. 또 낙제에 대한 불안 때문에 시험 준비를 철저히 하는 사람에게는 이 불안이 분명 이점이 있을 것이다.

또 다른 현실적인 예를 살펴보자. 2020년 초부터 전 세계적으로 코로나 19에 대한 불안감과 공포를 함께 느끼며 심리적, 신체적, 사회적 고통을 겪었다. 코로나 19가 장기화되면서 우리의 불안은 외출 시 마스크 착용, 체온 측정, 불특정 다수와의 접촉을 피하려는 사회적 거리두기 등의 생활 방역 수칙을 지키도록 만들었고, 이러한 시스템과 협조는 감염 및 확산을 막는 데 기여하였다(그림 7-3).

또한 공포와 불안은 높은 각성 수준을 유발해서 과업수행 등의 능력을 향상시키는 기능을 한다. 가령 시험에 대한 공포와 불안은 높은 각성 수준과 함께 적절한 수준의 긴장감을 유발해서 시험이라는 과업을 효과적이고 능률적으로 준비하고 수행하게 하며, 준비하는 시험에 떨어질 것을 두려워하는 학생은 시험 준비를 위해 열심히 공부한다.

이렇듯 적절한 공포와 불안은 삶의 과정에서 강력한 동기가 될 수 있으며, 또 힘의 원천이 될 수 있다.

아이자드(1991)는 사람들이 공포를 느낄 때 다른 사람을 찾는다고 하였다. 즉, 공포

그림 7-3 코로나 19 확산을 막기 위한 거리두기와 발열체크

는 사람들을 서로 결속해 주는 기능을 한다. 생각해 보라. 가족 구성원 중 한 명이 위험에 처해 있거나 위협을 받을 때 온 가족은 똘똘 뭉쳐 하나가 된다. 이는 개인에 국한되지 않고 사회나 국가의 경우도 마찬가지로 공포가 결속력을 발휘하게 만든다.

2) 공포와 불안의 생물학

인간과 다른 동물들의 공포와 관련된 행동이 유사하기에 인간과 다른 포유류 동물 모두를 대상으로 공포와 관련된 생리학을 연구해 왔다. 그 결과 다른 정서보다도 공포의 생물학에 대해 더 많이 알게 되었으며, 이는 행동과 생물학적 관계에서 분명하게 나타난다. 만약 당신이 어두운 거리를 혼자 걷는 중이고, 뒤에서는 낯선 발소리가 들린다고 가정해 보자. 뒤돌아보니 왠지 당신 혹은 당신의 가방을 노리고 있을지 모를 덩치 큰 사람이 있다면, 당신은 어떻게 할 것인가? 당신이 그보다 덩치가 크거나 무술 유단자라서 낯선 그가 만만하게 느껴지거나 혹은 인파가 가득한 번잡한 큰 길을 향하는 중이었다면 아마도 속도를 높여 계속 걸을 수 있을 것이다. 또 낯선 그가 아직 당신을 발견하지는 못했더라도 위험해 보여 공포를 느낀다면 어둠 속에 있는 당신은 제자리에 얼어버릴 수도 있다. 그가 당신을 향해 달린다면 당신은 최대한 빨리 뛰어 도망칠 것이며, 그가 당신을 붙잡는다면 당신은 맞서 싸우거나 도망치려고 할 것이다.

이러한 다양한 행동들은 잠재적으로 적으로부터 탈출할 수 있는 방법이다. 포식자가 있을 수 있는 들판이나 물웅덩이에 들어가는 동물들은 먹이를 찾으면서도 경계를 강화한다. 포식자가 멀리 떨어져 있거나 아직 동물을 발견하지 못한 경우 동물들은 보통 얼어붙는다. 얼어붙는 동안 동물의 심장박동수는 급격히 느려지지만 근육은 여전히 긴장되며 놀람 반응을 보일 것이다(B. A. Campbell, Wood, & McBride, 1997). 만약 포식자가 다가온다면, 동물의 교감신경계는 크게 각성되어, 심장박동수는 증가하고, 근육으로 가는 혈액이 증가하며, 동물은 뛰기 시작한다(Masterson & Crawford, 1982).

인간에서도 비슷한 패턴을 볼 수 있는데, 다음과 같은 실험을 한 번 상상해 보라. 당신은 지금 돈을 벌 수도, 잃을 수도 있는 게임을 하고 있다. 여러 슬라이드 중에서 총 이미지가 특정 크기에 도달했을 때 버튼을 누르지 않으면 돈을 잃게 된다. 처음에는 총에 주의를 기울이지만 이미지가 작고 멀리 있는 동안에는 심장박동수가 감소한다. 이제 곧 당신의 놀라운 힘이 발휘되는데, 총 이미지가 커짐에 따라 버튼을 누를 시간이 다가오고 있음을 알 수 있으며, 이때 당신의 강렬한 정서적 각성은 교감신경계를 활성화시켜서 재빨리 단시간에 격렬한 싸우기 혹은 도망가기 활동을 할 수 있도록 신체 기관들을 준비시킨다(Low et al., 2008). 즉, 심장 박동률의 증가, 빠르고 불규칙적인 호흡, 발한(피부의 전기적 전도성의 증가로 표시되는) 등이다(Kreibig, 2010).

앞서 공포의 느낌이 큰 소음에 대한 놀람 반응을 증가시키는 것 같다고 하였다. 위험이나 안전을 지각하면, 놀람 반응을 조절하기 위해 뇌의 **편도체**가 정보를 처리해야 한다. 편도체는 뇌의 각 반구의 측두엽 내에 있는 영역으로 시각, 청각 등의 감각들과 통증 입력 정보를 받아들이고, 또 기억에 중요한 역할을 하는 뇌구조물인 해마와 연결되어 있기에 다양한 자극을 그것에 뒤따라오는 위험한 결과물과 연합시키는 역할을 한다. 조건화된 공포, 즉 어떤 자극과 충격의 연합에 기반을 둔 공포는 편도체에 있는 시냅스 변화에 의존한다(Kwon & Choi, 2009). 이렇듯 편도체는 현재의 감정 상태에 따라 놀람 반응의 강도를 조절하는 역할을 하며 공포의 행동 측정치로서 우리가 놀람 상승 작용을 활용할 수 있도록 해 주는 체계의 일부이다.

불안을 경감시키기 위한 신경안정제(진정제)로서 많이 쓰이는 약은 디아제팜, 클로르디아제폭사이드(Librium), 알프라졸람(Xanax)과 같은 벤조디아제핀이다. 벤조디아제핀은 불안감소 이외에도 근육을 이완시키고 수면을 촉진하며 경련을 감소시킨다. 보통 알약으로 복용되며, 주사로 투여하는 경우는 드물다. 이들 약물들의 효과는 수 시간 동안 지속되는데, 지속시간은 약물에 따라 차이가 있다.

신경안정제(진정제)는 **감마 아미노 낙산**(gamma-aminobutyric acid, GABA)이라고 알려진 신경전달물질을 촉진시킴으로써 작용한다. GABA는 편도체를 포함한 전체 신경계에서 핵심적인 억제성 신경전달물질이다. 따라서 신경안정제(진정제)는 편도핵의 활성을 억압하여 위협적 혹은 다른 정서적 자극에 대한 반응을 감소시켜 불안을 최소화하고 이완 반응을 유도한다. 그러나 졸음이나 기억력 손상 등을 낳기도 하고 분노나 공포 같은 다른 사람들의 정서적 얼굴 표정을 알아차리는 데 어려움을 겪게 하기도 한다(Zangara, Blair, & Curran, 2002). 알코올도 편도체 반응을 감소시키기에(Nie et al., 2004) 신경안정제(진정제)와 유사하게 불안과 사회적 억제를 감소시키며, 이렇게 감소된 공포는 사람들이 알코올을 마신 후에 보다 폭력적으로 되는 이유가 되기도 한다.

따라서 GABA는 뇌 전체를 통해 방대하고 다양한 기능을 하는 핵심적인 억제성 신경전달물질이다. 반면 콜레시스토키닌(CCK)는 흥분성 신경조절물질 중 하나로, 편도체에 흥분성 효과를 나타내어 GABA와는 상반된 작용을 한다(Becker et al., 2001; Frankland, Josselyn, Bradwejn, Vaccarino, & Yeomans, 1997; Strzelczuk & Romaniuk, 1996).

3) 공포와 불안의 개인차 : 성별과 유전

일반적으로 매우 안전한 환경에 산다고 해도 잠재적으로 위험한 상황이 발생할 수 있다. 늦은 밤 주차장에 혼자 걸어가거나 낯선 사람이 이상한 눈빛으로 응시할 경우 약간의 두려움을 느끼게 된다. 이때 상황에 따라, 개인에 따라 공포와 불안의 수준이 달라질 수 있다.

국가별 데이터를 보면 여성이 평균적으로 남성보다 더 많은 공포와 불안을 보고한다(Fischer, Mosquera, van Vianen, & Manstead, 2004). 평균적으로 여성은 갑작스러운 큰소음에 대해 더 큰 놀람 반응을 보이는데, 이것은 선천적으로 기본적 불안이 여성에게 더 큼을 의미한다(Grillon, 2008). 또한 여성들은 거미와 같은 다양한 동물을 두려워할 가능성이 높다. 왜 그럴까? 여러 가지 이유들이 있겠지만 우선 여자는 남자보다 덩치가 작고 근육이 적기에 진화적으로 취약하다. 또한 여성은 일상생활에서 미묘한 위협을 느끼기도 하고 실제 성 폭력과 가정 폭력의 희생자가 되는 경우가 많기 때문에 공포와 불안에 더 예민하다고 할 수 있다(McLean & Anderson, 2009). 동물도 마찬가지로 불빛을 두려워하는 쥐의 경우, 암컷 쥐가 수컷 쥐보다 불빛에 대한 공포를 더 크게 보인다(Toufexis, 2007). 하지만 외부의 충격이나 질식 등을 예상하게 해 주는 단서나 사회공포증, 폐소공포증, 상해 등에 대해서는 남성과 여성 모두 동등한 공포를 보인다.

유전적인 차이는 불안 발달에 기여하는데, 신생아 때 자주 발을 차고 자주 우는 아이는 9개월에서 14개월에 친숙하지 않은 사건에 대해 다른 아이들보다 두려움을 느낄 가능성이 크고(Kagan & Snidman, 1991), 6~7세경에는 놀이터 등에서 수줍어하고 불안해하는 경향이 있다. 또한 성인이 되었을 때는 거의 모든 사람의 얼굴 사진, 특히 친숙하지 않은 얼굴에 대해 강한 편도체 반응을 보인다(Beaton et al., 2008; C. E. Schwartz, Wright, Shin, Kagan, & Rauch, 2003).

유전연구에서 공황장애와 공포증은 유사한 장애를 가진 친척, 특히 일란성 쌍생아와 같이 가까운 친족들 사이에서 더 보편적이다(Skre, Onstad, Torgerson, Lygren, & Kringlen, 2000).

사람들은 살아있는 한 공포와 불안으로부터 자유롭기 힘들다. 하지만 여러분이 곧 닥쳐올 것 같은 심각한 위험에 직면했을 때, 공포는 자신의 잠재력을 극대화하도록 준비시키며, 우리가 실제 위험에 처하는 것을 막아주고 일이 발생한 다음에 외상의 경고 신호를 기억하도록 도울 것이라는 것을 잊지 말자.

2. 분노

분노(anger)는 사람들이 일상생활에서 가장 빈번하게 경험하는 정서이며, 사람들이 최근 자신이 어떤 정서를 경험했는지를 생각할 때 가장 빈번하게 마음속에 떠오르는 정서이다(Scherer & Tannenbaum, 1986). 분노는 중요하게 생각하는 목표의 추구에 방해를 받을 때, 신체적으로나 심리적으로 위협을 받을 때, 혹은 신뢰에 대한 배신, 거절을 당했을 때, 부당한 비난을 받았을 때, 다른 사람의 배려가 부족하여 힘들 때, 그리고 누적된 성가심으로부터 발생한다(Fehr et al., 1999).

분노의 자기 보고 측정치에서 공격은 상대적으로 관찰이 가능한 데 비해 분노는 관찰하기 어렵다. 과거에는 분노 측정 시 신체적 공격에 초점을 두었는데 분노와 신체적 공격과의 관계는 정확하지 않다. 분노의 자기 보고 측정은 분노를 가져온 것에 대한 평가, 화가 난 느낌, 그리고 결과가 되는 행동을 평가하는 것이다(R. Martin, Watson, & Wan, 2000). **다차원적 분노 목록**(Siegel, 1986)은 분노의 다양한 차원을 측정하기 위한 것으로, 전반적으로 얼마나 화가 났는지 어떤 상황에서 화가 났는지를 측정한다. 그리고 분노에 따른 적대적 태도를 관찰하고 어떻게 분노를 다루는지를 측정한다.

가장 광범위하게 사용되는 검사는 **상태-특성 분노 표현 척도**(Spielberger State-Trait Anger Expression Inventory, STAXI)이며, 상태 분노는 현재 사건과 관련된 어떤 한 순간의 분노이고, 특성 분노는 지속되는 성격적 측면을 의미한다.

화난 표정은 누구나 쉽게 알아본다. 화난 표현은 약한 것에서부터 매우 강렬한 것까지 있지만, 눈을 부릅뜨고, 눈썹을 이마 중간을 향해서 아래로 누르고, 아래 눈꺼풀은 눈의 안쪽 중앙을 향해 끌어올리는 것(그림 7-4)이 공통적이다. 얼굴 외에도 목소리 톤이나 신체 자세가 변한다. 잠깐의 전화 통화에서도 누군가가 화가 났다는 것을 알아차릴 수 있다.

분노는 종종 공격적인 행동으로 표출된다. 그렇다고 공격적인 행동이 모두 분노에서 비롯된 것은 아니다. 공격성이란 상대에게 해를 가하려는 파괴적인 행동 성향을 말하며, **적대적 공격**(hostile aggression)과 **도구적 공격**(instrumental aggression)으로 구분된다. 도구적 공격은 사자가 먹이를 얻기 위해 얼룩말을 사냥하듯이, 공격 행위가 뭔가를

그림 7-4 화난 표정

얻기 위한 도구가 되는 경우이다. 반면 적대적 공격은 먹이 사냥보다는 상대에게 위협을 가하기 위한 목적을 가진다. 동물의 세계에서는 상대의 위협에 대응할 때, 고양이의 경우 개가 접근하면 소리를 내면서 등을 아치형으로 구부리는데, 적대적 공격성의 예라고 할 수 있다. 인간 사회에서는 자신의 피해를 무릅쓰고 복수하는 경우가 여기에 해당할 것이다. 이 두 가지 공격성이 서로 다르기는 하지만, 실제로 적대적 공격과 도구적 공격을 구별하는 것은 어렵다. 쥐를 대상으로 연구하면서 쥐가 다른 쥐를 공격할 때 분노 때문인지, 아니면 단순히 먹이를 뺏기 위한 것인지 알기 어렵다. 인간 사회에서도 누군가가 칼로 위협을 가할 때 단순히 돈을 얻기 위한 것인지, 아니면 상대방에게 화가 나서 그런 것인지 구분되지 않는 경우들이 많다.

1) 분노의 기능

대부분의 사람들은 분노를 파괴적인 것으로 생각하지만 항상 독이 되는 것은 아니다. 분노는 인류의 진화과정에서 발전한 기본 정서로 개인의 생존과 적응을 돕는 다양한 순기능을 지닌다. 우선 분노의 가장 핵심적인 순기능은 위협을 받는 상황에서 에너지를 집중해 위협하는 대상에게 저항하도록 적극적인 투쟁 행동을 촉발함으로써 자기 보호와 생존에 기여하는 것이다. 또한 분노는 불쾌감을 전달하는 일종의 의사소통 방식(화난 표정, 격앙된 목소리)으로 상대방의 부정적 행동을 중단시켜 극단적인 충돌과 손상을 방지할 수 있다. 아울러 분노는 사회적 갈등과 불평등을 구성원들이 인식하도록 부각하고 사회적 변화와 개선을 촉진해 사회적 안정과 결속에도 기여할 수 있다. 이렇듯 강렬한 분노 표현은 다른 사람에게 충격이나 위협을 주어 굴복시킬 수도 있지만, 건설적인 행동이나 문제해결 쪽으로도 사용된다.

분노를 느끼는 사람들은 대부분 자신의 분노가 정당하다고 주장하기 때문에 기능적 분노와 역기능적 분노를 구분하는 것은 쉽지 않으나, 일반적으로 기능적 분노는 상대방의 잘못이 객관적으로 인정되는 상황에서 유발되며 분노의 강도가 중간 정도를 넘지 않는다. 또한 자신이나 타인이 미래에 유사한 피해를 입지 않도록 예방하는 문제 해결적 행동으로 표현되며 자신과 타인을 불필요하게 손상시키지 않는다.

2) 분노와 공격의 생물학

분노와 공격의 신경해부학을 설명하자면, 공격적 행동은 종종 충동적이고, 충동성의 기반 중 하나는 전전두피질의 손상이다. 충동적 살인과 같은 폭력적 분노 분출 내력이 있는 사람들은 뇌 손상을 진단받지 않았더라도 정상적인 사람에 비해 전전두피질이 덜 활동적일 수 있다(Best, Williams, & Coccaro, 2002; Davidson, Putnam, & Larson, 2000). 전전두피질의 활동성은 fMRI 장치로 쉽게 측정할 수 있으나, 장치에 가만히 누워있는 상태에서 분노를 경험하기 쉽지 않다는 문제가 있다.

공격행동에는 시상하부뿐만 아니라 편도체도 작용한다. 편도체를 전기적으로 자극하면 흥분하게 되고, 정서적 공격성을 유발한다. 1954년 프리브램은 여덟 마리가 집단을 이루어 생활하는 붉은털 원숭이를 연구하여 편도체가 사회적 행동에 어떤 영향을 미치는지 알아보았다. 우두머리 원숭이의 양쪽 편도체가 제거된 후 최하위 서열로 밀려나는 것을 목도한 연구자는 사회적 지위를 유지하기 위해서 편도체의 역할 중 아마도 공격성이 중요할 것이라고 추정했다. 그 외에도 공격성에 영향을 주는 것은 세로토닌이다. 세로토닌은 뇌줄기에서 만들어져 뇌의 모든 부분에 퍼지는데, 세로토닌 방출 수준이 낮은 쥐들이 서로 더 자주 싸웠으며(Saudou et al., 1994; Valzelli, 1973; Valzelli & Bernasconi, 1979), 원숭이들도 마찬가지로 세로토닌 수치가 낮을수록 자주 싸우고 많이 다치는 것을 발견하였다(Higley et al., 1996; Westergaard, Cleveland, Trenkle, Lussier, & Highley, 2003). 이런 원숭이들에게 혈중 세로토닌을 증가시키는 약을 투여하면 사회적 활동이 증가하여 서로 잘 지내게 된다. 사람의 공격성도 세로토닌의 영향을 받는데, 방화범이나 폭력범의 세로토닌 수치를 조사해 보면 낮게 나타나는 경향이 있으며 이는 자신을 향한 공격성에도 관여한다. 이처럼 세로토닌이 낮을수록 공격성이 증가한다는 것은 확실하지만, 어떤 한 개인의 세로토닌 수치를 안다고 해서 그 사람의 공격성을 예측할 수 있는 것은 아니며, 폭력범에게 세로토닌을 증가시키는 약물을 투여한다고 해서 원숭이의 경우처럼 공격성이 감소하는 것도 아니다(Berman, McCloskey, Fanning Schumacher, & Coccaro, 2009).

3) 분노의 개인차 : 표현과 관리

다른 어느 부정적인 정서보다도 분노를 유발하는 자극과 표현 방법, 그리고 선호하는 분노조절 방법은 개인차가 크다. 동일 자극에 대해서 어떤 사람은 전혀 불쾌해하지 않는 반면, 어떤 사람은 심한 분노를 느끼는 경우가 있다. 또한 어떤 사람은 소리를 지르고 공격적이 되고, 어떤 사람은 차갑고 냉담해지며, 어떤 사람은 분노를 건설적으로 표현한다.

분노표현은 분노의 원인을 밝혀 건설적으로 문제를 해결하는 과정을 통하면 큰 도움이 된다. 분노가 사회생활에 꼭 필요한 정서이기는 하지만, 분노를 파괴적으로 폭발시키는 것은 좋지 않다. 상대방이 이해하지 못하는 분노표현은 상대방을 반성하게 만들기보다는 더욱 화나게 한다. 따라서 자신이나 주위 사람들을 위해서라도 분노를 통제하고 조절할 수 있는 능력이 필요하다.

타이스와 바우마이스터(1995)는 분노조절을 위한 방법 중 하나로 깊은 숨 내쉬기, 명상하기 등 생리적인 긴장을 완화시키는 방법을 제안했다. 그 밖에도 긴장이완 훈련법과 심상법을 들 수 있다(그림 7-5).

또한 분노유발 자극을 어떻게 해석하느냐가 분노경험에 중요한 영향을 미치게 된다. 따라서 자극 상황에서 일어나는 평가나 인지를 달리하면서 분노를 조절할 수 있다. 분

pixabay.com

그림 7-5 명상을 통한 정서조절

노조절의 인지적 방법은 자극단서를 잘못 해석하거나 과잉 해석할 때 올바른 해석을 하고, 자극단서를 반추할 때 주의를 분산시키고, 자신과 타인에 대한 비현실적인 기대를 현실적인 기대로 바꾸는 방법 등이 포함된다. 그 외에도 다른 사람을 평가하거나 판단하는 일을 최소화하고 자신의 욕구를 올바르게 바라보며 삶의 중심을 잡는 것이 필요하며, 인간관계에서 자신과 타인의 차이점을 인정하고 삶 속에서 항상 불안정한 요소들이 있을 수밖에 없다는 것을 받아들일 필요가 있다.

마지막으로 행동적 치료방법으로 부적절하고 비건설적으로 화를 내는 행동을 보이는 사람을 도와줄 수 있는데, 자기주장훈련, 사회기술훈련 등을 활용한다(Biaggio, 1987). 사람과의 갈등 원인 중 하나로 서투른 의사소통을 들 수 있다. 이에 사람들이 자신의 요구에 대해 다른 사람들에게 보다 분명하게 의사를 전달하도록 함으로써 다른 사람들이 그 요구에 응하게 되고, 그 결과 분노가 덜 일어나도록 하는 훈련을 실시한다(Farmer, Compton, Burns, & Robertson, 2002).

----
3. 혐오

혐오감은 가장 오래된 정서이다. **혐오**(disgust)라는 용어는 반대를 의미하는 'dis'와 맛의 즐거움을 의미하는 'gust'로 이루어져 있다. 혐오감은 기분 나쁜 대상이 입에 닿을지도 모르는 순간에 경험하는 극도의 불쾌감이며, 불쾌한 물질이 입에 들어오는 것을 막는 것이다(Rozin & Fallon, 1987). 밥을 먹을 때마다 음식에서 마늘을 골라 낼 정도로 마늘을 싫어한다고 해서 다른 사람이 마늘 먹는 것을 보고 혐오감을 느끼지는 않는다. 그런데 음식에서 바퀴벌레가 나왔거나 어떤 사람이 바퀴벌레를 먹는 것을 본다면, 단순히 싫다는 것보다 혐오감을 느끼게 되듯이 혐오감은 단순히 불쾌한 느낌이나 싫어한다는 것보다 훨씬 적극적인 부정의 정서다. 혐오감은 오염되고 상하고 망가진 것을 멀리하거나 제거하려는 동기화된 느낌, 또는 그러한 대상에 대한 강한 거부감을 포함한다.

즉, 혐오감의 목적은 거부이다(Rozin, Haidt, & McCauley, 2008).

유엔식량농업기구(FAO)에서는 곤충을 유망한 미래 식량으로 꼽았다. 곤충은 완전 식품이라고 불릴 정도로 단백질, 불포화 지방산, 탄수화물과 비타민, 무기질 등 모든 영양분을 골고루 함유하고 있으며 건강보조와 다이어트에도 탁월하다. 맛 또한 고소하여 '고소애'라고 불린다. 이렇듯 완벽해 보이는 곤충으로 요리사가 〈그림 7-6〉과 같이 정성껏 요리하여 당신의 맛 평가를 기다리며 식탁 위에 놓았다고 가정해 보자.

당신은 이 음식들을 흔쾌히 먹겠는가? 먹기 힘들다면 이유는 무엇인가? 아무리 이 곤충들이 건강에도 좋고 맛도 탁월하다고 한들 여러분은 여전히 음식 맛보기를 꺼릴 것이다. 왜일까? 아무리 좋은 점을 말하더라도, 여전히 곤충이기 때문이다. 즉, 여러분은 일단 곤충을 먹는다는 생각을 하는 것만으로 불쾌해지고 역겨움을 느낄 것이다.

이와 유사하게 다른 많은 혐오 경험들도 감각의 질이나 대상이 나의 건강에 어떤 영향을 미칠지가 아니라 대상에 대한 '생각'에 의존한다. 여러분은 전혀 사용된 적 없는 깨끗한 변기에 담긴 물을 마실 수 있는가? 가래가 입안에 있을 때는 삼킬 수 있지만, 입 밖으로 뱉어낸 가래를 먹을 수 있는가? 이렇듯 우리는 실질적인 위험이 아니라 '생각' 때문에 혐오를 느끼는 것이다(Rozin & Fallon, 1987).

사람들은 '혐오'라는 단어를 넓은 의미로 사용한다. 혐오감의 선행 요인으로 이상한

그림 7-6 애벌레 꼬치구이와 애벌레 버거

맛의 음식, 신체 분비물(예 : 배설물, 소변, 콧물), 용인할 수 없는 성적 행위들(예 : 근친상간), 피·수술·내장 기관의 노출, 사회-도덕적 위반 행위(예 : 음주 운전자, 위선자, 악랄한 변호사), 불쾌감을 유발하는 동물, 먼지와 세균, 시체와의 접촉 등 다양한 것을 들 수 있다. 혐오감이라는 정서가 오염된 음식에 대한 거부감에서 시작되었지만, 점차 다양한 종류의 잠정적 오염원으로부터 자신을 지키려는 일반적 거부 체계로 발전해 왔다는 것이다(Rozin et al., 2008). 이러한 발달 궤적은 개인에게도 적용되는데, 예를 들면, 유아기에는 쓴맛이나 신맛에 혐오감을 느낀다. 아동기에는 심리적으로 획득된 반감, 불쾌하게 여겨지는 모든 대상으로 확대된다(Rozin & Fallon, 1987). 성인기가 되면, 신체적 오염(세균, 바이러스), 대인 간 오염(불미스러운 사람들과 신체적 접촉), 그리고 도덕적 오염(아동학대, 근친상간, 불륜)을 포함하여 어떤 방식으로든 오염된 것으로 여겨지는 모든 대상에 대해 혐오감이 생겨난다.

혐오감의 핵심은 오염된 존재를 발견하고 오염원으로부터 보호하는 것에 있지만, 그 핵심은 사회적·도덕적 영역으로 확장된다. 최근의 예를 들면, 2020년 초부터 전 세계로 퍼진 신종 코로나바이러스 감염증은 팬데믹 국면이 장기화하면서 서양에서는 동양

그림 7-7 '중국인 출입금지' 팻말이 붙은 음식점과 사회 관계망 서비스에 올라온
동양인 혐오 반대 해시태그 캠페인 모습

인에 대한 혐오로 확장되었다. 우리나라에서는 중국인들에 대한 혐오와 차별에서 시작하여 특정 종교, 동성애에 대한 혐오로 번졌다(그림 7-7).

사회적 일탈 행동이나 부당한 처우 역시 혐오감을 유발할 수 있으며 생각이나 가치도 오염되어 도덕적 혐오감을 낳을 수 있다(Rozin, Haidt, & Fincher, 2009). **도덕적 혐오**의 경우, 어떤 사건이나 대상에 대해 혐오감을 연결 지음으로써 그 사건이나 대상과 계속 상호작용하려는 유혹에서 벗어나게 된다(Rozin, 1999). 이는 채식주의자들이 고기에 대한 욕구가 없는 이유를 설명해 준다(Rozin, Markwith, & Stoess, 1997). 건강상의 이유로 채식주의자가 된 사람들은 고기를 먹는 것을 혐오스럽게 여기지 않는 반면, 도덕적인 이유로 인해서 채식주의가 된 사람들은 고기를 먹는 행위를 혐오스럽게 생각한다. 이렇듯 혐오감에 민감한 사람들은, 비교적 엄격한 판단과 도덕적으로 경계 태세를 유지하려는 경향이 있으며, 그에 따라 잠재적으로 도덕적 범죄자로 보이는 사람들과의 접촉을 피하는 데 역점을 둔다(Jones & Fitness, 2008).

1) 혐오의 기능

혐오감이 현상학적으로 회피하고자 하는 속성이 있기에, 역설적이게도 우리 삶에서 긍정적 동기의 역할을 한다. 혐오감을 느끼게 되면 우리는 오염된 대상을 피하려고 하거나, 혐오감을 유발하는 상황에 직면하는 것을 막는 데 필요한 대처 행동을 배우게 된다. 사람들은 혐오스러운 상황에 놓이는 것을 회피하려고 하기 때문에 개인적 습관이나 태도를 바꾸고 주변 환경을 위생적으로 하며, 자신의 생각이나 가치를 재평가하게 된다. 사람들은 청소를 하고 샤워를 하며, 외모를 가꾸기 위해 운동을 하고 관리를 하게 된다.

혐오감의 두 번째 기능은 깨끗하게 하려는 적극적인 욕구가 생기도록 한다는 것이다(Zhong & Liljenquist, 2006). 가령 복숭아를 맛있게 베어 먹은 후에 뒤늦게 그 안에 벌레가 있었다는 것을 발견하는 것처럼 너무 늦을 때가 있다. 이런 경우에 거부해 봐야 소용없다. 하지만 손을 자주 씻고 양치질을 하고 건강 상태를 체크하는 것과 같이 적극적인 예방행동을 실시하면 종종 이전에 느꼈던 혐오감은 겪지 않아도 된다.

2) 혐오의 생물학

혐오와 관련된 생리학적 프로파일은 공포나 분노보다 복잡하다(Kreibig, 2010). 혐오감을 유발하는 비디오, 사진 및 냄새에 노출된 사람들이 심박수와 혈압 증가, 빠르고 얕은 호흡, 피부 전도반응 등의 교감신경계 각성 신호들을 나타냈지만, 어떤 연구들에서는 혐오가 심장박동수의 감소 등 부교감신경계의 활성화 신호와 관련이 있었다. 대부분 혐오는 메스꺼움과 구토를 일으키는데 이는 심작박동수와 혈압의 감소, 타액과 땀 분비의 증가, 위 근육의 수축을 포함한다. 이것은 위장으로부터 위험한 내용물을 끄집어내기 위한 것이다.

한 가지 중요한 사실은 혐오 자극에 따라 다른 반응을 불러일으킨다는 것이다. 하이트와 동료들(1994)이 연구한 혐오감 유발 목록에는 피, 수술, 절단과 같은 인체의 훼손뿐만 아니라 오염원이 포함되어 있다. 피의 이미지는 오염원에 초점을 맞춘 혐오감과 동일한 생리학적 변화를 불러일으키지만 심장 속도는 느려진다(Shenhav & Mendes, 2014; Kreibig, 2010). 특히 심박수와 혈압의 급격한 감소는 기절하기 직전의 혈액 공포증 환자의 특징과 유사하다(Ost, Sterner, & Lindahl, 1984).

몇몇 초기 연구는 뇌의 섬피질(insular cortex) 혹은 뇌도(insula) 영역의 활성화와 혐오 경험을 연관시켰다. fMRI를 이용한 연구에서 연구자들은 역겨운 냄새를 맡고 혐오를 유발하는 사진들을 보거나 혐오를 느끼는 다른 사람의 얼굴 표정 사진을 볼 때 섬피질이 활성화되는 것을 확인하였다(Phillips et al., 1997; Wicker et al., 2003).

섬피질은 피질 중 맛의 감각을 일차적으로 받아들이는 영역이기 때문에 섬피질과 혐오의 연관성은 흥미로우나, 섬피질의 활동은 정서적 혐오나 미각에만 국한되지 않는다. fMRI를 활용한 다른 연구에서 섬피질 활성화가 혐오스러운 사진(구토, 구더기, 더러운 화장실, 생쥐를 먹는 사람)을 볼 때뿐만 아니라 무서운 사진(사자, 권총, 불, 자동차 사고)을 볼 때도 증가하는 것으로 나타났다. 편도체 또한 이 두 사진에(혐오스럽거나 무서운) 강하게 반응하였다(Schienle et al., 2002). 그 외에도 섬피질은 근육, 관절, 내장 기관 감각의 미묘한 변화를 감지하고, 신체 내적 감각(따뜻함, 시원함, 통증, 간지러움, 가려움, 배고픔, 목마름, 심장박동 등)을 느낄 때도 활성화되는데, 이는 신체 변화의 자각을 포함하는 다른 정서와도 관련됨을 시사하고 있다.

3) 혐오의 발달과 개인차

혐오는 점차 발달하며 경험에 의해 달라진다. 만약 새로운 음식을 먹고 배탈이 나거나 구토를 경험한 적이 있다면, 사람들은 그 음식에 대해 혐오 반응을 보이게 되고(Logue, 1985), 그 음식을 피하게 되며 먹는 상상만 해도 메스꺼움을 느끼게 될 것이다.

생후 1년에서 1년 반까지의 영아들은 손에 잡히는 것들을 거의 다 입속에 집어넣고 만약 맛이 그리 나쁘지 않으면 그것을 씹어 삼킨다(Rozin, Hammer, Oster, Horowitz, & Marmora, 1986).

이 시기에는 자신의 배설물에서조차 역겨움, 혐오감을 느끼지 않으며, 땅콩버터와 냄새가 고약한 치즈를 섞어 똥 모양으로 만든 음식도 아무렇지 않게 먹는다. 혐오의 정서가 생기는 시기는 서너 살 무렵이다. 이때부터 아이들은 배설물을 피하고 주스나 우유컵에 바퀴벌레가 빠져 있으면 마시지 않는다. 아이들이 좀 더 자라면 위험하다고 생각되는 음식을 거부하기 시작하고, 이후에는 오염되었다고 생각하는 경우에도 음식을 거부한다. 간혹 과민반응을 보이면서 음식에서 생소해 보이는 식재료를 꺼내 확인하거나 거부하기도 한다(그림 7-8). 혐오가 학습을 통해 배우는 것인지, 스스로 발달하는지 아직까지는 모르지만, 아이들에게 부모는 안심하고 모방해도 되는 학습모델이다. 미국의 한 연구에서 12개월 된 아이에게 낯선 어른 두 명이 각각 이상한 음식을 먹는 모습을 보여주며, 한 사람은 영어를, 한 사람은 프랑스어로 아이에게 말을 걸었다. 나중에 아이에게 두 가지 음식 중에서 하나를 고르게 하자 영어로 말한 사람이 먹던 음식을 골랐다. 즉, 자기와 비슷한 사람을 따라 하는 것이다.

혐오는 성격의 특질 중 신경증 경향과 관련이 많다. 신경증 경향은 불쾌한 정서를 상대적으로 쉽게 경험하는 경향성을 의미하는 것이기에 혐오를 경험하는 사람들은 슬픔이나 불안도 쉽게 경험하게 된다. 그리고 이전에 접하지 못했었던 낯선 종류의 음식이나 음악, 문화 등을 탐색하려는 경향을 개방성 경향(Druschel & Sherman, 1999)이라고

그림 7-8 생소한 음식에 대한 반응

하는데, 혐오를 쉽게 경험하는 사람들은 이러한 개방성 경향과 맞지 않다고 볼 수 있다. 연구에 따르면 혐오 성향과 질병에 대한 취약성은 자신이 속해 있는 집단 내 구성원의 영향을 받으며, 질병의 전파를 방지하기 위해 외부 집단에 대해 부정적 편견을 갖는 것은 진화론적으로 적응적인 것이라고 볼 수 있다(Navarrete & Fessler, 2006).

혐오에 대한 개인차의 또 다른 흥미로운 측면은 받아들이기 힘든 음식에 대한 불쾌감과 관련된 **핵심적 혐오**(core disgust)와 권리의 침해나 잘못과 관련된 **도덕적 혐오**(moral disgust)로 구별된다. 이는 모두 사회적 학습의 영향을 크게 받으며, 대체로 중첩되는 경향을 보인다. 예를 들어, 핵심 혐오를 포함하는 혐오를 쉽게 경험하는 사람은 다른 사람보다 금기 성행위에 대해 도덕적 반감을 느낄 가능성이 더 크다(Horberg, Oveis, Keltner, & Cohen, 2009). 또한 정치적으로 보수적인 개인은 성적 및 신체적 순결에 관해 더 엄격한 규범을 유지하는 경향이 있으며(Graham, Haidt, & Nosek, 2009), 이와 일관되게 대규모 연구에서도 정치적으로 보수적일수록 전반적으로 혐오에 더 민감하다는 결과가 나타났다(Inbar, Pizarro, Iyer, & Haidt, 2012). 따라서 정서는 우리가 종종 알지 못하는 방식으로 우리의 태도와 신념에 의해 형성된다.

4. 슬픔

애니메이션 영화 〈인사이드 아웃〉의 컨트롤 본부에서 열심히 일하고 있는 기쁨이(joy), 소심이(fear), 버럭이(anger), 까칠이(disgust) 그리고 슬픔이(sadness)는 모두 새로운 도시로 이사 온 라일리라는 어린 소녀의 머릿속에 사는 정서들이다. 이 중 기쁨이는 이들의 리더로서, 라일리가 새로운 환경에 적응할 수 있도록 애쓰고 활력을 주며 모든 것을 기쁘고 즐겁게 해결하려고 한다. 소심이, 버럭이, 까칠이도 중요한 역할을 담당하고 있는데, 소심이는 라일리의 안전을 지키고 까칠이는 거북한 상황과 불쾌한 것들을 순식간에 판단해 거부함으로써 다른 아이들이 그녀를 깔보지 않게 해 준다. 버럭이의 역할은 원치 않는 상황에 부딪쳤을 때 라일리 자신을 위해 맞서도록 하는 것이다.

하지만 슬픔이는 다르다. 항상 우울해하고 축 처져 있다. 기쁨이마저 슬픈 마음이 올라오면 서둘러 슬픔이를 외면한 뒤, 동그란 원 안에 머물러 있기를 바라며 슬픔이를 가둔다. 그렇다면 과연 슬픔이의 역할은 무엇일까? 리처드 라자러스(1991)는 슬픔은 상실 그 자체가 아니라 회복이 불가능한 상실 때문에 생기는데, 상실의 회복에 대한 무기력감이 바로 **슬픔**(sadness)이라고 보았다.

우리는 다른 사람들의 슬픔을 쉽게 인식할 수 있으며 자신의 슬픔에 대해서도 자기 보고를 통해 어렵지 않게 측정할 수 있다. 사람들은 또한 다양한 방식을 통해 비언어적으로 슬픔을 표현한다. 특히 슬픔은 특징적인 얼굴 표정을 가지며, 세상 70% 이상의 사람들이 슬픔을 표시하는 얼굴을 인식한다는 것을 확인하였다(Ekman et al., 1987). 주변의 누군가가 슬픈지 아닌지는 대부분 얼굴만 봐도 금방 알아차린다. 특히 슬플 때는 속눈썹이 올라가고 눈썹을 찌푸리게 되며, 양 눈썹이 가운데로 몰리면서 중앙 안쪽의 눈썹이 올라간다(그림 7-9).

슬픔의 개인차를 측정하기 위해 가장 일반적으로 사용되는 우울 질문지는 제2장에서 소개한 **벡 우울 척도**이다(Beck, Steer, & Carbin, 1988). 이 질문지는 전 세계적으로 가장 많이 사용되는 자기 보고형 척도로, 시간과 비용 면에서 효율적이며 위음성(가짜

그림 7-9 슬픈 표정

음성)이 적어 매우 좋은 평가를 받는다. 그러나 임상적인 우울을 대상으로 하는 것이기에 일시적이거나 가벼운 슬픔의 다양한 수준들은 구분해 내지 못한다.

부정적 정서는 삶의 질을 저해하는 요소로 인식되기도 하지만(Lazarus, 1991) 진화론적인 관점에서 볼 때 잠재적 위험에 대한 경고의 기능도 하기 때문에 생존에 중요한 역할을 한다. 또한 적절한 수준의 부정적 정서 덕에 우리의 삶이 깊이 있고 풍성해지기도 한다.

1) 슬픔의 기능

기쁨은 우리에게 만족을 주는 대상을 계속해서 추구하도록 강화한다. 그리고 분노와 공포는 위험에 직면하거나 타인에게 위협을 당할 때 생존과 안전을 위해서 긴급한 활동을 하도록 한다. 마찬가지로 슬픔 역시 인간의 삶에 적응적인 역할을 한다.

슬픔은 비록 영속적인 상실 경험과 밀접한 관련이 있지만, 원칙적으로 분리나 실패의 경험에서 비롯된다. 슬픔을 느끼려면 상실의 대상에 대한 강한 애착이 있어야 한다. 낭만적인 관계에서의 이별, 사랑하는 사람의 죽음, 외로움과 고립 등은 애착을 느꼈고 의존했던 중요한 사람의 상실 또는 부재가 포함된다. 또한 시험에서 떨어지거나 경쟁에서 지거나 어떤 집단에 들어가지 못하게 되는 상황에서처럼 실패 역시 슬픔을 초

166 · 정서의 이해와 조절

래하게 된다. 심지어 전쟁이나 병환, 사고, 경제적 불황과 같이 자신의 의지로 통제할 수 없어서 실패한 경우는 또 다른 종류의 심각한 상실이며 슬픔을 유발하게 된다(Izard, 1991).

큰 상실을 경험하면 어떻게 해야 할까? 일부는 위로를 해 줄 수 있는 누군가를 불러서 도움이 필요함을 알릴 것이다. 또한 슬픈 행동, 특히 울음은 다른 사람들을 우리에게 가까이 이끌고 그들의 동정심과 관심을 불러일으킨다(Hill & Martin, 1997; Sheeber, Hops, Andrews, Alpert, & Davis, 1998). 이와 같이 슬픔의 한 가지 기능은 필요할 때 다른 사람들의 동정심을 유발해서 도움을 받을 수 있게 하는 것이다.

문제, 상실, 실패 등의 부정적인 사건에 대해 지나치게 반추하는 것은 우울감으로 이어질 수 있다(Bonanno, Goorin & Coifman, 2008). 그러나 슬픔은 개인적 반성을 촉진하며, 상실에 맞추어 인생 계획과 목표를 다시 찬찬히 살펴볼 수 있는 시간을 갖게 한다(Bonanno & Keltner, 1997; Welling, 2003). 즉, 슬픔은 사람들로 하여금 건설적인 **자기 검토**(self-examination)를 이끌어 내는 기능을 한다(Cunningham, 1988).

그 외에도 슬픔의 유익한 측면 중 하나는 타인과의 유대를 강화해 준다는 점이다. 소중한 사람들에게서 분리되는 것은 슬픔을 유발하게 되고, 그 슬픔은 매우 불편한 정서이기에 이를 피하기 위해 다른 사람과의 유대를 강화하게 된다. 사랑하는 사람이 죽었을 때 가족끼리 공유하는 슬픔은 가족을 재결합시키고 사회적 지지의 근원을 강화시킨다. 뿐만 아니라 사랑하는 사람과의 관계가 점점 약해지거나, 우정이 깨졌을 때 우리가 느끼는 슬픔은 삐걱거리는 관계를 맺어 주는 연결고리가 될 수 있다.

2) 슬픔의 생물학

생리적으로, 슬픔은 두 가지 반응패턴과 연관되어 있다(Kreibig, 2010). 첫 번째 패턴에서, 증가된 심박수, 혈압 상승 및 피부 전도 증가와 같은 교감신경계 활성화의 징후와 함께 각성이 증가한다. 이 패턴은 사람들이 실제로 울고 있을 때와 이미 발생한 상실이 아닌, 곧 일어날 상실(예를 들어, 서서히 죽어가는 가족 누군가와 이야기하는 사람)을 보여주는 비디오를 볼 때 나타날 가능성이 더 높다. 두 번째 패턴은 본질적으로 반대라고 볼 수 있는데, 심박수, 혈압, 피부 전도도의 하락을 포함한다. 이 패턴은 참가자가 울지 않거나 또는 이미 발생된 상실에 대한 영화를 볼 때 더 자주 나타난다.

그렇다면 이러한 차이점을 어떻게 설명할 수 있을까? 한 가지 가능성은 슬픔이 시간 이 지남에 따라 다가오는 상실의 위협에서, 돌이킬 수 없는 상실의 확실성으로 본질적 으로 변화한다는 것이다(Kreibig, 2010). 상실이 아직 발생하지 않았을 때, 우리의 몸은 그것을 막기 위한 노력으로 활성화될 수 있으나, 이후에는 에너지를 그만 쏟고 아끼기 위한 노력을 할 것이다. 또 다른 가능성은 이 생리학적 구별이 울음과 직접 관련이 있 다는 것이다. 울음에서 나타나듯이 사회적 지원이 필요할 때 우리의 몸은 상실을 처리 하기 위해 혼자 있을 때보다 더 동요하게 된다. 그렇기에 높은 각성의 패턴은 주로 사 회적 상실에 대한 반응으로, 낮은 각성의 패턴은 실패 및 물질적 상실에 대한 반응으로 경험될 수 있다. 그러나 이러한 견해에 대해서 아직 체계적으로 연구가 이루어지지 않 았기에 각 생리적 반응패턴의 예측 변수를 명시하기에는 이르다.

3) 개인차 : 노화와 상실

다른 부정적인 정서에 비해 슬픔의 개인차에 대해서는 알려진 것이 적지만 몇 가지 살 펴보기로 하자. 우울증과 마찬가지로 전 세계 여성들은 남성보다 슬픔을 전하고 표현 할 가능성이 더 높으며, 더 자주 울기도 한다(Choti, Marston, Holston, & Hart, 1987; Fischer et al., 2004). 슬퍼하거나 슬픔을 표현하면 자신의 감정을 통제하지 못하고 심약 하다고 사람들이 평가할 것이라는 판단이 남성들에게 지배적이며 이는 전형적인 성 역 할과 일치한다.

슬픔의 개인차는 흥미롭게도 노화와 관련이 있다. 슬픔을 포함한 부정적인 정서의 빈도는 일반적으로 나이가 들어감에 따라 감소하지만, 60대 이상의 사람들은 등장인 물의 사회적 상실을 묘사하는 영화와 같은 자극에 대한 반응으로 더욱 강렬한 슬픔을 보고한다(Kunzmann & Griihn, 2005; Seider, Shiota, Whalen, & Levenson, 2011). 비록 정서의 생리적 반응성이 나이가 들면서 더 작아지는 경향이 있지만, 노인이 되어 갈수 록 젊은 성인들보다 슬픈 영화에 더 큰 생리적 반응을 보이는 것으로 밝혀졌다(Seider et al., 2011). 이러한 연령 효과는 혐오와 같은 다른 부정적인 정서로는 확장되지 않는다.

왜 그럴까? 몇 가지 가능한 설명이 있다. 하나는 우리가 나이가 들수록 상실과 관련된 더 많은 경험을 하면서 그 중요성을 더 잘 이해하게 된다는 것이다. 이 설명은 나이가 상실과 관련된 평가의 변화를 가져온다는 것을 시사한다. 또 다른 가능성은 상실이 일반적으로 시간이 지남에 따라 사회적 관계망이 더 축소되는 노년층에게 더 심각한 결과를 초래하기에 슬픔이 더 강하게 느껴진다는 것이다. 그렇다고 나이가 듦에 따라 슬픔의 강도가 증가하는 것이 꼭 나쁘다고는 할 수 없다. 연구에 의하면 노년층에서 슬픔의 강도는 더 높은 수준의 심리적 웰빙과 관련이 있음이 보고되었다(Haase, Seider, Shiota, & Levenson, 2012). 이 삶의 단계에서, 슬픔을 통해 다른 사람들과 연결되는 능력은 특히 중요할 수 있다.

영화 〈인사이드 아웃〉의 후반부에서도, 많은 모험을 한 후에 기쁨이는 어린 주인공의 정서적 삶에서 슬픔의 중요한 역할, 특히 오랜 친구와 친숙한 세계를 잃어버리는 것에 대처할 때 슬픔이의 역할에 대해 높이 평가하게 되었다고 말한다. 여러분 또한 여러분의 마음속에 슬픔의 자리를 간직하기를 바란다.

5. 자의식 정서 : 당혹감, 수치심, 죄책감

사람들은 자신이나 주변 환경에서 일어나는 일에 대해 행복해하고 슬프고 두려워하거나 화를 내거나 혐오감을 느끼거나 놀라곤 한다. 이러한 정서를 불러일으키는 사건은 세계 곳곳, 우리 주변에서 늘 발생한다. 이와는 달리 **당혹감**(embarrassment), **수치심**(shame), **죄책감**(guilt)은 구체적이고 명확한 선행 요인에 대한 반응으로 나타나는 것이 아니다. 자신이나 다른 사람의 기대에 미치지 못하면 당혹스러워하고 수치심, 죄책감을 느끼는 것으로, 이는 자기에 대한 평가적 함의를 가진 사건이 발생하고, 이러한 자기평가의 과정을 통해 유발된 **자의식적 정서**(self-conscious emotions)라고 볼 수 있다.

당혹감, 수치심, 죄책감은 서로 공통점이 많은 정서들이다. 세 가지 정서 모두 우리에게 불쾌감을 주며, 도덕적 규범이나 사회적 관습을 어겼다는 신념을 포함하고 있다. 이러한 정서들을 경험하게 되면 우리는 이를 숨기거나 없애고 싶어 한다.

1) 부정적인 자의식 감정의 기능

먼저 당혹감은 뭔가가 적절하지 않다는 신호이며, 자신의 어떤 측면을 감추어야 하거나, 적어도 조심스럽게 스스로 점검할 필요가 있음을 나타낸다. 가령 신체적 실수(뭔가에 걸려 넘어지거나 무엇을 엎지른 경우), 인지적 실수(다른 사람의 이름을 잊어버렸다거나), 의도치 않게 남의 이목을 끌었거나, 놀림을 받거나 했을 때 쥐구멍에라도 들어가고 싶은 당혹스러움을 느껴보았을 것이다. 반면 수치심은 도덕성이나 유능성과 관련된 표준에서 벗어났을 때 발생한다. 예를 들면 술에 취해서 부적절한 행동을 했거나, 다른 사람의 기분을 상하게 한 것은 도덕적 위반이고, 시험 성적이 좋지 않아 부모님을 실망시켰거나 자신의 기대에 부응하지 못한 경우 등은 유능성에 위반된 것이다(de Hooge, Zeelenberg, & Breugelmans, 2010). 죄책감은 다른 사람의 기분을 상하게 했거나, 거짓말을 하거나 남을 속이거나 남의 물건을 훔친 경우, 약속을 지키지 못한 경우 등에서 경험한다. 위에서 알 수 있듯이 당혹감, 수치감, 죄책감을 일으키는 경험들은 어느 정도 서로 중복된다. 그러나 어느 정도 구분도 가능하다. 당혹감은 사회적 실책 그 자체에서 유발되기보다는 실책으로 인해 다른 사람의 부정적 평가가 예상되기 때문에 유발된다. 수치심은 흔히 기대에 부응하지 못했을 때 발생한다. 죄책감은 여러 측면에서 수치심과 유사하지만, 부정적 강도에서 수치심보다 낮다.

정서를 구별하는 또 다른 방법은 정서와 관련된 표현들을 조사하고 그것들이 얼마나 비슷한지 얼마나 다른지 알아보는 것이다. 당혹스러워하는 표정은 수치심과 죄책감의 표정과는 분명히 다르다. 대학생들에게 당혹감(그림 7-10)과 수치심(그림 7-11)을 나타내는 얼굴 표정 사진을 보여주었더니 두 표정을 정확하게 분류하였다(Keltner, 1995). 그러나 수치심과 죄책감의 얼굴 표정의 경우 사람들은 잘 구분하지 못한다(Keltner & Buswell, 1996). 수치심과 죄책감의 표현은 눈을 내리깔고 구부정한 자세를

그림 7-10　당혹감의 표정　　　　　　　　그림 7-11　수치심의 표정

포함하는데 이는 당혹스러워하는 표정과 유사하다. 그러나 당혹스러워하는 사람은 약
간 수줍은 듯한 미소를 보이는 반면, 수치심을 느끼는 사람은 오히려 슬픈 듯이 웃지
않고 입꼬리를 내리곤 한다.

　수치심과 죄책감을 유발하는 사건들도 크게 다르지 않고 그 표현도 비슷하다면, 어
떻게 다르다는 것인가? 그 구분은 사람들이 문제의 부정적인 사건을 어떻게 해석하는
가에 있는 것 같다(Tangney, Miller et al.,1996). 가령 부정적인 사건을 자기 자신이 모
자라고 무능해서 생긴 일이라고 해석한다면 수치심을 느낄 가능성이 크다. 즉, 뭔가 잘
못된 일들에 대해 자신의 전반적이고 안정적인 '결함'에 초점을 맞추었을 때 느끼는 부
정적인 정서로 볼 수 있다. 반면 동일한 부정적 사건에 대해 한 인간으로서 유감스럽거
나 후회스러운 '행위'를 저질렀다면 죄책감을 경험할 가능성이 크다. 이처럼 죄책감은
무언가를 실패했거나 도덕적으로 잘못을 저지르긴 했지만 이를 바로잡고 앞으로 이러
한 위반 행위를 반복하지 않으려는 것에 초점을 맞추었을 때 느끼는 부정적인 정서이다.

　또한 수치심은 스스로를 부끄러워하는 마음으로 자존감과 곧바로 연결되며, 실패의
원인을 자기 존재 자체로 돌려 행동이 위축된다. 수치심을 느끼는 사람은 자신이 웃음
거리가 된 듯한 느낌과 존중받지 못하고 무시당한 느낌으로 인해 고통스러워하며 그런
기분이 들게 한 대상을 증오하게 된다. 그로 인해 수치심을 느낄 만한 도전 상황을 꺼

리게 되고, 문제를 회피하며 우울감과 무기력한 모습을 보일 수 있다. 수치심은 때때로 자신에게 공격적인 의도를 가지고 접근하는 사람을 구분해 내는 데 도움이 되지만, 과도하면 이렇듯 병적인 수치심, 소위 말하는 '자격지심'을 느끼게 만드는 것이다. 이는 모든 행동과 현상의 원인을 자신과 연관 지어 생각하는 것으로, 취약한 자존심과 습관적 수치심으로 느끼는 정서 패턴이 굳어져 나타난다. 반면, 죄책감은 수치심과는 달리 부끄러움의 원인이 자기 자신이 아닌 행동이나 판단, 사고 등 상황 자체를 향한다. 부정적인 정서를 겪는 것은 마찬가지지만, 그 화살이 자신이 아닌 상황을 향하고 있기에 좀 더 너그러운 마음으로 행동을 평가하고 개선을 위해 노력할 수 있다. 이처럼 동일한 사건이더라도, 평가 방식에 따라 그 정서는 수치심이 될 수도 또 죄책감이 될 수도 있다.

2) 당혹감의 생물학

부정적 자의식 정서 중 당혹감의 표현에서 가장 생리적 반응이 두드러지는데, 바로 피가 일시적으로 얼굴이나 목, 가슴 윗부분으로 몰려 얼굴이 붉어지는 것이다. 혹여나 개나 다른 종들이 당혹감을 느낄 수 있다고 하더라도 지금까지 인간이 아닌 동물들의 얼굴 홍조를 보았다는 보고는 없었으며, 만약 동물들이 얼굴을 붉혔다 하더라도 얼굴이 털로 덮여 있기에 홍조가 보이지 않을 것이다. 우리가 아는 한 얼굴을 붉히는 것은 인간의 진화 과정에서만 발생해 온 것 같다(Edelmann, 2001). 만약 인간이 다른 사람에게 미안함을 전달하기 위해 얼굴을 붉히는 경향성을 진화시켰다면, 우리 최초 인류의 조상들에게도 두드러지게 나타나는 현상이었을까? 비록 우리의 유전자가 내적 감정을 표현하기 위해 진화했다고 가정하지만, 이것이 얼굴 홍조에 어떻게 작용하는지는 확실치 않다. 대부분의 인류학자들은 최초의 인간이 피부가 검은 아프리카인이었기 때문에 붉어진 얼굴을 알아보기 어려웠을 것으로 보기 때문이다.

그렇다면 사람들은 언제 그리고 왜 얼굴을 붉히는 걸까? 한 연구에서, 참가자들은 실험자가 지켜보는 가운데 스트레스를 받는 퀴즈를 풀게 하였다. 실험자는 지속적으로 눈 마주침을 유지하거나, 선글라스를 쓰거나, 혹은 방을 나가는 등의 행동을 취했다. 모든 참가자들은 어려운 퀴즈를 풀면서 얼굴을 붉혔고, 이는 불안할 때 얼굴을 붉힌다는 주장과 일치한다. 그러나 자기 보고에서 다른 조건의 참가자들보다 낮은 수준의 불안감이 나타났음에도 불구하고 실험자와 눈을 마주치는 사람들만이 계속해서 얼굴을 붉혔다(Drummond & Bailey, 2013). 이는 다른 사람들에게 관심의 대상이 된다는 것만으로도 얼굴 홍조 반응을 나타낼 수 있음을 말해 준다.

잘못을 저질렀을 때 얼굴을 붉히는 것이 다른 사람들을 우호적으로 만든다는 연구가 있다. 참가자들에게 잘못을 저지른 사람에 대한 짧은 이야기를 들려주고 당혹스러워하거나 수치심을 나타내는 사진을 보여주었다. 몇몇 사진은 얼굴을 붉히는 사진이었고, 다른 사진에서는 그렇지 않았다. 참가자들은 얼굴을 붉히는 사람을 그렇지 않은 사람에 비해 더 호의적으로 평가했다(Dijk et al., 2009).

3) 자의식 정서의 개인차

당혹감 척도(Modigliani, 1968)와 당혹감 취약성 척도(Kelly & Jones, 1997)는 당혹감을 측정하는 자기 보고 척도들이다. 이 질문지들은 다양한 상황을 설명하고, 사람들에게 이러한 상황에 처하면 얼마나 당혹스러울지를 묻는다. 하지만 이 질문지들에 여러 번 답변할 때 답변의 일관성은 그다지 높지 않다(Maltby & Day, 2000).

당혹감을 측정하는 질문지의 점수들은 신경증 경향척도의 점수들과 다소 상관이 높다(Edelmann & McCusker, 1986; Maltby & Day, 2000). 이는 신경증 성향이 공포나 분노, 슬픔, 당혹감과 같은 부정적인 정서들을 쉽게 경험하는 경향성으로 나타나기 때문이다. 또한 당혹감에 대한 민감성은 사회적 불안, 수줍음, 외로움과 정적 상관을 보이며(Neto, 1996), 외향성 및 자존감과는 부적 상관을 보인다(Edelmann & McCusker, 1986; Maltby & Day, 2000). 사회적 상황에서 자신감이 높은 사람들은 당혹스러움을 잘 다루고 자주 느끼지 않는 반면 자신감이 부족한 사람들은 자신의 실수를 크게 생각한다. 하지만 흥미롭게도, 당혹감을 보인 사람들은(즉, 얼굴이 붉어진 사람들) 같은 사회적 실수를 저지른 후 당혹감을 보이지 않은 사람들에 비해 더 긍정적인 평가를 받았다는 점에서 당혹감을 보이는 것은 매우 성공적일 때가 많다. 결론적으로 사회적 실수를 저지른 후 당혹감을 감추는 것은 현명하지 않다는 것이다(Dijk et al., 2011). 따라서 잦은 사회적 실수로 인해서 자주 얼굴이 붉어지고 이를 애써 감추려 한다면 이 점을 기억하는 것이 좋을 것이다.

기질적인 수치심 성향과 죄책감 성향은 사람들의 사회적 상호작용에 대한 접근 방식과 관련이 있다. 수치심 성향이 높은 사람들은 죄책감 성향이 높은 사람들에 비해 대인관계에 더 많은 문제를 겪는다. 그들은 더 많이 분노하고 사회적 불안을 더 경험하고 공감은 덜 느낀다(O'Connor, Berry, & Weiss, 1999; Tangney, Burggraf, & Wagner, 1995; Tangney, Wagner et al., 1996). 수치심에서 비롯된 분노를 자주 경험하는 이들은 누군가의 비판에도 수치심을 느끼며 모욕을 당했다 싶으면 참지 못하고 반응한다. 즉, 부끄러운 마음이 들면 이를 수치스러워 하는 것보다 화를 내는 게 편하기 때문에 수치심을 분노로 바꾸는 것이며 자신의 괴로움을 다른 사람들을 기분 나쁘게 만드는 쪽으로 전가하는 것이다. 수치심은 사람들의 비난과 감시의 눈길 앞에 그대로 노출된 기분이 들면서 아무 쓸모없는 존재가 된 것 같은 부정적인 자기 확신을 심어 주는데, 이러한 정서를 견디기 힘든 사람들은 이 정서를 떨치기 위해 수치심을 분노로 바꾸는 것이다. 이와 달리 죄책감 성향이 높은 사람들은 자신의 개별적 행동에 대해 더 책임을 갖고 이러한 행동을 반복할 것인지에 대해 더 많은 통제력을 느낀다. 이러한 해석과 일관되게, 죄책감이 있는 사람들은 수치심이 많은 사람들보다 가상의 대인관계 문제에 더 바람직하고 건설적인 해결책을 제시한다(Covert et al., 2003).

요약

1. 약간의 공포와 불안은 우리에게 유익함을 줄 수 있지만, 지나치면 일상생활을 영위하는 데 방해가 될 수 있다. 또한 공포는 사건이나 대상에 대한 반응이지만 불안을 느끼는 경향은 부분적으로 유전적, 소질적, 환경적 영향을 받는다.

2. 분노는 종종 공격적인 행동으로 표출되며, 적대적 공격과 도구적 공격으로 구분된다. 도구적 공격은 공격 행위가 뭔가를 얻기 위한 도구가 되는 경우인 반면 적대적 공격은 먹이 사냥보다는 상대에게 위협을 가하기 위한 목적을 가진다. 이 두 가지

공격성이 서로 다르기는 하지만, 실제로는 적대적 공격과 도구적 공격을 구별하는 것이 어렵다. 가령 누군가가 칼로 위협을 가할 때 단순히 돈을 얻기 위한 것인지, 아니면 상대방에게 화가 나서 그런 것인지 정확히 구분하기 어려울 수 있다.

3. 혐오라는 단어는 넓은 의미로 사용된다. 혐오감의 선행 요인으로 이상한 맛의 음식, 신체 분비물, 용인할 수 없는 성적 행위들, 피 · 수술 · 내장 기관의 노출, 사회-도덕적 위반 행위, 불쾌감을 유발하는 동물들, 먼지와 세균, 시체와의 접촉 등의 범주로 분류하였다. 이는 혐오감이라는 정서가 오염된 음식에 대한 거부감에서 시작되었지만, 점차 다양한 종류의 잠정적 오염원으로 자신을 지키려는 일반적 거부 체계로 발전해 왔다는 것이다.

4. 우리는 다른 사람들의 슬픔을 쉽게 인식할 수 있으며 자신의 슬픔에 대해서도 자기보고를 통해 어렵지 않게 측정할 수 있다. 또한 다양한 방식을 통해 비언어적으로 슬픔을 표현한다.

5. 당혹감, 수치심, 죄책감은 구체적이고 명확한 선행 요인에 대한 반응으로 나타나는 것이 아니다. 즉, 자신이나 다른 사람의 기대에 미치지 못하면 당혹스러워하고 수치심, 죄책감을 느낀다. 다시 말해 이들은 자기에 대한 평가적 함의를 가진 사건이 발생하고, 이러한 자기평가의 과정을 통해 유발된 자의식적 정서이다.

참고문헌

최현석(2011). 인간의 모든 감정. 우리는 왜 슬프고 기쁘고 사랑하고 분노하는가. 서해문집.

Beaton, E. A., Schmidt, L. A., Schulkin, J., Antony, M. M., Swinson, R. P., & Hall, G. B. (2008). Different neural responses to stranger and personally familiar faces in shy and bold adults. *Behavioral Neuroscience*, *122*(3), 704–709.

Beck, A. T., Steer, R. A., & Carbin, M. G. (1988). Psychometric properties of the Beck Depression Inventory: Twenty-five years of evaluation. *Clinical Psychology Review*, *8*, 77–100.

Becker, C., Thiebot, M. H., Touitou, Y., et al (2001). Enhanced Cortical Extracellular Levels of Cholecystokinin-Like Material in a Model of Anticipation of Social Defeat in the Rat.

Journal of Neuroscience, 21(1), 262–269.

Berman, M. E., McCloskey, M. S., Fanning, J. R., et al (2009). Serotonin Augmentation Reduces Response to Attack in Aggressive Individuals. *Psychological Science*.

Best, M., Williams, J. M., & Coccaro, E. F. (2002). Evidence for a dysfunctional prefrontal circuit in patients with an impulsive aggressive disorder. *Biological Sciences, 12*, 8448–8453.

Biaggion, M. K. (2010). A Survey of Psychologists' Perspectives on Catharsis. *The Journal of Psychology. 121*, 243–248.

Bonanno, G. A., Goorin, L., & Coifman, K. G. (2008). Sadness and grief. In M. Lewis, J. M. Haviland–Jones, & L. F. Barrett(Eds.), *Handbook of emotions*, 797–810.

Bulbena, A., Agullo, A., Pailhez, G., et al (2004). Is Joint Hypermobility Related to Anxiety in a Nonclinical Population Also? *Psychosomatics, 45*, 432–437.

Bulbena, A., Gago, J., Paihez, G., et al (2011). Joint hypermobility syndrome is a risk factor trait for anxiety disorders: a 15-year follow-up cohort study. *General Hospital Psychiatry, 33*, 363–370.

Campbell, B. A., Wood, G., & McBride, T. (1997). Origins of Orienting and Defensive Response: An Evolutionary Perspective. Princeton University.

Cunningham, M. R. (1988). What do you do when you're happy or blue? Mood, expectancies, and behavioral interest. *Motivation and Emotion, 12*, 309–331.

Davidson, R. J., Putnam, K. M., & Larson, C. L. (2000). Dysfunction in the Neural Circuitry of Emotion Regulation-A Possible Prelude to Violence. *Science, 289*, 591–594.

Drummond, P. D., & Bailey, T. (2013). Eye Contact Evokes Blushing Independently of Negative Affect. *Journal of Nonverbal Behavior, 37*, 207–216.

Druschel, B., & Sherman, M. F. (1999). Disgust sensitivity as a function of the Big Five and gender. *Personality and Individual Differences, 26*, 739–748.

Ekman, P., Friesen, W. V., O'Sullivan, M., et al (1987). Universals and cultural differences in the judgments of facial expressions of emotion. *Journal of Personality and Social Psychology, 53*(4), 712–717.

Epstein, N. (1972). A measure of emotional empathy. *Journal of Personality, 40*(4), 525–543.

Farmer, E. M. Z., Compton, S. N., Burns, J. B. & Robertson, E. (2002). Review of the evidence base for treatment of childhood psychopathology: Externalizing discorders. *Journal of Consulting and Clinical Psychology, 70*(6), 1267–1302.

Fehr, B., Baldwin, M., Collins, L., et al (1999). Anger in Close Relationships: Interpersonal Script Analysis. *Personality and social Psychology Bulletin, 25*, 299–312.

Fischer, A. H., Mosquera, P. M., van Vianen, A. E. M., & Manstead, A. S. R. Gender and Culture Differences in Emotion. *Emotion, 4*(1), 87–94.

Fridlund, A. J., Ekman, P., & Oster, H. (1987). Facial expressions of emotion. In A. W. Siegman & S. Feldstein (Eds.), *Nonverbal behavior and communication* (p. 143–223).

Garcia, R., Vouimba, R. M., Baudry, M., & Thompson, R. F. (1999). The amygdala modulates prefrontal cortex activity relative to conditioned fear. *Nature, 402*, 294–296.

Gifkins A., Greba, Q., & Kokkinidis, L. (2002). Ventral tegmental area dopamine neurons mediate the shock sensitization of acoustic startle: Apotential site of action for benzodiazepine anxiolytics. *Behavioral Neurocience, 116*(5), 785–794.

Graham, J., Haidt, J., & Nos다, B. A. (2009). Liberals and conservatives rely on different sets of moral foundations. *Journal of Personality and Social Psychology, 96*(5), 1029–1046.

Grillon, C. (2008). Models and mechanism of anxiety: eidence from startle studies. *Psychopharmacology. 199*, 421–437.

Horberg, E. J., Oveis, C., Keltner, D., & Cohen, A. B. (2009). Disgust and the moralization of purity. *Journal of Personality and Social Psychology, 87*(6), 963–976.

Jones, A., & Fitness, J. (2008). Moral hypervigilance: The influence of disgust sensitivity in the moral domain. *Emotion, 8*(5), 613–627.

Kagan, J., Snidman, N., (1991). Infant Predictors of Inhibited and Uninhibited Profiles. *Psychological Science.*

Keltner, D. (1995). Signs of appeasement: Evidence for the distinct displays of embarrassment, amusement, and shame. *Journal of Personality and Social Psychology, 68*(3), 441–454.

Keltner, D., & Bonanno, G. A. (1997). A study of laughter and dissociation: Distinct correlates of laughter and smiling during bereavement. *Journal of Personality and Social Psychology, 73*(4), 687–702.

Kreibig, S. D. (2010). Autonomic nervous system activity in emotion: A review. *Biological Psychology, 84*(3), 394–421.

Kwon, J. T., & Choi, J. S. (2009). Cornering the Fear Engram: Long-Term Synaptic Changes in the Lateral Nucleus of the Amygdala after Fear Conditioning. *Journal of Neuroscience, 29*(31), 9700–9703.

Lang, P. J., Bradley, M. M., & Cuthbert, B. N. (2002). Emotion, attention, and the startle reflex. *Psychological Review, 97*(3), 377–395.

Logue, A. W. (1985). Conditioned Food Aversion Learning in Humans. *The New York Academy of Sciences, 443*, 316–329.

Inbar, Y., Pizarro, D., Iyer, R., & Haidt. (2011). Disgust Sensitivity, Political Conservatism, and Voting. *Social Psychological and Personality Science*.

Izard, C. E. (1991). *The Psychology of Emotions*. Kluwer Academic Pub.

Maltby, J., & Day, L. (2000). Depressive symptoms and religious orientation: examining the relationship between religiosity and depression within the context of other correlates of depression. *Personality and Individual Differences, 28*, 383–393.

Martin, R., Watson, D., & Wan, C. K. (2001). A Three-Factor Model of Trait Anger: Dimensions of Affect, Behavior, and Cognition. *Journal of Personality, 68*, 869–897.

Masterson, F. A., & Crawford, M. (1982). The defense motivation system: A theory of avoidance behavior. *Behavioral and brain sciences*.

McLean, C. P., & Anderson, E. R. (2009). Brave men and timid women? A review of the gender differences in fear and anxiety. *Clinical Psychology Review, 29*, 496–505.

Navarrete, C. D., & Fessler, D. M. T. (2006). Disease avoidance and ethnocentrism: the effects of disease vulnerability and disgust sensitivit on intergroup attitudes. *Evolution and Human Behavior, 27*, 270–282.

Ost, L. G., Sterner, U., & Lindahl, I. L. (1984). Physiological responses in blood phobics. *Behaviour Research and Therapy, 22*, 109–117.

Phillips, M. L., Young, A. W., Senior, C., et al (1997). A specific neural substrate for perceiving facial expressions of disgust. *Nature, 389.* 495–498.

Rozin, P., & Fallon, A. E. (1987). A perspective on disgust. *Psychological Review, 94*(1), 23–41.

Rozin, P., Hammer, L., Oster, H., et al (1986). The child's conception of food: Differentiation of categories of reected substances in the 16 months to 5 year age range. *ScienceDirect, 7*, 141–151.

Rozin, P., Haidt, J., & McCauley, C. R. (2008). Disgust. *Handbook of emotions*, 757–776.

Rozin, P., Haidt, J., & Fincher, K. (2009). From oral to moral. *Science, 323*(5918), 1179–1180.

Rozin, P., Markwith, M., Stoess, C. (1997). Moralization and Becoming a Vegatarian: The

Transformation of Preferences Into Values and the Recruitment of Disgust. *Psychological Science*.

Scherer, K. R., & Tannenbaum, P. H. Emotional experiences in everyday life: A surbey approach. *Motivation and Emotion, 10*, 295–314.

Schienle, A., Stark, R., Walter, B., et al (2002). The insula s not specifically involved in disgust processing: an fMRI study. *NeuroReport, 13*, 2023–2026.

Schwartz, C. E., Wright, C. I., Shin, L. M., Kagan, J., & Rauch, S. L. (2003). Inhibited and Uninhibited Infants "Grown Up": Adult Amygdalar Response to Novelty. *Science, 300*, 1952–1953.

Sheeber, L., Hops, H., Andrews, J., et al (1998). Interactional processes in families with depressed and non-depressed adolescents: reinforcement of depressive behavior. *Behaviour Research and Therapy, 36*, 417–427.

Skre, I., Onstad, S., Torgersen, S., Lygren, S., & Kringlen, E. (2000). The Heritability of Common Phobic Fear: A Twin Study of a Clinical Sample. *Journal of Anxiety Disorders, 14*, 549–562.

Strzelczuk, M., & Romaniuk, A. (1995). Fear induced by the blockade of GABA-ergic transmission in the hypothalamus of the cat: behavioral and neurochemical study. *Behavioural Brain Research, 72*, 63–71.

Toufexis, D. (2007). Regioin-and Sex-Specific Modulation of Anxiety Behaviours in the Rat. *Journal of Neuroendocrinology, 19*, 461–473.

Vingerhoets, J. M., van Geleuken, M. L., van Tilburg, A. L., & van Heck, G. L. (1997). The Psychologica Context of Adult Crying: Towards a Model of Adult Crying. *The Psychological Context of Adult Crying*.

Wicker, B., Keysers, C., Plailly, J., et al (2003). Both of Us Disgusted in My Insula: The Common Neural Basis of Seeing and Feeling Disgust. *Neuron, 40*, 655–664.

Zangara, A., Blair, R., & Curran, V. H. (2002). A comparison of the effects of a β-adrenergic blocker and a benzodiazepine upon the recognition of human facial expressions. *Psychopharmacology, 163*, 36–41.

Zhong, C. B., & Liljenquist, K. (2006). Washing Away Your Sins: Threatened Morality and Physical Cleansing. *Science, 313*, 1451–1452.

제8장

정서조절

학습목표

1. 정서조절을 정의할 수 있다.
2. 정서조절의 전통이 현대의 정서조절에
   미친 영향에 대해 이해한다.
3. 정서 생성 과정과 정서조절 과정 모형을
   이해한다.
4. 정서조절 전략을 알아본다.

학습개요

진화론적 관점에서 정서는 인간의 환경 적응의 산물이다. 위협적인 상황에 대한 두려움은 그 상황으로부터 도피하게 하고, 우리에게 해를 가하려는 대상에 대해 느끼는 분노는 그들과 싸워 살아남도록 도왔다. 그러나 과도한 정서는 이성을 마비시키고 스트레스 상황에서 합리적으로 대처하는 것을 어렵게 한다. 또한 정서표현이 적절하지 않을 때 우리는 크고 작은 상처를 경험한다. 부적절하거나 극단적인 억제되지 않은 정서 반응은 사회의 합리적 가치에 부합되지 않을 수 있다.

이 장에서는 정서를 적절히 조절하기에 대한 현대 이론에 영향을 미친 전통적 이론, 정서조절의 정의, 정서가 발생한 상황과 관련한 상황 중심적 정서조절 전략, 상황에 대한 생각의 변화와 관련한 인지 중심적 정서조절 전략, 이미 발생한 정서에 대한 효과의 변화에 초점을 둔 반응 중심적 정서조절 전략에 대해 다룬다.

이 장을 통하여 여러분은 어떻게 정서조절을 할 수 있을 것인가에 대한 정서조절 전략들을 살펴보고 그 효과성들에 대해 배운다.

1. 정서조절의 전통

현대 심리학에서 정서조절은 1980년대 초 발달심리학 문헌에서 처음으로 그 개념이 등장한(Campos, Barrett, Lamb, Goldsmith, & Stenberg, 1983; Gaensbauer, 1982) 이후 심리학의 주요한 연구 영역으로 대두되었다(Gross, 1999a; Marae & Gross, 2020). 그러나 정서를 바꿀 수 있다는 생각은 인류의 역사와 함께 했다고 할 수 있다. 소크라테스를 비롯한 많은 철학자들은 정서조절에 대해 고민했고 서양철학의 핵심 주제 중 하나로 삼았다(Solomon, 1976). 이와 같은 정서조절에 대한 관심으로 인해 두 가지 분야에서 현대 정서조절 연구의 선구자적 역할을 할 수 있는 이론이 개발되었다. 이 두 가지 분야가 정신분석 이론과 스트레스 대처 이론이다. 1990년대에 들어서서 정서조절은 뚜렷한 연구주제로 대두되었다(Marae & Gross, 2020)

1) 정신분석

정신분석 이론은 지그문트 프로이트에 의해 창시되었다. 이 장에서는 현대 정서조절 연구의 전구체라고 할 수 있는 정신분석 이론에 대해 살펴본다. 정신분석적 접근은 인간의 생물학적 기반의 충동, 즉 성적 충동과 억압 요인 사이의 갈등을 강조한다. 프로이트(그림 8-1 참조)는 성적 충동이 거부될 때 불안이 초래된다고 믿었으며(Freud, 1976), 부정정서에 대한 포괄적인 용어로 '불안'이라는 단어를 사용했다(Erdelyi, 1993).

프로이트는 성격구조 모형의 개발과 함께 새로운 불안 개념을 도입했다(Freud, 1959). 프로이트는 인간의 성격은 **원초아**(id), **자아**(ego), **초자아**(superego)로 구성된다고 보았다.

그림 8-1 지그문트 프로이트

원초아는 인간 성격의 생물학적 구성요소로 기본적인 충동인 성적 충동과 공격성과 관련되며 성격의 가장 원시적이며 본능적인 요소의 집합소이다. 원초아는 '**쾌락의 원리**(pleasure principle)'에 따라 즉각적이고 비논리적이며, 충동적으로 작동하며 이러한 과정은 무의식적으로 이루어진다.

자아는 '**현실의 원리**(reality principle)'에 따라 외부 세계와 접촉하며 현실을 인지하고 조정한다. 자아는 원초아의 비합리적이고 원시적인 생물학적 충동을 고려하면서 현실의 요구에 맞춰 쾌락을 조정하는 마음의 요소로서, 합리적이고 이성적인 삶을 향하도록 한다. 아울러 자아는 초자아의 도덕성과 사회적 기준을 고려하여 합리적으로 규범적인 행동을 수행하도록 한다.

초자아는 사회의 도덕적 기준과 선과 악을 판단하는 양심에 따라 작동하게 하는 성격의 사회적 구성요소이다. 초자아는 '**도덕의 원리**(morality principle)'에 의해 지배받는다. 초자아는 성장 과정에서 부모의 통제를 자기 통제로 내면화하여 전통적인 가치관과 사회적 기준으로 자리 잡는다.

프로이트는 원초아, 자아, 초자아를 구성요소로 한 성격구조와 더불어 세 가지 불안을 제안하였다. 그가 생각한 불안은 **현실적 불안**(reality anxiety), **신경증적 불안**(neurotic anxiety), **도덕적 불안**(moral anxiety)이다. 현실적 불안은 자아에 의해 생산되고 경험되는데 자아가 현실을 지각하고 두려움을 느끼는 불안이다. 신경증적 불안은 자아와 원초아 간의 갈등에서 비롯되는데, 원초아의 충동에 의해 강요된 행동이 처벌받지 않을까 하는 무의식적 두려움에서 야기되는 불안이다. 도덕적 불안은 원초아와 초자아 간의 갈등으로 인해 발생하며 자신의 양심에 대한 불안이다. 이와 같이 내적 갈등으로부터 야기되는 불안으로부터 자아를 보호하기 위해 개인은 불안을 조절하기 위한 다양한 전략을 사용하는데, 이를 **자아방어기제**(ego defense mechanism)라 한다. 정신분석 이론에서 자주 제시되는 방어기제에는 다음과 같은 것들이 있다.

억압(repression)　프로이트의 정신분석 이론에서 가장 일차적이고 핵심적인 방어기제이다. 의식하기에는 너무 불쾌하거나 충격적이고 용납하기 어려운 생각이나 욕망, 충

그림 8-2   억압 : 과거의 경험이나 기억을 무의식 속에 눌러 놓음

동 등을 무의식 속에 억눌러버리는 것과 같은 자동적인 과정을 말한다. 예를 들면, 어린 시절의 성폭행 경험이나 다른 사람에게 행한 폭행과 같이 수치스럽거나 죄의식을 일으키는 사건은 의식하지 못하게 한다(그림 8-2 참조).

부인(denial)　고통스럽거나 불쾌한 경험을 부정하고 실제로 인정하지 않음으로써 불안으로부터 자신을 방어하는 것을 말한다. 예를 들면 가까운 친구의 죽음을 인정하지 못하거나 불치병을 진단받고 의사의 오진이라 생각하는 경우다.

투사(projection)　자신이 받아들일 수 없는 욕구, 충동, 느낌 등을 다른 사람의 탓으로 돌려 자신을 불안으로부터 보호하려는 방법이다. 예를 들면 실제로는 자신이 친구를 싫어하는데 친구가 자신을 싫어한다고 비난한다.

퇴행(regression)　힘들고 고통스러운 상황에 처했을 때 이전의 발달단계로 되돌아가는 것을 말한다. 예컨대 대소변 훈련이 끝난지 오래된 아이가 동생이 태어나자 대소변을 못 가리게 되는 경우다.

환상(fantasy)　달성하기 어려운 욕구 충족을 위해 행복하고 즐거운 생각, 비현실적인 목표 달성과 같은 공상에 빠지는 것을 말한다. 좋아하는 배우와 데이트를 하는 공상에 잠기는 것과 같은 경우다.

전치(displacement) 어떤 사람이나 대상에게서 느낀 불쾌한 정서를 그 사람이나 대상에게 표현하지 못하고 다른 대안적인 표적 대상에게 표현하는 것을 말한다. 예컨대, 학교에서 친구에게 화가 났는데 집에 와서 동생에게 화풀이한다.

주지화(intellectualization) 불쾌한 생각이나 정서를 억제하고 그 대신 추상적이고 이성적인 사고를 사용하는 것에 초점을 맞춘다. 예컨대 트라우마가 될 만한 교통사고를 겪은 사람이 불안이나 공포와 같은 정서를 표현하기보다 사고를 냉철하게, 논리적으로 분석하고 사고에 대해 아무런 감정을 느끼지 않는 것처럼 행동하는 것이다.

반동형성(reaction formation) 실제로 느끼는 두려움이나 불쾌감과 같은 부정적인 정서가 겉으로 드러나지 않도록 반대되는 행동을 하는 것이다. 예를 들면 자신이 싫어하는 상대에게 아주 좋아하는 것처럼 우호적으로 대한다. 우리나라 속담인 '미운 놈 떡 하나 더 준다'는 말을 떠올려 보라.

억제(suppression) 의식적으로 불쾌한 상황을 생각지 않거나 잊으려고 하는 것을 말한다. 예를 들면 헤어진 연인과의 추억을 떠올리지 않으려고 노력하는 경우다.

승화(sublimation) 불온한 성적인 또는 공격적인 충동을 사회적으로 인정되고 허용되는 방식으로 표현하는 것이다. 예를 들면 성적 충동을 해소하기 위해 운동을 하거나 명상을 하는 경우다.

프로이트의 방어기제는 원초아와 초자아 사이의 갈등을 해소하고 불온한 욕구나 충동을 의식으로부터 숨기는 데 도움이 되는 심리적 조절 전략을 의미한다(Kalat & Shiota, 2012). 그러나 프로이트의 방어기제는 심리적 증상에 대한 프로이트의 해석에 기초하는데, 이러한 해석을 지지해 주는 확실한 증거를 제시하지 못하였고(Kalat & Shiota, 2012), 투사와 같은 일부 방어기제에 대한 과학적 근거를 찾지 못했다는 문제를 안고 있다(Holems, 1990). 더 큰 문제는 인간의 정서적 상황에 대처하는 전반적인 방식들을 분명하게 설명하지 못한다는 점이다(Kalat & Shiota, 2012).

현대의 정서조절 연구는 무의식적이고 정신병리학적 측면뿐만 아니라 건강한 기능까지 전체 범위를 다루고 있으며 부정적인 정서 경험의 감소뿐만 아니라 긍정적인 정서 경험을 증가시키는 것도 다루고 있다.

2) 스트레스와 대처

현대 정서조절 연구의 두 번째 중요한 전구체 역할은 스트레스와 대처 이론이다. 스트레스 연구에 최초로 기여한 사람은 '**싸우기 혹은 도망가기 반응**(fight-or-flight response)[1] 개념을 연구한 월터 캐논(1932)이다. 이후 한스 셀리에(1956, 1976)는 스트레스에 대한 과학적 연구를 수행하였다. 셀리에는 처음에는 외부 환경으로부터의 자극을 스트레스로 간주하였다. 1950년대 들어 유기체의 자극에 대한 반응과 환경조건을 구분하여 반응을 의미하는 것으로 **스트레스**(stress)를 사용하고, 자극에 대해서는 **스트레스원**(stressor)이라는 용어로 구분하여 사용하기 시작했다(Brannon & Feist, 2007). 셀리에는 유기체는 다양한 도전에 대해 스트레스 반응을 보이는데, 그 반응은 모두 유사한 것으로 생각하였다. 그리고 이를 물리학에서 자연적 또는 인공적 구조물에 대한 힘의 작용이 스트레스로 인해 구조물의 변형을 초래하는 것과 같은 원리로 보았다. 이러

그림 8-3 스트레스 : 시간 압박 속에서 과업수행

---

1) 사람이 스트레스를 지각하면 교감신경계가 활성화되고 신체의 자원들을 동원한다. 교감신경계는 스트레스 또는 위협의 대상 또는 환경과 싸우거나 도망칠 수 있도록 준비한다는 이론이다.

한 개념을 유기체에 적용하여 유해한 상황으로부터 자신을 방어하려는 시도를 일반화한 **일반적응 증후군**(General adaptation syndrome, GAS) 이론을 개발하였다. 일반적응 증후군 이론에 따르면 유기체는 스트레스원의 짧은 지속 시간(경고 단계), 중간 지속 시간(저항 단계), 긴 지속 시간(소진 단계)에 따라 변한다(Gross, 1999a). 셀리에는 스트레스와 신체적·생리적 반응을 설명하는 데 공헌하였으나, 스트레스의 정서적 요소와 스트레스 사건에 대한 해석과 같은 심리적 요인을 고려하지 못하였다.

스트레스의 심리적 요인에 대한 고려는 스트레스 사건 자체보다는 스트레스 상황을 개인이 어떻게 평가하고 해석하는지에 대한 인지과정에 중점을 두는 것이다(Lazarus, 1966). 라자러스와 포크만(1984)은 심리적 스트레스를 '개인의 안녕감(well-being)과 관련이 있다고 평가하며, 개인의 자원에 부담을 지우거나 초과하는 개인과 환경과의 관계'로 정의하였다. 개인이 상황을 평가할 때는 상황을 개인의 안녕과 관련 지어 의미를 부여하는데, 자신에게 무관하거나 긍정적인 것으로 해석할 수 있으며 또는 스트레스 사건으로 평가할 수 있다. 스트레스 상황은 해롭거나, 위협적이거나, 도전적인 것으로 해석한 것이다. 해로움은 이미 행해진 피해와 관련된 스트레스의 형태이며, 위협은 미래에 일어날 위해와 관련된다. 마지막으로 도전은 긍정적인 반응과 관련된 스트레스 형태이다(Lazarus, 1966).

이와 같은 평가를 일차평가(primary appraisal)라 하며, 일차평가 후 개인이 상황에 대응할 수 있는 능력, 즉 상황을 통제하거나 대처할 수 있는 자신의 능력을 평가하는데 이러한 평가를 이차평가(secondary appraisal)라 한다. 다음에 스트레스를 통제할 수 있는 정보를 이용하여 재평가(reappraisal)를 한다. 재평가는 일차평가와 이차평가 결과 재검토하여 수정하는 것을 말하며, 새로운 정보를 얻으면 평가가 바뀔 수 있다.

사람들은 개인의 자원에 부담을 지우거나 초과하는 것으로 평가되는 상황의 요구에 대응하고자 지속적으로 다양한 시도를 하는데 이를 대처(coping)라 한다(Lazarus & Folkman, 1984).

스트레스에 대처하는 양식은 상황에 따라 다양하다. 스트레스가 계속되어 쌓이게 되면 어떤 사람들은 다른 사람에게 짜증을 내며 비난하고, 또 어떤 사람들은 과식, 흡연,

TV 보기, 쇼핑하기, 게임하기, 알코올이나 약물 사용으로 버티기도 한다. 라자러스와 포크만(1984)은 스트레스 대처 전략으로 **문제중심 대처**(problem-focused copying)와 **정서중심 대처**(emotion-focused copying)를 제시하였다. 문제중심 대처는 스트레스를 발생시킨 상황을 직접 다루는 것이다. 가령 학교 수업에 자주 늦는 학생은 학교 근처로 이사를 하거나 빠른 교통편으로 대체해서 통학 시간을 단축할 수 있다. 이러한 방법으로 상황에 대한 스트레스 반응을 줄일 수 있다. 정서중심 대처는 스트레스를 유발하는 상황을 통제하는 대신 스트레스를 유발하는 상황에 대해 어떻게 느끼는지를 바꾸는 것이다. 이는 **인지적 재평가**(cognitive reappraisal)라고도 하는데, 남자 친구가 요즘 전화도 잘 받지 않고 카톡 반응도 이전 같지 않아 상심한 경우 남자 친구가 요즘 기말시험과 과제 때문에 바빠 연락을 자주 못할 것이라 평가함으로써 남자 친구에 대한 섭섭한 감정을 없앨 수 있다.

<hr>

2. 정서조절

1) 정서조절 과정 모형

제임스 그로스(1998b, 2001)에 따르면 정서조절은 개인이 어떤 정서를 가지는지, 언제 그러한 정서를 가지는지, 어떻게 그러한 정서를 경험하고 표현하는지에 영향을 미치는 과정으로 느낌, 행동, 생리 반응을 감소시키거나 증가시키거나 또는 유지시키기 위해 사용하는 모든 의식적·무의식적인 전략을 포함한다고 하였다. 그는 정서가 생성되는 과정과 각 과정에 조절전략이 대응하는 **정서조절 과정 모형**(process model of the emotion regulation)을 제시하였다. 〈그림 8-4〉에서 보듯이, 정서조절 전략은 크게 **선행중심**(antecedent-focused) **정서조절 전략**과 **반응중심**(response-focused) **정서조절 전략**으로 구분한다. 선행중심 전략은 우리의 행동이나 생리적 반응이 활성화되거나 변화되기 전에 조절을 하는 것이고, 반응중심 전략은 일단 정서 반응을 경험한 후에 조절하는 것을 말한다.

　이러한 전략은 구체적이고 세부적인 다섯 가지 전략으로 나누어진다. 정서조절 과정 모형을 통해 정서가 어느 위치에 있는지에 따라 다른 조절전략이 선택되고 결과가 달라질 수 있음을 이해할 수 있다. 정서조절 전략을 **상황중심적 전략**(situation-focused strategies), **인지중심적 전략**(cognition-focused strategies), **반응중심적 전략**(response-focused strategies)으로 구분하여 살펴본다.

2) 상황중심적 전략

상황중심적 전략은 〈그림 8-4〉의 **상황선택**(situation selection)과 **상황수정**(situation modification) 두 과정을 포함한다. 상황선택은 〈그림 8-4〉에서 두 가지 상황(S1, S2) 중 S1(굵은 화살)을 선택한 것을 나타낸다. 상황선택은 두 가지 상황 중 어느 하나를 선택하는 것을 말한다. 상황수정은 일단 상황을 선택한 후 정서적 영향을 고려하여 상황을 변화시키는 조치를 취하는 것을 말한다〈그림 8-4〉에서는 S1x, S1y, S1z).

　먼저 상황선택을 세부적으로 살펴보도록 하자. 상황선택은 정서를 고려하여 어떤 사람, 장소, 사물에 접근하거나 피하는 것을 말한다. 예컨대 중간고사를 치른 후 친구와

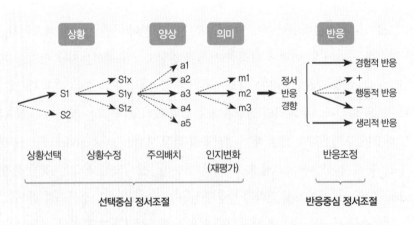

그림 8-4　정서조절 과정 모형은 정서 생성과정에 대한 정서조절 전략의 관계를 나타낸다.

출처 : Gross(1998b, 2001)

만나 기분 전환을 하려고 할 때, 이전에 다투었던 친구보다 함께 했을 때 많이 웃었던 친구와 약속을 한다. 이전에 힘들게 올랐던 경험이 있는 산은 다시 찾지 않으며, 많은 사람과 어울리는 것이 불편하여 특정 모임에 나가지 않는다. 불쾌한 정서가 일어날 수 있는 상황을 피함으로써 자신을 방어할 수 있다.

상황선택이 정서조절을 위한 최상의 선택이 아닐 수 있다. 다음 주에 있을 시험 준비로 인한 스트레스를 해소하기 위해 영화를 보고 마음이 한결 편안해질 수도 있을 것이다. 그러나 공부에 시간을 더 쏟아붓는 것이 불안을 줄이는 데 더 도움이 될 수 있다. 사회적 상황을 피함으로써 불안을 줄이려는 수줍은 사람의 노력은 단기적으로 안도감을 줄 수 있으나 장기적으로 사회적 고립을 초래한다(Leary, 1986).

상황선택의 결과 정서조절이 단기적으로 유익하나 장기적으로는 오히려 나쁜 결과를 가져올 때 어떤 상황을 선택하고 어떤 상황은 피해야 할지 선택은 쉽지 않다. 극단적인 상황선택으로 기회를 잃을 수도 있고 다른 사람과의 관계에 손상을 가져올 수도 있으며 건강한 삶을 유지하기 어려울 수 있다. 물론 상황선택이 모두 나쁜 결과를 가져온다는 것은 아니다. 폭력을 행사하리라 예상되는 사람이 멀리 나타나면 미리 피한다든지 날씨가 더우면 선풍기나 에어컨을 켜서 더위를 피하는 경우 등은 불쾌한 정서를 유발할 수 있는 상황을 피하는 바람직한 선택이다. 그러나 많은 경우 상황선택을 할 때는 신중하게 생각해야 한다.

상황수정은 일단 상황이 선택되면 정서적 영향을 고려하여 상황을 조정하는 것이다(〈그림 8-4〉에서 S1x, S1y, S1z). 상황을 수정하는 것은 자신이 처한 외적 · 물리적 환경을 바꾼다는 것을 의미한다. 정서적 영향을 변화시키기 위해 상황을 직접 수정하려는 적극적 시도는 앞에서 언급한 문제중심적 대처와 관련이 있다(Lazarus & Folkman, 1984). 상황수정 또는 문제중심 대처는 여러분이 직접적인 행동을 통해 스스로 상황을 수정할 수 있을 때 유리하다. 그러나 어쩔 수 없이 받아들여야 하는 상황에서는 다른 전략이 유리할 것이다.

어떤 불쾌한 스트레스 상황을 피할 수 없다 할지라도 어느 정도 그 상황을 통제할 수 있다고 생각하거나 예측할 수 있다면 스트레스를 덜 받는다. 통제감은 스트레스에 대한 주관적 경험을 완화시키며 생리적 반응에도 영향을 미친다(Thompson, 1981; Brosschot et al., 1998).

취업 면접시험을 볼 때(그림 8-5), 면접관들 앞에 한 번에 여러 명이 동시에 면접을 본다고 가정해 보자. 지원자들이 일련의 번호를 수험표와 함께 가슴에 붙이고 면접관들 앞에서 면접관의 질문에 답하는 상황이다. 처음 질문하는 면접관은 지원자들에게 무작위로 질문을 한다. 여러분은 언제 자신의 번호가 불릴까, 어떤 질문에 어떻게 답해야 할까 하고 긴장하고 불안해할 것이다. 한편 다른 면접 장소에서는 면접관들이 지원자들의 일련번호 순으로 질문을 한다고 가정한다면, 여러분은 자신의 번호가 언제 불릴지 예측할 수 있고 자신의 차례가 돌아올 때까지 어느 정도 마음의 준비를 하며 불안을 줄일 수 있다. 이와 같이 상황을 조정하고 예측할 수 있다면 스트레스를 덜 느끼게 된다.

갑자기 늦은 밤에 직접 차를 운전해서 어떤 사람을 방문해야 했을 때, 초행길이라 찾아가는 길을 몰라 당황할 수 있다. 그러나 자동차에 내비게이션 시스템이 장착되어 있다면 길을 찾지 못할까 봐 불안해하지 않을 것이다. 이와 같이 길을 쉽게 찾을 수 있다는 생각이 마음을 편안하게 해 준다. 즉, 상황을 자신이 통제할 수 있다는 생각만으로도 스트레스를 크게 줄일 수 있다.

그림 8-5 면접장면에서 상황수정이 가능하다.

상황을 통제할 수 있다는 지나친 믿음은 오히려 스트레스를 가중시킬 수 있다. 상황을 통제하고 대처하는 것은 구체적이고 현실적이어야 한다. 원하는 결과에 대해 환상적인 성공만을 그리는 것은 상황을 실질적으로 통제하고 정서를 조절하는 것과는 거리가 멀다. 마찬가지로 스트레스 상황을 지나치게 회피하거나 접근하지 않으려고 하는 것도 경계해야 한다.

3) 인지중심적 전략

우리는 종종 사건이 이미 발생하였고 또 그것을 수정할 수 없는 불쾌한 상황에 놓이게 된다. 지난 학기 시험성적이 기대보다 훨씬 낮게 나왔다. 또는 아버지가 회사에서 실직을 당했다. 이 모두 상황이 종료되어 상황 통제가 불가능하다.

그러한 경우 우리는 다른 전략을 선택하여 정서를 조절할 수 있다. 넓은 범위에서 불쾌한 정서를 유발하는 상황에서 주의를 다른 곳으로 돌리는 것과 정서를 유발하는 사건 자체에 대한 평가를 통해 다른 의미를 부여하는 방법을 택할 수 있다(〈그림 8-4〉의 a1, a2, a3, a4, a5,와 m1, m2, m3).

(1) 주의집중 통제

주의집중 통제는 주의 배치를 하는 방법에 따라 분산(distraction), 집중(concentration), 반추(rumination)로 나누어 생각할 수 있다. 분산은 상황의 정서와 무관한, 즉 비정서적인 측면에 주의를 집중하거나 눈앞의 상황으로부터 주의가 멀어지게 관심을 이동시키는 것을 말한다(Nix, Watson, Pyszczynski, & Greenberg, 1995; Derryberry & Rothbart, 1988).

여러분이 가입한 사회봉사 동아리에서 여름방학 때 농촌지역에 2박 3일 동안 봉사활동을 하러 갔다고 가정해 보자. 첫날 숙소에 도착하여 짐을 풀고 둘러 앉아 봉사활동을 시작하기 전에 세부 일정과 할 일에 대해 이야기를 나누고 있다. 그러다 한 친구가 천정과 벽 사이에 붙어 있는 커다란 바퀴벌레를 발견하였다. 본래 섬세하고 예민한 성격인 그 친구는 평소에 바퀴벌레에 대해 두려움을 가지고 있었다. 자꾸 불안해졌다. 그렇다고 ① (상황선택) 혼자서 봉사활동을 그만 두고 떠날 수도 없었으며, ② (상황수정) 이미 정해져서 한창 이야기하고 있는 중에 장소를 다른 데로 옮기자고 할 수도 없었다. ③ 이때 가장 쉽게 할 수 있는 것은 주의를 다른 데로 돌리는 것, 즉 주의분산이다. 바퀴벌레로부터 시선을 돌려 바퀴벌레를 생각하지 않고 친구들이 하는 이야기에 집중하는 것이다. 불쾌한 정서를 유발하는 바퀴벌레에서 친구들의 이야기(중성적 자극)로 주의를 이동하는 것이다. 주의분산은 잠재적으로 위협적인 자극으로부터 주의를 빠르게 돌려 자신을 보호할 수 있다.

주의집중은 일을 할 때나 예술 활동, 암벽 타기, 정원 가꾸기와 같은 활동에 주의를 빼앗기는 것을 말한다. 자신이 좋아하는 과제나 행위에 열중하면서 칙센트미하이 (1975)가 몰입(flow)[2]이라고 한 상태를 만들 수도 있다.

반추는 인지중심적 정서조절 전략의 하나로 생각할 수 있다. 놀렌-획스마 등은 반추란 자신의 문제, 걱정거리, 우울한 기분에 대해 지속적이고 반복적으로 생각하는 것으로 문제해결에 도움을 주는 생각을 하는 대신에 그 문제와 관련된 부정적인 의미와 결과에 초점을 두고 반복하는 심리적 과정이라고 했다. 반추는 우울증상으로 이어질 수 있으며(Just & Alloy, Nolen-Hoeksema, 1993), 미래의 위협과 관련한 지속적인 걱정에 집중하는 것이 불안을 유발하기도 한다(Borkobec, Roemer, & Kinyon, 1995).

주의를 통제하는 것은 많은 심리적 자원을 필요로 하며, 장시간 주의 통제를 하는 경우 피로해지고 주의집중을 할 수 없게 된다(Engle, Conway, Tuholski, & Shisler, 1995). 사고 억제를 위해 많은 노력과 에너지를 소모하는 만큼 효과적으로 통제가 가능할까? 이에 대해 다니얼 웨그너와 동료들(1987)은 실험실에서 다음과 같은 실험을 실시하였다. 연구 참여자들(학생 34명)을 두 그룹(각각 17명)으로 나누고, 5분간 각자 머리에 떠오르는 생각들을 자유롭게 이야기하며 이를 녹음하도록 했다.

다음 5분 동안 첫 번째 그룹에는 기존에 하던 대로 하되 북극곰을 생각하지 말도록

---

2) 칙센트미하이(1975)에 따르면 몰입은 어떤 특정 행위에 깊게 주의가 집중되어 모든 잡념, 방해물들이 차단되고 시간의 흐름이나 주변, 또는 자신에 대해서도 잊어버리는 심리상태라 했다.

그림 8-6 조용히 눈을 감고 북극곰에 대해 생각하지 않으려고 해 보라.

했다. 혹시 북극곰이 생각나면 각자 앞에 놓인 종을 울리도록 했다. 두 번째 그룹은 기존에 하던 대로 하고 북극곰을 생각해도 좋다고 하였다. 북극곰이 생각나면 역시 종을 울리도록 했다(그림 8-6).

이 과정을 마친 후 각 그룹별로 역할을 바꾸어 같은 내용으로 실험을 진행하였다. 결과는 흰곰을 생각하지 말도록 요구받은 그룹이 그렇지 않은 그룹보다 흰곰을 더 많이 생각하는 것으로 나타났다. 이를 **사고억제의 역설효과**(paradoxical effects of thought suppression)라 하며, 사고를 억제하면 더 자주 그 사고가 의식에 떠오르는 경향으로 사고 통제가 실제로 어렵다는 것을 보여주고 있다.

(2) 인지적 변화

동아리 친구들과 숙소에서 봉사활동에 앞서 전체 계획과 일정에 대해 이야기를 나누다 바퀴벌레를 발견한 가상 이야기로 돌아가 보자. 처음 바퀴벌레가 발견된 곳에서 시선을 돌려 친구들과 이야기에 집중하려고 노력해 본다. 처음에는 그런대로 잘될 것이다. 시간이 지나면서 자꾸 바퀴벌레가 있는 데로 주의가 옮아간다. 어릴 때 경험한 바퀴벌레에 대한 공포스러운 생각이 겹칠 수도 있다. 그런데 다른 친구들은 바퀴벌레를 본 것인지 보고도 아무렇지도 않은지 삼삼오오 모여앉아 협력할 수 있는 일들에 대해서 서로 의논하기도 하고 농담도 주고받으며 모처럼 공부에서 멀어진 상황을 즐기고 있는 것 같았다. 이때 한 친구에게 바퀴벌레에 대해 이야기하니 그 친구는 '나중에 죽이지,

뭐!'라고 하며 대수롭지 않게 반응한다. 그런 말을 듣고는 갑자기 지금까지 두려움의 대상이 불쌍하게 느껴진다. 그리고 어린 시절을 되돌아보니 바퀴벌레로부터 해를 당한 적이 없고, 그냥 끔찍했다는 기억이 전부인 것 같다. 불쾌하고 혐오스러웠던 바퀴벌레가 나약하고 불쌍하게 생각된다. 이러한 과정을 **인지적 재평가**(cognitive reappraisal)라 한다. 상황이나 사건 자체는 바뀌지 않았으나 사건이나 상황에 대한 주관적인 평가와 해석이 변함으로써 개인에 미치는 정서적 영향을 바꾸는 것이다.

때때로 상황에 대한 평가 차원을 넘어 자신의 사고 내용과 방식을 바꿀 필요가 있는 경우도 있다. 이런 과정을 **인지적 재구성**(cognitive restructuring)이라 한다. 이는 불안이나 우울과 같은 심리적 고통을 경험하는 사람들의 치료를 위해 자주 사용되는 방법이다. 우리의 마음속에 자리 잡고 있는 자신과 다른 사람과 세상을 바라보는 틀, 즉 인지 구조는 생애의 경험을 통해 누적되어 형성되는 일정한 사고의 패턴을 말한다. 이 인지 구조는 개인의 가치관, 세계관 그리고 대인관계 기술에 반영되고 정서, 사고, 행동에 크게 영향을 미친다. 불안이나 우울을 호소하는 사람들은 사건이나 상황을 왜곡해서 그 의미를 해석하는 경향이 많다. 예를 들면, 중간시험에서 낮은 점수를 받았을 때 '나는 능력이 없어. 이번 학기는 낙제할지 몰라', 자신의 계획대로 과제를 성공적으로 완수하였을 때, '단지 운이 좋았을 뿐이야, 내가 유능해서가 아니라 주변 상황 덕에 잘된 거야', 어떤 사람과 이야기하다 상대방의 반응이 마음에 들지 않으면, '저 사람은 정말 까다로운 사람이야. 가까이 하기 힘들어'라고 생각할 수 있다.

상황을 지나치게 왜곡하여 해석하게 되면 **인지적 오류**(cognitive error)를 범하게 되고, 이는 우울이나 불안과 같은 심리적 고통의 원인이 될 수 있다. 인지적 오류를 건강하고 건설적인 사고로 바꾸는 것이 인지를 재구조화하는 과정이다.

스트레스 상황에서 **웰빙인지**(well-being cognition) 기법을 활용하는 것 또한 부정적인 정서를 감소시키는 데 효과적이다. 웰빙인지란 활성화되었을 때 스트레스 정서를 줄이거나 긍정적인 정서를 일으키는 생각(인지)이다(김정호, 2015). 웰빙인지는 좋은 기분을 낳는 문장이나 구절로 표현될 수 있다. '그럴 수도 있다', '별일 아니다'와 같은 것인데, 눈으로 보거나 귀로 듣거나 또는 머리로 떠올릴 때 불쾌감이 줄어들거나 없어지기도 한다.

평소에 사용할 수 있는 웰빙인지 문장의 예를 들면 다음과 같다(김정호, 2015).

- 이 또한 지나가리라.
- 비 온 뒤에 땅이 굳어진다.
- 넌 정말 소중한 존재야.
- 두드려라, 열릴 때까지.
- 모든 일은 마음먹기 나름이다.
- 뜻이 있는 곳에 길이 있다.
- 오늘은 멋진 하루가 될 것이다.
- 이렇게 산다는 건 정말 감사한 일이야.

그 밖에도 상황에 따라 여러분이 긍정적인 정서를 이끌 수 있는 문구들을 찾아 사용할 수 있을 것이다. 웰빙인지 내용이 한 장의 그림이나 사진으로도 표현될 수 있다.

웰빙인지 기법은 인지의 변화를 통해 경험의 변화를 가져오는 방법이기 때문에 인지 재구조화 방법과 통한다. 다른 점은 인지 재구조화는 왜곡되고 부정적인 사고를 바꾸는데 비해 웰빙인지는 평소에 웰빙을 구성하는 기법으로 긍정적인 생각을 반복적으로 연습하는 특징을 갖는다. 웰빙인지를 지속적으로 반복함으로써 우리의 정보처리방식에 변화를 가져오게 된다. 우리의 정보처리 방식은 부정편향성과 관련이 있다. 부정편향성은 인간이 태고적부터 위협적인 환경에서 살아남기 위한 진화의 산물이다. 우리는 늘 위협에 예민하고 그것에 대처하며 살아남기 위해 노력한 조상의 후예들이다. 그래서 부정적인 자극에 더 민감하고 고통에 더 주의를 보내고 미래를 걱정하는 경향성을 갖는다. 이와 같은 인간 정신의 부정적인 측면은 살아남기 위해 발달된 것이나 현대의 정신건강이 추구하는 '심리적 고통에서 벗어나 행복하게 사는 것'에 방해가 된다. 긍정심리학은 행복하고 의미 있고 만족스러운 삶에 대한 방법을 제시하는 분야로, 웰빙인지는 긍정심리 증진을 위한 개입방법 중 하나로 볼 수 있다(김봉구, 2020). 웰빙인지는 부정편향성을 긍정편향성으로 바늘을 돌리는 데 도움이 된다.

용서도 인지적 재평가의 유형이다. 용서의 과정은 과거의 상처 경험에 대한 해석을 새롭게 하는 인지 재구조화이며 잘못을 저질러 상처를 준 사람과 상황에 대한 분노와 원한으로 인한 고통에서 벗어나 편안한 상태로 변화시키는 것이다(Walker & Gorsuch, 2004). 용서는 분노, 원한과 같은 부정적인 정서를 방출하여 자신을 심리적 고통에서 벗어나게 해 준다. 다른 사람을 증오하는 것은 많은 에너지가 소모된다. 다른 사람을 미워하거나 증오하고 난 후에 자신의 신체 상태를 점검 해보라. 얼굴이나 온몸에 열이 나거나 심장 박동수가 올라가거나 혈압이 상승하는 것을 발견할 수 있을 것이다. 상대는 아무렇지도 않을 수 있다. 용서는 자신을 위한 것이다. 용서의 대상은 자기 자신도 포함된다. 자신에게 지나치게 엄격하거나, 자신은 부족하고 무능하다는 부정적인 생각을 하고 살아온 자신이 그렇게 취급받고 살아온 또 다른 자신에게 용서를 구하는 것이다.

4) 반응중심적 전략

정서조절 전략을 써서 상황의 선택이나 수정과 같은 시도나 불쾌한 정서를 불러일으키는 사건을 재평가하는 노력에도 불구하고 부정적인 정서나 기분이 없어지지 않을 때 여러분은 어떻게 할 것인가? 우리는 사랑하는 사람의 상실이나 다니던 직장에서 실직을 당할 수도 있다. 〈그림 8-4〉에서 이미 발생한 정서에 대한 경험적·행동적·생리학적 반응에 영향을 미치려는 전략으로서 반응조정이 제시되었다.

근육긴장(muscle tension)이나 **교감신경 항진**(sympathetic hyperreactivity)과 같은 반응을 조절하기 위해서 약물을 사용하며, 불안과 같은 부정적 정서의 생리적·경험적 양상을 감소시키기 위해 운동이나 이완요법을 사용할 수 있다(Thayer et al., 1994; Suinn & Richardson, 1971; Wope, 1958). 다음에 설명하는 제이콥슨(1938)의 점진적 이완법(progressive relaxation therapy)이 다양한 현장에서 사용된다. 알코올, 담배, 코카인 등도 정서 경험을 수정하기 위해 이용될 수 있다(Hull & Bond, 1986; Brandon, 1994; Khantzaian, 1985). 가장 흔한 정서반응 조절 전략으로 **정서표현 행동**(emotion-expressive behavior)의 조절을 들 수 있다(Gross, Feldman Barrett, & Richards, 1998).

(1) 점진적 이완법

점진적 이완법은 스트레스를 경험하게 되면 대부분 생리적 또는 신체적 긴장이 동반하고, 신체·생리적 긴장이 발생하면 심리적 긴장도 발생한다는 점, 신체적 긴장이 사라지면 심리적 긴장도 사라진다는 이론을 바탕으로 개발되었다. 절차로는 신체 각 부분의 근육을 의식적으로 천천히 힘을 주어 긴장을 시켰다 이완을 하는 방식으로 신체 각부위의 근육(머리, 목, 팔, 손, 가슴, 허리, 다리 등)을 순차적으로 돌아가면서 진행한다. 근육이 이완되면 호흡과 맥박도 줄어들고 심리적으로도 안정감을 느낀다.

(2) 운동하기

신체 활동은 가장 효과적인 반응중심적 전략 중 하나로 여겨지고 있다(그림 8-7).

운동은 우울증 치료에 효과적이며(Herman et al., 2002), 불안을 예방하는 데도 도움이 된다. 일회적인 운동이 아니라 꾸준히 지속적이고 규칙적으로, 또한 과도하지 않고 적당한 강도의 운동이 효과적이다(Salmon, 2001).

운동이 스트레스 관리에 특히 효과적이라는 연구는 여러 연구를 통해 입증되었다. 운동을 하는 청소년이 운동을 하지 않는 청소년에 비해 스트레스에 더 잘 대처하며, 스트레스의 악영향을 해소하는 데 유용하다(Brown & Siegal, 1988; Castro, Wilcox,

그림 8-7 운동은 신체적 건강 증진과 정서조절에도 효과적인 방법이다.

O'Sullivan, Bauman, & King, 2002).

운동을 꾸준히 하게 되면 자기효능감이 향상되고(McAuley, Jerome, Marquez, Elavsky, & Blissmer, 2003), 운동을 하는 동안 신경전달물질인 엔도르핀이 활성화되며 (Thoren, Floras, Hoffaman, & Seals, 1990), 근육의 긴장을 완화시켜 불안과 스트레스를 줄여 기분을 좋게 한다.

(3) 정서표현하기

우리는 정서를 표현할 때 언어적 수단 혹은 몸짓이나 얼굴 표정과 같은 비언어적 수단으로 표현한다. 언어적 표현은 내적 정서 상태의 다양성과 정서의 경험을 정확하고 명료하게 전달하는 수단이다(Averill, 1980). 적절한 정서적 소통은 심리적 만족감, 정서적 안정감, 대인관계 상호작용에 도움이 된다. 그러나 필요 이상의 정서표현은 상황을 오히려 그르치게 할 수 있다. 서로에 대해 쌓여 있던 분노와 원한을 모두 풀어버린 부부는 화해가 이루어지지 않으며 이혼으로 갈 가능성이 더 크다(Fincham, 2003). 수업시간에 발표 후 친구들 앞에서 교수님의 비난을 듣고 분노를 터뜨리며 욕을 했다면 어떻게 되겠는가? 정서표현은 어떤 상황에서는 유용하지만 값비싼 대가가 뒤따르는 경우도 있다. 또한 부적절하게 강렬한 정서를 직접 표현하는 것은 오히려 더욱 강한 부정적 정서를 초래하고 심리적 문제로 이어질 수 있다(Kenny-Moore & Watson, 2001).

슬픔이나 답답함을 울음으로 표출하는 것은 대표적인 비언어적 정서표현이다. 마음속에 억압된 슬픔이나 불안, 긴장 등을 울음으로 응어리진 감정을 바깥으로 방출하여 심리적 안정을 되찾는다. 이는 심리적 정화작용으로 카타르시스와 일맥상통한다.

정서표현은 이 책의 다른 장들에서도 강조했듯이 문화적 영향에 민감하다. 정서표현을 개인의 내적가치 표현으로 간주하는 개인주의 문화에서는 분노나 자부심 등도 거리낌 없이 표현되나, 집단주의 문화에서는 동정심이나 공감과 같이 타인중심적 정서표현은 권장되지만 자부심이나 분노와 같이 자기중심적(self-oriented) 정서표현은 억제된다. 집단주의 문화에서의 정서표현은 개인주의 문화에 비해 암묵적이거나 우회적인 방식으로 표현되는 경향이 있다(Markus & Kitayama, 1991, Wierzbicka, 1994).

그림 그리기, 글쓰기, 작곡하기 등의 창작/예술활동은 창조적인 정서표현법이다. 제1장에서 짧게 설명했듯이 창작/예술활동 과정을 거치면서 정서가 정리되기도 하고 작품을 통해 정서를 표현하고 전달한다.

(4) 정서표현 억제

여러분이 수업시간에 발표를 했는데 담당 교수로부터 비난을 받았다고 상상해 보자. 화가 치밀어 오르기도 하고 동료 학생들에게 창피하기도 할 것이다. 이와 같은 상황에서 화를 참고 가급적 표정관리를 한다면, 정서표현을 억제하는 것이다. 정서표현 억제 (emotion suppression)는 의도적·의식적으로 행동적 표현을 조절하는 과정으로 프로이트의 방어기제인 억제와는 구별된다.

그러나 정서표현을 억제하는 것은 개인의 심리적 고통을 유발하고, 신체적으로 여러 부정적인 문제를 일으키며(Cisler, Olatunji, Feldner, & Forsyth, 2010), 신체화 증상, 불안, 우울, 강박증 등에도 취약하게 만든다(King & Emmons, 1990).

정서표현하기와 마찬가지로 정서표현 억제 역시 문화적 배경에 따라 차이가 있다. 집단적인 문화권인 아시아 나라들에서는 다른 사람들에게 상처를 주지 않고 관계를 유지하기 위해 많은 상황에서 정서표현을 억제한다(Wierzbicka, 1994).

한국에서는 분노와 같은 부정적인 정서를 표현하는 것은 다른 사람들과의 조화로운 관계에 위협이 된다고 여기며 대인관계에 방해가 된다고 여기는, 개인 특성을 억제하고 규제하는 태도가 정서표현에서 두드러진다(Kim, 1985). 특히 부정적인 정서표현을 억제해서 나타나는 대표적인 한국의 문화적 증후군으로 '화병'을 들 수 있는데, 화병은 일종의 분노 증후군으로 남편이나 시부모와의 갈등, 자녀에 대한 실망, 대인관계 갈등에서 유발되는 속상함, 분함, 억울함, 증오 등의 감정을 발산하지 못하고 장기간 억제함으로써 나타나는 증상이다(권석만, 2003). 화병은 우울증, 신체화장애, 불안장애의 증상이 혼합되어 나타나는 것으로 알려져 있다(DSM-IV-TR, 2000).[3]

------

3) DSM-5(2013 발행)에서는 '화병'이 제외되었다.

(5) 알코올, 약물

알코올은 인류 역사와 함께 해 왔고 널리 사용되고 있는 정서조절 물질이다. 알코올은 스트레스를 받을 때뿐만 아니라 행복할 때도 사용하며, 일시적으로 행복감을 높이고 부정적인 정서를 줄여 준다. 적당히 마시는 알코올은 긴장을 완화하고 다른 사람과의 관계 향상에도 도움이 된다. 알코올과 유사하게 스트레스 상황에서 벗어나기 위해서 또는 문제에서 도피하기 위한 수단으로 약물의 도움을 받으려는 사람들도 늘어나고 있다. 그러한 목적으로 섭취하는 알코올이나 약물은 중독성을 지니고 있는데, 지나치면 심각한 문제를 유발한다.

알코올 중독이나 다른 약물 중독은 가족에 대한 폭력행사나 사회적 부적응으로 본인뿐만 아니라 주변 사람들에게나 사회적으로 심각한 문제를 유발한다. 따라서 친구가 힘들어한다고 해서 정서조절을 위해 알코올이나 약물을 권하는 것은 바람직하지 않다.

(6) 마음챙김 명상

마음챙김 명상은 동양의 전통 마음수행 기법으로 1990년대 이후 심리학과 결합하여 심리적 고통을 해소하는 데 많은 긍정적인 효과를 낳았다. 마음챙김 명상이 널리 알려진 것은 존 카밧진(1990)이 **마음챙김 기반 스트레스 감소**(Mindfulness-Based Stress Reduction, MBSR) 프로그램을 개발하여 적용하면서부터다.

MBSR 프로그램은 처음에는 만성 질환자를 위해 개발되었으나 지금은 심리적으로 문제가 있는 사람은 물론 건강한 사람들의 마음수행을 위해 널리 사용되고 있다. 마음챙김은 편안한 상태에서 마음을 고요히 하고 욕구와 생각을 쉬게 하여, 자신의 특정 감각에 주의를 집중하고 있는 그대로 바라보는 것으로 시작할 수 있다.

마음챙김 훈련을 통해 얻을 수 있는 이득에 대해 중요한 몇 가지를 살펴본다. 첫째, 욕구와 생각을 멈추고 감각에 주의를 보내는 훈련을 반복함으로써 주의집중력이 증진될 수 있다. 둘째, 있는 그대로 바라보는 것은 대상이 좋다거나 싫다는 것과 같이 판단하지 않고 있는 그대로 관찰한다는 것이다. 심리적 문제의 대부분은 자신의 편견과 가치관으로 왜곡해서 평가하고 해석함으로써 발생한다. 비판단적으로 관찰함으로써 대

그림 8-8 잠시 눈을 감고 호흡을 할 때 코끝에서 느껴지는 감각에 주의를 집중해 보라.

상의 객관적인 본질을 이해할 수 있는 능력을 배양할 수 있다. 셋째, 수용이다. 꾸준히 있는 그대로 바라보는 훈련은 수용 능력을 향상시킬 수 있다. 수용은 자신의 것으로 받아들이고 인정하는 것과 구별해야 한다. 마음챙김에서의 수용은 제삼자의 객관적인 입장에서 어떤 기억이나 정서를 회피하지 않는 것을 의미한다.

지속적인 마음챙김 수행을 통해 자신의 마음에서 일어나는 현상들을 깨닫게 되고 지금까지 몰랐던 자신의 새로운 모습에 대해 이해할 수 있게 되며 심리적인 어려움을 스스로 해결할 수 있는 능력을 기를 수 있다.

요약

1. 정신분석 이론과 스트레스 대처 이론은 정서조절 이론의 전구체적인 역할을 한다. 정신분석 이론에서는 자아와 원초아, 초자아를 성격의 기본 구성요소로 보고 성격 요소 간의 갈등으로 야기되는 불안을 조절하기 위해 자기 방어기제를 설정하고 있다. 또 주관적으로 느끼는 스트레스는 스트레스를 유발하는 사건 자체보다 그 사건을 어떻게 평가하고 해석하느냐에 따라 스트레스 강도가 결정되며, 이에 대처하는 전략은 문제중심점 대처와 정서중심적 대처가 있다.

2. 정서조절 과정 모형은 정서가 생성되는 과정에 조절전략을 대응시킨 것이다. 과정 모형의 각 단계에 따라 상황과 인지, 반응을 기준으로 상황중심적 전략, 인지중심적 전략, 반응중심적 전략으로 나눈다. 상황중심적 전략은 상황선택과 상황수정을 포함하며, 인지중심적 전략은 주의 배치와 인지 변화, 반응중심적 전략은 반응조정에 초점을 맞춘다.

3. 상황중심적 전략 중 상황선택은 잠재적인 정서가 발생할 수 있는 사람이나 장소, 사물에 접근하거나 피하는 것을 말한다. 상황수정은 선택된 상황에 대하여 정서적 영향을 고려하여 자신이 처한 외적 · 물리적 환경을 바꾸는 것이다.

4. 인지중심적 전략은 사건이 이미 발생하여 상황선택이나 상황수정을 할 수 없는 상태에서 실시하는 조절 전략이다. 주의 집중, 주의 분산, 반추와 같이 주의를 어떻게 배치하느냐에 따라 결과가 달라지며, 상황에 대한 재해석이 불러온 인지 변화를 통해 정서조절을 할 수 있다.

5. 반응중심적 전략은 정서로 인해 활성화된 행동이나 생리적 반응을 조절하기 위한 선택이 될 수 있다. 점진적 이완법, 운동하기를 통해 행동 반응이나 생리적 반응을 조정할 수 있다. 마음챙김 수행은 정서조절뿐만 아니라 마음관리를 위해 유익한 도구가 될 수 있다.

참고문헌

권석만 (2003). 현대 이상심리학. 서울: 학지사

김가형, 백용매 (2014). 청소년의 감정표현불능증, 정서인식명확성이 신체화 증상에 미치는 영향: 정서조절곤란의 매개효과. 청소년학연구, 21(1), 267-290.

김봉구 (2020). 마음챙김-긍정심리 통합 프로그램이 웰빙, 스트레스와 우울에 미치는 효과. 박사학위논문. 덕성여자대학교.

김정호 (2015). 생각 바꾸기: 동기인지행동치료를 통한 스트레스-웰빙 관리. 서울: 불광출판사

이서진, 김은하 (2016). 정서인식명확성, 정서표현, 심리적수용에 따른 군집비교: 긍정정서, 부정정서, 불안 및 우울. 상담학연구, 17(3), 65-87.

한민, 류승아 (2018). 부당한 상황에서 경험되는 정서의 문화 차이: 한국, 중국, 일본, 미국을

중심으로. 한국심리학회지 : 문화 및 사회문제, 24(2). 251-272

Averill, J. R. (1980). A constructivist view of emotion. In R. Plutchik and H. Kellerman (Eds.), *Emotion: Theory, research and experience*: Vol. I. Theories of emotion.

Borkovec, T. D., Roemer, L., & Kinyon, J. (1995). Disclosure and worry: Opposite sides of the emotional processing coin. In J. W. Pennebaker (Ed.), *Emotion, disclosure, and health*. Washington, DC: American Psychological Association.

Brannon, L. & Feist, J. (2007). *Health Psychology: An Introduction to Behavior and Health* (6th Eds.). Belmont, CA: Wadsworth.

Brosschot, J., Godaert, G., Benachop, R., Olff, M., Ballieux, R., & Heijnen, C. (1998). Experimental stress and immunological reactivity: A closer look at perceived uncontrollability. *Psychosomatic Medicine, 60*, 359-361.

Brown, J. D., & Siegal, J. M. (1988). Exercise as a buffer of life stress: A prospective study of adolescent health, *Health Psychology, 7*, 341-353.

Butler, E. A., Lee, T. L., & Gross, J. J. (2014). Does expressing your emotions raise or lower your blood pressure? The answer depends on cultural context. *Journal of Cross-cultural Psychology, 40*(3),510-517.

Castro, C. M., Wilcox, S., O'Sullivan, P., Bauman, K., & King, A. C. (2002). An exercise program for women who are caring for relatives with dementia. *Psychosomatic Medicine, 64*, 458-4698.

Campos, J. J., Barrett, K. C., Lamb, M. E., Goldsmith, H. H., & Stenberg, C. (1983). Socioemotional development. In M. Ha ith & J. J. Campos(Eds.), *Handbook of child psychology* (Vol. 2, pp. 783±915). New York : Wiley.

Cisler, J. M., Olatunji, B. O., Feldner, M. T., & Forsyth, J. P. (2010). Emotion Regulation and the Anxiety Disorders: An Integrative Review. *Journal of Psychopathology and Behavioral Assessment, 32*(1): 68-82.

Csikszentmihalyi, M. (1975). *Beyond boredom and anxiety: The experience of play in work and games*. San Francisco, CA: Jossey-Bass.

Derryberry, D., & Rothbart, M. K. (1988). Arousal, affect, and attention as components of temperament. *Journal of Personality and Social Psychology, 55*, 958-966.

Engle, R. W., Conway, A. R. A., Tuholski, S. W., & Shisler, R. J. (1995). *A resource account of inhibition. Psychological Science, 6*(2), 122-125.

Erdelyi, M. H. (1993). Repression: The mechanism and the defense. In D.M. Wegner & J. W. Pennebaker (Eds.), *Handbook of mental control. Englewood Cliffs*, N J: Prentice-Hall.

Fincham, F. D. (2003). Marital conflict: Correlates, structure, and context. *Current Directions in Psychological Science*, *12*(1), 23-27.

Freud, S. (1959). *Inhibitions, symptoms, anxiety* (A. Strachey, Trans. and J. Strachey, Ed.). New York: Norton.

Freud, S. (1976). Repression. In J. Strachey (Ed. and Trans.), *The standard edition of the complete psychological works of Sigmund Freud* (Vol. 14). London : Hogarth.

Gilbert, D. G. (1979). Paradoxical tranquilizing and emotion-reducing effects of nicotine. *Psychological Bulletin*, *4*, 643-661.

Gross, J. J. (1999a). Emotion and emotion regulation. In L.A. Pervin & O.P. John(Eds.), *Handbook of personality: Therapy and research*. New York: Guilford.

Gross, J. J., Feldman Barrett, L., & Richards, J. M. (1998). *Emotion regulation in everyday life*. Manuscript in preparation.

Gross, J. J., & Levenson, R. W. (1997). Hiding feelings: The acute effects of inhibiting positive and negative emotions. *Journal of Abnormal Psychology*, *106*, 95-103.

Izci, F., Zincir, S., Zincir, S. B., Bilici, R., Gica, S., Koc, M. S. I., Goncu, T., Terzi, A., & Semiz, U. B. (2015). Suicide attempt, suicidal ideation and hopelessness levels in major depressive patients with and without alexithymia. *Journal of Psychiatry and Neurological Sciences*, *28*(3), 27-33.

Herman, S., Blumenthal, J. A., Babyak, M., Khatri, P., Craighead, W. E., Krishmman, K. R., & Doraiswamy, P. M. (2002). Exercise therapy for depression in middle-aged and older adult: Predictors of early dropout and treatment failure. *Health Psychology*, *21*, 553-563.

Hull, J. G., & Bond, C. E, Jr. (1986). Social and behavioral consequences of alcohol consumption and expectancy: A meta-analysis. *Psychological Bulletin*, *99*, 347-360.

Jacobsen, E. (1938). *Progressive relaxation. Chicago*: University of Chicago Press.

Kabat-Zinn, J. (1990). *Full catastrophe living: Using the wisdom of your body and mind to face stress, pain, and illness*. New York: Delta. (마음챙김 명상과 자기치유 (상, 하), 장현갑, 김교헌 공역, 1998, 서울: 학지사).

Kalat, E. J. & Shiota, M, N. (2012). *Emotion*(2nd ed.). Belmont, CA: Wadsworth.

Kenny-Moore, E., & Watson, J. C. (2001). How and when does emotional expression help.

Review of General Psychology, 5(3), 187-212.

Kim, K. (1985). Expression of emotion by Americans and Koreans. *Korean Studies, 9*, 38.

King, L. A., & Emmons, R. A. (1990). Conflict over emotional expression: psychological and physical correlates. *Journal of Personality and Social Psychology, 58*, 864-877.

Lazarus, R. S. (1966). *Psychological stress and the coping process.* New York : McGraw Hill.

Lazarus, R. S. & Folkman, S. (1984). *Stress, appraisal, and copying.* New York: Springer.

Leary, M. R. (1986). Affective and behavioral consequences of shyness: Implications for theory, measurement, and research. In W. H. Jones, J. M. Cheek, & S. R. Briggs (Eds.), *Shyness: Perspectives on research and treatment.* New York: Plenum.

Markus, H., & Kitayama, S. (1991). Culture and self: implications for cognition, emotion, and motivation. *Psychological Review, 98*, 224-253.

McAuley, E., Jerome, G. J., Marquez, D. X., Elavsky, S., & Blissmer, B. (2003). Exercise self-efficacy in order adults: Social, affective, and behavioral influences, *Annals of Behavioral Medicine, 25.* 1-7.

McRae, K. & Gross, J. J. (2020). Emotion regulation. *Emotion, 20*(1), 1-9.

Motl, R. W., Konopack, J. F., McAuley, E., Elavsky, S., Jerome, G. J., & Marquez, D. X. (2005). Depressive symptoms among older adults: Long-term reduction after physical activity intervention. *Journal of Behavioral Medicine, 28*, 385-394.

Nix, G., Watson, C., Pyszczynski, T., & Greenberg, J. (1995). Reducing depressive affect through external focus of attention. *Journal of Social and Clinical Psychology, 14*, 36-52.

Salmon, P. (2001). Effects of physical exercise on anxiety, depression, and sensitivity to stress: A unifying theory. *Clinical Psychology Review, 21*, 33-61.

Selye, H. (1956) : *The stress of life.* New York: McGraw-Hill.

Solomon, R. C. (1976). *The passions.* New York: Anchor/Doubleday.

Selye, H. (1976) : *Stress in health and disease.* Wobum, MA: Butterworth.

Suinn, R. M., & Richardson, R. (1971). Anxiety management training: A non-specific behavior therapy for anxiety control. *Behavior Therapy, 2*, 498-510.

Taylor, D. A., & Harris, P. L. (1984). Knowledge of strategies for the expression of emotion among normal and maladjusted boys: *A research note. Journal of Clinical Psychology and Psychiatry, 25*(1), 141-145.

Thayer, R. E., Newman, J. R., & McClain, T. M. (1994). Self-regulation of mood: Strategies for changing a bad mood, raising energy, and reducing tension. *Journal of Personality and Social Psychology, 67*, 910–925.

Thompson, S. C. (1981) : Will it hurt less if I can control it? A complex answer to a simple question. *Psychological Bulletin, 90*, 89–101.

Thoren, P., Floras, J. S., Hoffman, P., & Seals, D. R. (1990). Endorphins and exercise: Physiological mechanisms and clinical implications. *Medicine and Science in Sports and Exercise, 22*, 417–428.

Triandis, H. C. (1990). Cross-cultural studies of individualism and collectivism. In J. J. Berman(Eds.), *Cross-cultural perspectives: Nebraska Symposium on Motivation, 1989* (pp.41–133). Lincoln, NB: University of Nebraska Press.

Walker, D., & Gorsuch, R. (2004). Dimensions underlying sixteen models of forgiveness and reconciliation. *Journal of Psychology and Therapy, 32*, 12–25.

Wegner, D. M., Schneider, D. J., Carter, S. R., & White, T. L. (1987). Paradoxical effects of thought suppression. *Journal of Personality and Social Psychology, 53*, 5–13.

Wierzbicka, A. (1995). Emotion and facial expression: A semantic perspective. *Culture and Psychology, 1*, 227–258.

Wolpe, J. (1958). *Psychotherapy by reciprocal inhibition*. Stanford, CA: Stanford University Press.

제9장

정서지능

학습목표

1. 정서지능에 대한 다양한 관점과 정의를 알아본다.
2. 정서지능을 측정하는 척도들의 공통점과 차이점을 이해한다.
3. 정서지능과 스트레스의 관계를 알아본다.
4. 학교생활과 정서지능의 관계를 이해하고 이를 향상시키는 훈련에 대해서 알아본다.
5. 정서지능과 직장생활의 관계에 대한 연구와 한계를 이해한다.

 학습개요

"쟤는 공부머리만 좋아. 사회성 제로에 눈치 빵점."

　정서지능이라는 용어가 우리나라를 강타하기 전에 사람들은 '공부지능'과 대비되는 정서지능에 대해 대충 알고 있었다. 여러분도 지금까지 살면서 지능지수는 높을지 몰라도 '생활지수', '사회성지수', '인성'은 엉망인 사람들을 많이 보았을 것이다. 그래서 '정서지능' 개념을 처음 접했을 때 아마도 새로운 개념이라는 느낌이 들지 않았을 수도 있다. 이번 장에서는 정서지능에 대해 학술적으로 깊게 알아볼 것이다.

정서지능(Emotional Intelligence)은 살로베이와 메이어가 1990년 논문에서 처음으로 소개한 용어로 우리나라에는 '감성지능', '감정지능'으로도 번역되었다. 1995년에 데니얼 골먼이 지금까지 가장 많이 팔린 심리학 책 중 하나인『정서지능』을 출간했을 때 대중들은 열광했다. 이후 정서지능이 지능에 대한 새로운 대안인 것처럼 인식되면서 연구자들과 일반 대중의 엄청난 관심이 촉발되었다. 연구자들은 이 새로운 개념에 대해서 각자의 이론과 측정방법을 개발했으나, 그에 대한 합의는 거의 이루어지지 않았다. 이론들은 서로 달랐고 정서지능의 척도들은 각기 다른 구성개념을 측정하고 있었으며 서로 간에 상관도 매우 약했다(Brackett & Mayer, 2003; Brackett et al., 2006).

1. 정서지능에 대한 다양한 관점

정서지능이라 불리는 개념의 속성이 무엇인지에 대해서는 학자들마다 서로 다른 관점을 보이고 있다. 메이어, 살로베이, 카루소(2000)는 정서지능을 크게 능력 모형과 혼합 모형 두 가지로 나누어서 논의하였다. 능력 모형은 정서관련 정보를 정확하게 처리하는 정신 능력이나 기술을 정서지능으로 보는 관점이다. 반면, 혼합 모형은 스스로 지각하는 정서관련 능력은 물론, 성격특성, 동기요인에 초점을 두고 정서지능을 정의하는 관점이다.

페트라이즈와 펀햄(2001)은 정서지능을 능력 정서지능과 특성 정서지능으로 나누어서 논의하였다. 능력 정서지능은 정서지능을 정의할 때 인지적 능력의 중요성을 강조하는 모형이고, 특성 정서지능은 정서 처리의 개인차와 관련된 특성을 강조하는 모형을 말한다. 페트라이즈와 펀햄에 따르면 두 가지 정서지능은 개념적으로 너무 달라서 같은 의미를 담는 것으로 볼 수 없다고 한다.

이와 같이 정서지능은 정의가 서로 달라서 그것들을 구별하는 것으로 이 장을 시작할 필요가 있다. 정서지능의 정의는 기존의 지능에 정서를 포함시킨 것으로 생각하는 좁은 의미의 정의에서 인내심, 낙천성, 사교성과 같은 특성을 폭넓게 포함하는 확산적인 정의까지 그 범위가 넓다. 즉, "어떤 정서지능을 말하고 있는가?"에 대한 답을 제시하고 나서야 정서지능의 주제를 논할 수 있을 것이다. 여기에서는 지금까지 큰 관심과 많은 연구를 촉진했던 접근법들을 중심으로 정의를 살펴보고자 한다.

1) 메이어-살로베이의 정서지능 모형

1997년 메이어와 살로베이는 **4개 가지 위계 모형**(Four-Branch Hierarchical Model)을 소개했다. 그들은 정서지능을 기존의 지능과 같은 정신적 능력으로 규정한다. 정서지능은 정서를 인식하고 구분해 내며 그것에 기초해서 추론하고 문제를 해결하는 능력이고, 정서관련 감각을 소화하고 정서가 주는 정보를 이해하며 정서를 관리하는 능력을 의미한다(Mayer, Caruso, & Salovey, 1999). 이 모형에서는 정서가 신호체계로 진화했고 각 정서는 특정한 의미를 전달한다고 본다. 예를 들어, 공포는 공격을 받을 가능성이 있어서 도망칠 필요가 있다는 의미를 전달하고 행복은 타인과 함께 한다는 희망을 전달한다는 것이다.

이 모형은 정서지능이 4개의 가지로 나뉜 능력으로 구성되어 있고 첫 번째 가지가 가장 기본이며 상위 가지로 진행할수록 낮은 수준의 정보처리에서부터 전략적인 정보 사용까지 점점 통합되고 복잡해진다고 본다. 즉, 낮은 가지를 구성하는 능력에 의존해서 더 높은 가지의 능력이 구성된다.

이 4개의 가지 중 가장 기본이 되는 첫 번째 가지, 즉 제1가지는 정서를 지각하는 능력이고 그다음 수준의 제2가지는 정서를 이용해서 사고를 촉진하는 능력이다. 이 두 가지를 경험적 정서지능이라고 한다. 제3가지는 정서를 이해하는 능력이고 가장 높은 단계인 제4가지는 정서를 조절하는 능력이다. 제3가지와 제4가지는 전략적 정서지능이라고 한다.

제1가지인 정서지각 능력은 얼굴, 목소리, 신체감각, 예술작품 등의 정서 내용을 알아내는 능력과 정서를 정확하게 표현하는 능력이다(Mayer, Caruso, & Salovey 2016). 이론적으로 여기에는 몇 개의 능력이 관련된다. 외부자극에 담겨 있는 정서를 알아내는 능력, 자신의 정서(내부 자극)를 알아내는 능력, 자신의 정서를 정확하게 표현하는 능력, 진실한 정서표현과 속이거나 강요된 정서표현을 구별하는 능력 및 문화와 상황에 맞게 정서를 표현하는 규칙에 대한 지식(Mayer et al., 2016; Mayer & Salovey, 1997)이 이에 해당된다.

사고촉진을 위해 정서를 이용하는 능력은 인지과업을 수행하거나 무언가를 결정할 때 정서나 정서 정보를 투입하거나 가이드로 사용하는 것이다. 즉, 제2가지는 정서를 이용해서 생각을 촉진하는 능력으로 정의된다(Mayer et al., 2016). 제2가지의 주요 요소는 어떤 과업을 선택할지 또는 어떻게 과업에 접근할지를 결정하기 위해서 현재 느끼는 정서를 사용하는 것과 특정 과업의 수행을 돕기 위해서 새로운 감정을 발생시키는 것이다. 예를 들어, 아이가 분노감을 느끼는 것을 부모가 알아채고 독서 숙제 대신 축구 연습을 시킨다든지 아이가 봤을 때 부모님이 화나 난 상태면 용돈을 올려달라는 요청을 하지 않는 것 등이 이에 해당한다.

제3가지는 정서와 정서 관련 현상에 대한 개인의 지식을 말한다. 여기에는 정서 어휘력, 정서의 원인과 결과, 정서가 시간이 지나면서 결합하고 변화하는 양상, 특정 상황이 지금이나 미래에 개인의 정서에 끼칠 수 있는 영향에 대한 지식이 포함된다(Mayer et al., 2016; Mayer & Salovey, 1997). 예를 들어, 자신이 화가 났을 때 행동으로 상대를 때리기보다는 '나 지금 화가 났어'라고 말할 수 있는 능력이 이에 해당한다.

제4가지는 자신이 원하는 결과를 얻기 위해서 긍정적인 정서는 강화하고 부정적인 정서는 약화시킴으로써 자신과 타인의 정서를 조절하는 능력이다(Mayer et al., 2001, 2016; Mayer & Salovey, 1997). 예를 들어, 불안할 때 스스로를 진정시키거나 자신의 배우자가 불안할 때 배우자를 진정시키는 능력, 또는 축구에서 공을 차기 전에 자신에게 용기를 불어넣는 것 등이 이에 해당한다.

메이어와 살로베이에 따르면 정서조절에는 세 가지 주요 요소가 있다. 첫 번째는 자신과 타인의 정서를 조절하는 것이고, 두 번째는 정서조절에 대한 지식과 정서조절과 관련된 초인지적(metacognitive) 전략이다. 세 번째는 개인적 목표에 맞게 정서를 조절하는 것이다. 즉, 개인적 성장과 같은 목표를 성취하기 위해서 전략적으로 정서를 강화하거나 약화시키는 것이다. 따라서 정서조절은 정서를 조절하는 방법에 대한 지식뿐만 아니라 언제 그리고 왜 정서를 조절할지를 결정하는 동기적인 요소도 포함된다.

〈그림 9-1〉에 정서지능의 4개 가지 위계 모형이 요약되어 있다. 왼쪽에는 4개의 가지들이 아래에서 위로 점점 복잡해지는 순으로 제시되어 있다. 오른쪽 칸에는 각 가지

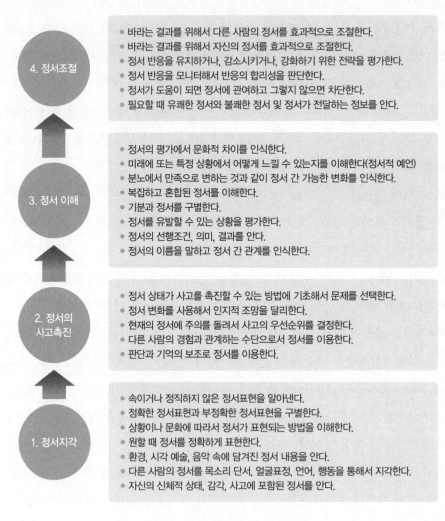

4. 정서조절
- 바라는 결과를 위해서 다른 사람의 정서를 효과적으로 조절한다.
- 바라는 결과를 위해서 자신의 정서를 효과적으로 조절한다.
- 정서 반응을 유지하거나, 감소시키거나, 강화하기 위한 전략을 평가한다.
- 정서 반응을 모니터해서 반응의 합리성을 판단한다.
- 정서가 도움이 되면 정서에 관여하고 그렇지 않으면 차단한다.
- 필요할 때 유쾌한 정서와 불쾌한 정서 및 정서가 전달하는 정보를 안다.

3. 정서 이해
- 정서의 평가에서 문화적 차이를 인식한다.
- 미래에 또는 특정 상황에서 어떻게 느낄 수 있는지를 이해한다(정서적 예언).
- 분노에서 만족으로 변하는 것과 같이 정서 간 가능한 변화를 인식한다.
- 복잡하고 혼합된 정서를 이해한다.
- 기분과 정서를 구별한다.
- 정서를 유발할 수 있는 상황을 평가한다.
- 정서의 선행조건, 의미, 결과를 안다.
- 정서의 이름을 말하고 정서 간 관계를 인식한다.

2. 정서의 사고촉진
- 정서 상태가 사고를 촉진할 수 있는 방법에 기초해서 문제를 선택한다.
- 정서 변화를 사용해서 인지적 조망을 달리한다.
- 현재의 정서에 주의를 돌려서 사고의 우선순위를 결정한다.
- 다른 사람의 경험과 관계하는 수단으로서 정서를 이용한다.
- 판단과 기억의 보조로 정서를 이용한다.

1. 정서지각
- 속이거나 정직하지 않은 정서표현을 알아낸다.
- 정확한 정서표현과 부정확한 정서표현을 구별한다.
- 상황이나 문화에 따라서 정서가 표현되는 방법을 이해한다.
- 원할 때 정서를 정확하게 표현한다.
- 환경, 시각 예술, 음악 속에 담겨진 정서 내용을 안다.
- 다른 사람의 정서를 목소리 단서, 얼굴표정, 언어, 행동을 통해서 지각한다.
- 자신의 신체적 상태, 감각, 사고에 포함된 정서를 안다.

그림 9-1 정서지능의 4개 가지 모형

에 해당하는 정서적 능력들이 가장 간단한 것에서 가장 복잡한 기술의 순서로 아래에서 위로 제시되어 있다.

2) 골먼 매트릭스

골먼의 **정서 역량 모형**은 1998년 출판된 『정서지능에 대한 연구(Working with Emotional Intelligence)』라는 저서에서 처음으로 설명되었다. 골먼은 정서지능을 성격적 특성과 사회적 특성을 넓게 포괄하는 목록으로 정의하고 있다. 그는 정식으로 정서지능의 정의를 제시하기보다는 관련 특성을 길게 나열하고 있다. 그 긴 특성 목록에 따르면 정서지능은 자기 스스로 동기를 부여할 수 있고, 좌절에 직면해서 포기하지 않고, 충동을 조절할 수 있고, 만족을 지연할 수 있고, 기분을 조절할 수 있고, 심리적 고통이 사고능력을 방해하는 것을 막을 수 있는 능력과 공감능력, 희망, 열정, 사교에 능숙함, 도덕적 행위를 하게 하는 좋은 인품(Goleman, 2006, pp. 34, 80, 119, 285)을 포함하며, 이는 개인의 기능이나 특성을 폭넓게 기술한 것으로 요약될 수 있다. 골먼의 모형은 인지 지능을 제외한 거의 모든 긍정적인 특징을 모아놓았다는 비판을 받았다(Matthews, Zeidner, et al., 2004). 이후에 골먼(2001)은 정서지능을 정의하는 특성을 더 체계적으로 제시하려고 하였는데 그 기본적인 구조가 〈표 9-1〉에 축약되어 있다.

표 9-1 정서 능력의 2×2 모형		
	자기(개인적 역량)	**타인(사회적 역량)**
인식	자기인식 • 정서적 자기인식 • 정확한 자기평가 • 자신감	사회적 인식 • 공감 • 봉사 성향 • 조직적 인식
조절	자기 관리 • 자기 조절 • 신뢰성 • 성실성	관계관리 • 소통 • 갈등 관리 • 팀워크와 협동

출처 : Goleman, 2001

골먼의 모형에서는 정서지능을 크게 두 가지 측면으로 구분한다. 첫 번째는 개인적 역량의 요소와 사회적 역량의 요소로 나눈다. 이것은 가드너(2011)가 개인 내 지능(Inter-Personal Intelligence)과 개인 간 지능(Intra-Personal Intelligence)으로 구분한 것과 유사하다. 개인 내 지능은 자신의 감정, 의도, 동기 등의 이해를 통해 자기를 이해하고 자기를 통찰하는 능력을 말한다. 개인 간 지능은 다른 사람의 감정이나 생각, 의도 등을 알아내고 이해하는 능력으로서 대인관계지능이라고도 한다. 다음으로 정서의 인식과 정서의 관리 및 조절이라는 두 가지 측면으로 구분한다. 예를 들어, 누군가의 불행을 인식하는 것은 그 사람을 기분 좋게 해 줄 수 있는 것과는 다르다. 자기와 타인 간 구분과 인식과 조절 간의 구분을 결합하면 〈표 9-1〉에서 보여주는 2×2 매트릭스로 나타낼 수 있다. 정서지능의 다양한 속성은 〈표 9-1〉의 네 가지 유형 중 하나에 속하는 것으로 분류될 수 있다.

골먼(2001)은 정서지능의 특징이 **정서적 역량**(ability)이라고 주장한다. 즉, 전통적인 지능검사로 측정되는 능력과는 다르며, 정서적 기술과 인지적 기술을 통합하는 별개의 역량들로 구성된다는 것이다. 골먼은 정서지능을 다양한 사회적 분야에서 성공으로 직결될 수 있는 학습된 기술의 모임으로 본다. 대조적으로 지능에 대한 심리학 이론들은 일반적으로 정신적 능력을 타고난 능력(aptitude) 혹은 잠재력으로 본다. 즉, 지능은 태어날 때 이미 가지고 있는 개인의 능력으로서 학습을 통해 특정기술을 획득할 수 있도록 해 주는 것으로 정의한다. 그래서 IQ점수는 지식 그 자체가 아니라 학문적 지식을 획득할 수 있는 잠재력을 나타내는 것이다(Jenson, 1998).

골먼의 모형은 비즈니스 영역과 교육환경에 많은 영향을 주었다. 예를 들어, 이 모형은 CASEL(Collaborative for Academic, Social, and Emotional Learning)이 사용하는 사회 정서 학습(the social and emotional learning, SEL) 능력 모형의 토대가 되었다(CASEL, 2003; Durlak et al., 2011). CASEL은 미국에서 1994년에 설립된 비영리조직으로서 유치원에서 고등학교까지 근거에 기반을 둔 양질의 사회 정서 학습을 제공하는 것을 목표로 한다. CASEL의 SEL 모형은 골먼의 네 가지 능력에 더해서 책임 있는 의사 결정(개인행동과 사회적 상호작용에 대한 건설적인 선택을 할 수 있는 능력)이라는 다섯 번째 능력을 추가한다. 이 모형은 국제적으로 폭넓게 사용되어 학생, 학급, 학교 수준에 서 사회 정서적 능력을 향상시키기 위해 설계된 교육적 개입의 지침이 되고 있다.

3) 바론의 사회 정서적 능력 모형

정서지능에 대한 바론(1997)의 정의도 골먼의 정의와 마찬가지로 광범위한 여러 요인 들을 통합하고 있다. 바론은 정서지능을 지적인 행동에 영향을 주는 개인적, 정서적, 사회적 능력이 결합된 다중성분의 집합체로 보았는데, 정서지능보다는 **정서-사회 지 능**(emotional-social intelligence)이라고 부르는 것이 더 정확하다고 했다(Bar-on, 1997; Bar-on, 2000). 바론은 얼마나 효과적으로 우리 자신을 이해하고 표현하는지, 다른 사 람을 이해하는지, 다른 사람들과 관계하는지 그리고 일상의 요구를 다룰 수 있는지를 결정하는 상호 연관된 정서적이고 사회적인 능력, 기술, 촉진인자를 합친 것으로 정서 지능을 설명하였다(Bar-on, 2006).

이 모형은 심리적 웰빙을 가져오는 효과적인 정서 및 사회적 기능의 주요 구성요소 를 설명하기 위해서 개발되었다(Bar-On, 2000, p. 364). 바론(2006)은 정서 및 사회적 역량에는 다섯 가지 주요 영역이 있는 것으로 보았는데, 개인 내적 역량, 개인 상호 간 역량, 스트레스 관리, 적응력, 전반적인 기분이 이에 해당한다. 이러한 요소 각각은 다 시 긴밀히 관련된 능력, 기술, 촉진인자로 구성되어 있고, 이것은 〈그림 9-2〉에 요약되 어 있다. **정서지수검사**(the emotional quotient inventory, EQ-i) 도구가 이 모형에 기초 해서 개발되었고 5개의 영역에 분포하는 15개의 하부척도를 포함하고 있다.

이 모형에 따르면, 정서 사회적 지능은 자신을 효과적으로 이해하고 표현하는 것, 타 인을 이해하고 잘 관계하는 것, 일상의 요구와 도전, 그리고 압력을 성공적으로 다루는 능력을 의미한다. 이것은 우선 자신을 알고, 자신의 강점과 약점을 이해하며 자신의 감 정과 생각을 파괴적이지 않게 표현하는 개인 내적 능력에 기초한다. 개인 상호 간 수준 에서는 타인의 정서, 감각, 요구를 인식하고 협동적이고 건설적이고 상호 만족스러운 관계를 형성하고 유지할 수 있는 능력을 포함한다. 궁극적으로 정서 사회적 지능은 당 면한 상황을 현실적이고 유연하게 다루고, 문제를 해결하고 결정함으로써, 개인적 변

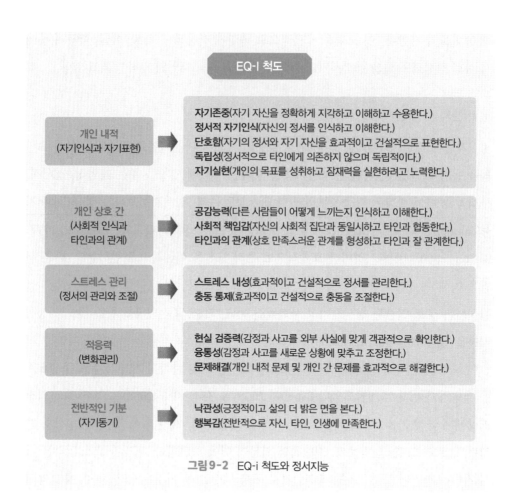

EQ-I 척도

개인 내적 (자기인식과 자기표현)	**자기존중**(자기 자신을 정확하게 지각하고 이해하고 수용한다.) **정서적 자기인식**(자신의 정서를 인식하고 이해한다.) **단호함**(자기의 정서와 자기 자신을 효과적이고 건설적으로 표현한다.) **독립성**(정서적으로 타인에게 의존하지 않으며 독립적이다.) **자기실현**(개인의 목표를 성취하고 잠재력을 실현하려고 노력한다.)
개인 상호 간 (사회적 인식과 타인과의 관계)	**공감능력**(다른 사람들이 어떻게 느끼는지 인식하고 이해한다.) **사회적 책임감**(자신의 사회적 집단과 동일시하고 타인과 협동한다.) **타인과의 관계**(상호 만족스러운 관계를 형성하고 타인과 잘 관계한다.)
스트레스 관리 (정서의 관리와 조절)	**스트레스 내성**(효과적이고 건설적으로 정서를 관리한다.) **충동 통제**(효과적이고 건설적으로 충동을 조절한다.)
적응력 (변화관리)	**현실 검증력**(감정과 사고를 외부 사실에 맞게 객관적으로 확인한다.) **융통성**(감정과 사고를 새로운 상황에 맞추고 조정한다.) **문제해결**(개인 내적 문제 및 개인 간 문제를 효과적으로 해결한다.)
전반적인 기분 (자기동기)	**낙관성**(긍정적이고 삶의 더 밝은 면을 본다.) **행복감**(전반적으로 자신, 타인, 인생에 만족한다.)

그림 9-2   EQ-i 척도와 정서지능

화, 사회적 변화, 환경적 변화를 효과적으로 관리하는 것이다. 그러기 위해서는 우리에게 유리한 방식으로 정서가 작동하도록 정서를 관리해야 한다. 또 개인은 충분히 낙관적이고 긍정적이며 스스로 동기를 부여하고 목표를 향해 나아갈 수 있어야 한다.

4) 페트라이즈-펀햄의 특성 정서지능(Trait EI)

페트라이즈와 펀햄(2003)은 '질문지에 의해 측정되는 정서지능'을 능력이 아니라 성격의 일부로 보는 급진적인 관점을 선택했다. 그들의 **특성 정서지능** 이론에서는 성격 위계의 하부 수준에 위치한 성격특성을 정서지능으로 정의한다(Petrides, 2009). 특성정서지능은 자기 보고를 통해서 평가되는 정서와 관련된 자기 인식과 성향의 집합을 말한다(Petrides & Furnham, 2003). 페트라이즈와 펀햄(2001)은 기존의 주요 정서지능 모형들과 문헌 안에 있는 유사한 구성개념들을 분석해서 특성 정서지능의 표본 영역을 도출했다. 2개 이상의 모형에 공통되는 핵심 요소는 포함시키고 단지 하나의 특정 개념에서만 나타나는 주변 요소는 제외시켰다(Petrides, Furnham, & Mavroveli, 2007). 그 결과가 〈표 9-2〉에 제시되어 있다. 〈표 9-2〉에서 볼 수 있듯이, 각 영역은 구체적으로 정

표 9-2 특성 정서지능의 표본 영역

측면	고득점자의 자기에 대한 인식
적응력	새로운 상황에 기꺼이 유연하게 적응한다.
주장성	솔직하고 정직하며 자신의 권리를 위해 기꺼이 맞선다.
정서지각(자기와 타인들)	자신과 타인의 정서를 분명히 안다.
정서표현	자신의 정서를 타인들에게 전달할 수 있다.
정서관리(타인들)	타인의 정서에 영향을 끼칠 수 있다.
정서조절	자신의 정서를 조절할 수 있다.
충동성(낮음)	자신의 충동을 알아차리고 덜 굴복한다.
관계 기술	만족스런 대인 관계를 유지할 수 있다.
자존감	성공적이고 자신감 있다.
자기 동기화	역경에 직면해도 의욕을 잃지 않고 포기하지 않을 것이다.
사회적 인식	우수한 사회기술을 겸비하고 인간관계망이 있다.
스트레스 관리	압박을 견디고 스트레스를 조절할 수 있다.
특성 공감	다른 사람의 관점을 취할 수 있다.
특성 행복감	명랑하고 삶에 만족한다.
특성 낙관성	자신감 있고 '삶의 밝은 면을 볼' 것이다.

서와 관련된 성격 측면으로 구성된다.

이 모형은 정서지능의 가장 포괄적인 혼합 모형으로서 15개의 측면으로 구성되어 있다(Petrides & Pita et al., 2007; Petrides, 2009). 이 모형의 네 가지 능력 측면은 자신과 타인의 감정을 정확하게 지각하기, 분명하게 감정을 표현하고 전달하기, 타인의 감정을 조절하기, 자신의 감정을 조절하기이다. 능력이 아닌 측면에는 적응력, 주장성, 낮은 충동성, 관계기술, 자존감, 자기 동기화, 사회적 인식, 스트레스 관리, 특성 공감, 특성 행복감, 특성 낙관성이 포함된다.

2. 정서지능의 측정

과학에서 새로운 개념을 도입할 때는 문제 현상에 대한 측정 절차를 설립하는 것이 기본이다. 여기서는 학문적 수준에서 신중하게 개발된 몇 가지 정서지능 검사를 중심으로 살펴볼 것이다.

정서지능을 평가하는 방법은 **자기 보고식 평가**와 **수행기반 평가**로 크게 나눌 수 있다. 자기 보고식 평가에서는 사람들이 정서를 지각, 이해하고 관리하며 처리하는 자신의 능력을 스스로 평가한다. 반면에 수행기반 평가는 이러한 영역에서 사람들이 실제로 수행한 것을 평가한다. 즉, '심하게 짜증 부리는 사람을 어떻게 진정시킬 수 있을까?' 하는 문제처럼, 어려운 정서적 상황에 대처하는 '정서적 문제'에 대해서 가장 좋은 해결 방법이 무엇인지 찾아보라고 한다. 여기서 지능검사와 같은 전통적인 능력 검사에서와 마찬가지로 정서가 발달해야만 정확하게 답할 수 있는 어려운 검사 문항을 만드는 것이 중요하다. 반면에, 자기 보고식 검사는 지능보다는 성격에 초점을 두고 주로 자기 보고식 문항으로 구성되는 질문지로 구성된다.

1) 능력 척도

(1) 다중요인 정서지능 척도

다중요인 정서지능 척도[Multifactor emotional intelligence scale, MEIS('메이스'로 발음)]는 메이어, 카루소, 살로베이가 정서지능을 구성한다고 가정한 4개의 가지를 측정하기 위해 만든 검사이다(Mayer & Caruso et al., 2000). 검사는 정서지능과 관련된 12개의 과제를 포함한다. 이야기, 디자인, 음악, 얼굴에 담긴 정서를 지각하고 평가하는 제1가지의 능력을 보는 과업이 4개이고, 정서를 지각적이고 인지적인 과정으로 소화하는 능력인 제2가지를 평가하는 과제는 2개로 구성되어 있다. 정서를 이해하고 정서에 대해서 추론하는 능력(제3가지)은 4개의 과제로 측정된다. 마지막으로 참여자가 자신의 정서와 타인의 정서를 조절하는 것에 얼마나 능숙한지(제4가지)를 평가하기 위해 2개의 과제가 주어진다.

이 검사에서는 실제 삶에서 정서적 반응을 일으키는 사건들을 선택해서 짧은 일화들을 제시한다. 예를 들어, 제3가지를 재는 과제에서는 갈등 중인 두 인물의 정서를 추정하게 한다. 한 검사 문항에 따르면, 자동차가 개를 치는 사건을 제시하고, 개 주인의 감정과 운전자의 감정을 평정하게 한다. 가령 개 주인이 개를 잘 훈련시키지 못한 것에 대해 '유감스럽게' 느낄 가능성이 얼마나 되는지를 피험자가 결정하게 한다.

MEIS는 총 402문항으로 구성되어 검사 실시에 상당히 오랜 시간이 걸린다. 뿐만 아니라 메이어와 살로베이의 정서지능의 4개 가지 모형에 대한 적절한 경험적 증거로 충분하지 않다는 비판이 일었다. 이에 따라, 저자들은 새로운 측정도구를 고안하게 되었고 그러한 노력의 결과가 바로 다음의 MSCEIT(Mayer et al., 2002)이다.

(2) 메이어-살로베이-카루소 정서지능 검사

기본적으로 **메이어-살로베이-카루소 정서지능 검사**(Mayer-Salovey-Caruso Emotional Intelligence Test, MSCEIT)('MS키트'로 발음)는 정서지능에 대한 경험적 연구를 기반으로 MEIS를 수정한 것이다. 실시가 용이한 수행 기반 척도를 만들고자 저자들은 (Mayer et al., 2003) MEIS의 심리측정학적 속성을 손상시키지 않은 채 축약하고자 하였고, 이런 노력의 결과가 MSCEIT이다.

이 검사는 17세 이상을 대상으로 하고 141문항으로 구성되어 있다. 이 측정도구의 주요 구성요소가 〈표 9-3〉에 요약되어 있다. 인지적 능력은 왼쪽에서 오른쪽으로 갈수록 일반 정서지능 요인에 더 가깝도록 배열되어 있다. 즉, 정서이해보다 더 오른쪽에 자리 잡은 정서관리(혹은 정서조절)는 일반 정서지능 요인에 더 가깝다. 〈표 9-3〉

표 9-3	네 가지 모형과 MSCEIT를 구성하는 검사			
수준	능력과 지표			
일반	정서지능(EI)			
영역	'경험적 정서지능' 정서 정보의 의미를 반드시 이해하지 않아도 정서 정보를 지각하고 반응하고 처리하는 능력		'전략적 정서지능' 정서 느낌을 반드시 경험하지 않아도 정서를 이해하고 관리하는 능력	
가지	얼굴과 사진 속의 '정서를 지각'하는 능력	정서의 인지적 처리를 통한 '사고의 촉진'	시간의 경과에 따른 정서의 혼합과 변화 및 '정서의 이해'	더 나은 결과를 위한 감정 사용을 통한 '정서의 관리'
과제	얼굴 : 4개의 사진 각각에 대해서 사진 속 얼굴에 나타난 정서를 5개의 정서마다 점수를 매긴다. 사진 : 6개의 예술과 자연 사진 각각에 대해서 그 안의 정서를 5개의 정서마다 점수를 매긴다.	감각 : 5개의 진술 각각에 대해서 어떤 정서가 신체적 감각에 유사한지 판단한다. 촉진 : 5개의 시나리오 각각에 대해서 세 가지 다른 기분들의 유용성에 대해 점수를 매긴다.	혼합 : 어떤 정서와 어떤 정서의 혼합이 어떤 복합 정서를 만드는지 객관식 질문에 답한다. 변화 : 어떤 정서가 특정한 상황과 관련이 있는지 객관식 질문에 답한다.	관리 : 피험자는 5개의 시나리오 각각에 대해서 기분을 관리하기 위해 행한 행동이 얼마나 효과적인지 점수를 매긴다. 관계 : 피험자는 감정적인 상황에 대한 다양한 반응을 보고 그 반응이 얼마나 효과적인지 점수를 매긴다.

출처 : Mayer et al., 2002

| 사진 속 사람의 얼굴표정에는 아래의 정서가 얼마나 나타납니까? |

정서	전혀				아주 많이
행복	1	2	3	4	5
두려움	1	2	3	4	5
슬픔	1	2	3	4	5
분노	1	2	3	4	5

그림 9-3 MSCEIT는 얼굴 사진을 보고 정서를 지각하는 정도를 평가한다.

에 설명된 과제에 대한 이해를 돕기 위해 〈그림 9-3〉에 실제 문제와 유사한 예를 제시하였다. 검사결과는 네 가지 하위영역 별 점수와 경험적 정서지능 점수(정서지각, 사고촉진), 그리고 전략적 정서지능 점수(정서이해, 정서관리)라는 6개의 점수로 산출된다. 최근에 청소년용 검사(MSCEIT-YV)도 개발되었으나, 이에 관한 문헌은 아직 적다.

　이 검사의 검사-재검사 신뢰도(Brackeet & Mayer, 2003)와 검사문항의 내적합치도(Mayer et al., 2003)는 우수한 것으로 나타났다. 또한 MSCEIT로 측정한 정서지능은 직업수행력, 고객서비스 수준, 팀 지도자로서의 효율성, 부모의 애정과 유의한 관련성을 보인다는 평가를 받았다(Mayer et al., 1999; Pusey, 2000; Rice, 1999).

2) 자기 보고식 척도

(1) SSRI

SSRI(The Schutte Self-Report Inventory)는 슈트 등(1998)이 개발한 척도로서 살로베이와 메이어의 정서지능 모형을 기반으로 만들었다. 정서의 평가, 조절, 활용을 평가하기 위한 33개의 문항으로 구성되어 있고, 정서지능의 척도로서 전반적인 척도점수에 초점을 맞춘다. SSRI는 특히 독립적인 연구 수행을 위해 많이 사용되었다.

이 척도는 전반적인 정서지능과 정서지능의 하위요인들을 평가하는 것으로 정서지각, 자기관련 정서 다루기, 타인 정서 다루기, 정서 이용하기가 이에 해당한다. 예를 들어, 정서지각을 측정하기 위해서 "나는 정서를 경험할 때 나의 정서를 인식한다"와 같은 문항이 포함되어 있다.

사클로프스키 등의 연구(2003)에서 SSRI가 빅 파이브(Big 5 : 다섯 가지 성격특성 요인)와 가장 상관이 높은 것은 외향성이었고 나머지 성격 차원들은 낮은 상관을 보였다. 낮은 판별타당도를 의미하는 중첩의 문제가 여전히 많이 남아 있지만, 질문지가 빅 파이브를 넘어서는 개인의 어떤 성질을 측정한다고 볼 수 있다. 질문지의 점수는 시간에 따라 신뢰롭고 안정적인 것으로 나타났다.

(2) 바론 정서지능 검사

정서지수검사(Emotional Quotient Inventory(EQ-i))(Bar-on, 1997)는 바론의 정서지능 모형을 바탕으로 개발되었고 가장 널리 사용되고 연구되는 정서지능의 자기 보고식 검사이다. 실제 이 검사는 30개 이상의 언어로 번역되었다(Bar-on, 2004). 이 검사는 16세 이상을 대상으로 하며, 전체 133문항을 포함한다. 예를 들어, '어려움을 극복하는 나만의 방법은 단계적으로 진행하는 것이다', '나는 자신감이 부족하다', '나는 감정을 표현하는 것이 매우 쉽다'와 같은 문항들이 있다. 각 문항은 5점 척도로 응답하도록 되어 있다. EQ-i는 특정 능력들로 구성된 5개의 구성개념을 측정한다. 〈그림 9-4〉에서 보듯 응답의 비일관성과 좋은 인상을 주려는 경향도 결과에 나온다.

EQ-i 검사를 사용하여 기업에서 성공한 사람과 성공하지 못한 사람을 구별할 수 있었고, 성공한 공군 지원자들, 학업적으로 성공한 대학생들을 구분해 냈다(Handley, 1997; Swart, 1996). 다시 말해 검사에서 좋은 점수를 받은 사람들은 후에 보니 성공하더라는 것이다.

바론은 다양한 대상과 상황에 대해 사용할 수 있도록 EQ-i의 몇 가지 다른 양식도 개발하였다. 사회정서지능 모형을 평가하기 위해 만들어진 EQ-i 2.0, 다중 평정자를 활용한 EQ-360판, 52문항으로 구성된 EQ-i 간략형 검사, 7~15세 아동 및 청소년을 위

EQ-i 검사결과의 구성

타당도 점수

비일관성 : 문항내용이 유사하거나, 문항 간 상관이 높은데도 서로 다른 방향으로 응답하는 정도

긍정적 인상 : 과장되게 긍정적 인상을 남기려는 경향 측정

정서지능 점수

전체 정서지능 : 4개의 하위척도(개인내적, 대인관계, 스트레스 관리, 적응성) 점수를 통해 산출

개인내적 : 자신의 감정을 잘 알아차리고 이해하고 감정을 수용하고 존중하고 잘 표현하는 정도

대인관계 : 타인과 친밀한 관계를 추구하고 만족스런 관계를 맺고 타인 감정을 이해하고 존중하는 정도

스트레스 관리 : 스트레스와 불안을 유발하는 사건을 효과적으로 관리하고 대처하는 능력

적응성 : 개인적 문제나 타인과의 문제를 잘 파악하고 해결하는 능력

전반적 기분 : 세상을 바라보는 관점이 어느 정도로 긍정적이고 낙천적인 태도인지를 측정

그림 9-4 바론 정서지능 검사는 모두 8개의 점수를 제공한다.

한 EQ-i 청소년용이 있다.

(3) 정서능력검사(ECI)

정서능력검사(Emotional Competence Inventory, ECI)와 최근에 새로 개발된 **ECI-2**는 골먼과 동료들이 제안한 정서지능 모형을 기반으로 개발되었다(Boyatzis & Sala, 2004). ECI는 자기 보고식이면서 **360°측정**(360-Degree Assessment)이 되도록 설계되었다. 360° 측정이란 검사 대상자의 자기 보고와 검사 대상자의 감독자나 동료와 같은 주변 관찰자가 제공하는 보고를 더해서 다중으로 점수가 생성되는 측정 방식을 말한다.

ECI는 부분적으로는 직무관련 환경에서의 능력을 평가하기 위해서 개발되었다. 이것은 저자들이 제시한 정서지능의 정의에서도 드러난다. 보야치즈와 살라에 따르면 "정서지능 능력은 자신과 타인에 대한 정서적 정보를 인식하고 이해하고 사용하는 능력이고 그러한 능력은 효과적이고 우월한 수행을 가져온다."

ECI-2는 72문항을 포함하며 자기지각, 사회적 지각, 자기관리, 사회 기술이라는 4개의 하위범주로 나누어지는 18개의 특정 능력을 측정하도록 설계되었다. 예를 들어, 자기관리 영역은 자기통제, 신뢰, 양심, 성실, 적응성, 성취경향, 창의력을 측정하는 하위 척도로 구성된다. 앞에서 언급한 것처럼, ECI의 많은 하위척도는 직무관련 환경에서의 능력을 측정하는데 이 점은 사회 기술 영역에서 잘 드러난다. 이 영역은 지각된 리더십과 협동, 타인에게 영향을 미치는 능력, 영감을 주는 리더십과 같은 능력을 평가한다.

ECI로 측정한 정서지능은 급여수준, 직업 성공도, 인생 성공도와 유의하게 연관되어 준거관련 타당도가 입증된 바 있다(Sevinc, 2001). 다시 말해, ECI 점수가 높은 사람은 급여도 높고 직업이나 인생 전반에서 성공도가 높은 것으로 나타났다.

(4) TEIQue(Trait EI Questionnaire)

페트라이즈와 펀햄은 질문지로 평가하는 특성 정서지능은 MSCEIT와 같은 객관적인 검사로 밝힐 수 있는 능력과는 근본적으로 다르다고 생각한다. 그들은 특성 정서지능을 정서와 관련된 기질과 자기지각의 성격적 측면으로 본다. 그래서 특성 정서지능은 기존의 지능이나 정서지능의 객관적 검사와 상관을 가질 필요가 없다고 가정한다. **TEIQue**(Trait EI Questionnaire, '티큐'로 발음)는 이러한 가정에 기초해서 페트라이즈와 펀햄(2003)이 개발한 질문지이다.

현재 TEIQue는 153개의 문항으로 구성되며 수검자가 자신에 대해서 7점 척도로 응답하도록 되어 있다. 예를 들어, '나의 감정을 말로 표현하는 것이 내게는 문제가 되지 않는다', '나는 다른 사람의 관점에서 상황을 보는 것이 어렵다고 느낄 때가 많다', 또는 '나는 보통 나의 감정을 조절하는 것이 어렵다고 느낀다'와 같은 문항에 1점(전혀 그렇지 않다)에서 7점(완전히 그렇다)까지 중 하나의 점수를 고르는 것이다. 모두 20개

그림 9-5 TEIQue는 모두 20개의 점수를 제공한다.

의 점수를 제공하는데, 15개의 하부척도의 점수와 그중 특성 행복감, 특성 낙관성, 자존감을 통합한 웰빙 점수, 그리고 정서관리, 충동성, 스트레스 관리를 통합한 자기통제 점수, 그리고 특성 공감, 정서지각, 정서표현, 관계기술을 통합한 정서성 점수, 그리고 정서조절, 주장성, 사회적 인식을 통합하여 사회성 점수를 제공하여 모두 4개의 중간점수가 제공된다. 마지막으로 모든 점수를 통합한 전체 점수를 제공한다. 이는 〈그림 9-5〉에 제시되어 있다.

TEIQue는 단축형, 청소년용, 아동용, 청소년 및 아동 단축형이 있다. TEIQue는 학술지에 게재된 연구에서 매우 빈번하게 사용된 검사로서 요인 구성이 꽤 튼튼하다. 전반적으로 TEIque는 EQ-i나 SSRI보다 향상된 것으로 보이지만 아직은 더 많은 연구가 이루어져야 한다.

3) 정서지능 측정의 쟁점

지금까지 다양한 정서지능 검사에 대해서 살펴보았다. 앞서 언급한 것처럼 정서지능의 정의나 측정방법에 대한 합의는 잘 이루어지지 못했다. 사실 최근까지 너무나 많은 질문지가 개발되어서 그 모두를 검토하는 것조차 어려울 정도이다. 페레즈와 동료들(2005)은 50개 이상의 정서지능 검사를 확인하였고 그 수는 매년 증가하고 있다. 또한 여러 자기 보고식 정서지능의 측정치들 간에는 상관이 있었지만, 자기 보고식 정서지능과 수행검사로 측정된 정서지능 간의 상관은 0.12의 낮은 상관밖에 발견되지 않았다 (Van Rooy et al., 2005; Paulhus, Lysy, & Yik, 1998). 따라서 두 종류의 검사는 본질적으로 다른 구성개념을 측정하고 있다고 말할 수 있다.

수행기반 검사에 대해서는 채점 문제가 제기되었다. MEIS의 저자들은 몇 가지 방법으로 정답과 오답을 구별할 수 있다고 추정했다(Mayer & Caruso et al., 2000). 그중 하나는 참가자들의 답이 일반적으로 합의된 답에 얼마나 근접한지를 기준으로 평가하고, 또 하나의 방법은 전문가들의 판단에 기초해서 정답을 구성하는 것이다. 첫 번째 채점 기준의 경우 한 개인이 정확하게 정서를 인식하고 있지만 다수의 대답과 다른 경우에는 오답으로 평가될 수 있다. 말하자면, 정서지능이 매우 높은 사람만이 알 수 있는 어떤 심오한 감정의 경우에는 다수의 사람들이 틀리게 되고 소수의 우수한 능력을 가진 사람들만 맞추게 될 것이다. 그러면 정답자가 소수이고 오답자가 다수가 되어 결과적으로 실제 정답이 오답으로 처리되는 오류가 발생하게 된다. 이로 인해 어려운 문항일수록 정답자가 오답자가 되고 다수의 오답자들은 옳은 것으로 평가되는 역설적인 상황이 초래될 수 있다. 두 번째 채점 기준의 경우 전문가의 자격이 무엇인가 하는 의문이 생긴다. 전문가가 피검사자들보다 정서지능이 더 높아서 그들이 정확한 답을 제시한다고 확신할 수 없을 것이다. 즉, 정서를 연구하는 사람들이 검사를 받는 일반인보다 정서와 관련된 능력이 더 좋다고 말할 수 없다는 것이다. 그러므로 그들이 제시하는 정답이 참이라는 것을 어떻게 보장할 수 있겠는가?

자기 보고식 측정도구의 주요 문제는 사람들이 실제 자신들의 모습보다 더 좋게 또는 더 나쁘게 보이기 위해서 거짓말하거나 반응을 왜곡시킬 수 있다는 점이다. 사람들은 자신이 사회적으로 바람직하게 보이기 위해 솔직한 자신의 모습대로 응답하지 않고 좋게 보이게 하는 답변을 선택할 수 있다는 것이다. 그러므로 이러한 **사회적 바람직성**의 영향을 받아 거짓이나 왜곡되게 응답한 정도를 측정할 수 있는 문항을 측정도구 속에 포함시켜야 한다. 그래서 수검자가 결과를 왜곡하는 정도를 파악할 수 있어야 결과를 정확하게 해석할 수 있을 것이다. 예를 들어, '나는 절대 거짓말을 하지 않는다'와 같은 문항들을 포함시켜서, 이런 문항들에 대부분 '네'라고 응답했다면 사회적 바람직성에 의한 영향을 많이 받는 것으로 판단한다. 그 결과 점수 해석에 신중하거나 때로는 검사가 유효하지 않은 것으로 결론 내릴 수도 있을 것이다.

또한 자기 보고식 검사는 수행검사와는 달리 답하는 사람들이 자기 자신의 정서지능 수준에 대한 통찰이 있어야 한다. 그러나 많은 사람들은 자신들의 정서지능에 대해 잘 모른다. 따라서 정서지능이 낮은 사람이 의미 있는 반응을 할 수 있을 것이라고 기대하기는 어렵다. 예를 들어, '당신은 다른 사람의 감정을 잘 파악할 수 있습니까?'라는 문항이 있다고 할 때, 정서지능이 낮은 사람은 사실 자신이 잘 파악하는지 못 하는지도 분간하는 것이 어려울 것이고 그에 따라 그렇다고 응답할 수 있다는 것이다. 이것을 '**정서지능의 역설**'이라고 부른다(Zeidner, Mattews, & Roberts, 2009).

마지막으로 정서지능의 자기 보고 측정도구들은 잘 정립되어 있는 성격특성들, 특히 5대 요인 모형(다른 말로는 '빅 파이브'라고도 함)을 구성하는 여러 요인들과 높은 상관을 갖는 경향이 있다. 따라서 정서지능의 자기 보고식 측정도구들이 사실은 정서지능을 측정하고 있는 것이 아니라 성격특성을 측정하는 도구라고 볼 수도 있는 것이다. 대조적으로, 정서지능의 수행 측정도구들은 성격검사들과는 상관이 낮으나, 그 대신 기존의 지능검사들과 중복되는 경향이 있다. 따라서 수행기반 측정도구들이 정서지능을 측정하고 있다기보다는 사실은 기존의 지능을 측정하고 있다는 주장도 가능할 것이다.

3. 스트레스와 정서지능

1) 스트레스의 교류 모형

다른 장에서도 설명했듯이 라자러스와 포크먼이 제안하는 **스트레스의 교류 모형**(Lazarus & Folkman, 1984)에서는 스트레스가 개인에게 미치는 효과가 스트레스 사건 자체보다는 위협과 대처능력에 대한 그 사람의 지각에 기초한다고 본다. 즉, 개인의 자

그림 9-6 스트레스에 대처하는 유형에는 정서중심적 대처와 문제중심적 대처가 있다.

원이 스트레스 원을 감당할 수 없다고 생각되면 스트레스라는 것이다. 대처는 과도하거나 자신의 자원을 초과하는 것으로 지각되는 힘든 상황을 관리, 통제, 조절하려는 노력을 말한다. 대처행동은 스트레스의 영향을 최소화하고 그 부정적인 결과를 완화할수 있다.

라자러스와 포크먼은 대처를 크게 **정서중심적 대처**와 **문제중심적 대처**라는 두 가지로 분류했다. 정서중심적 대처는 고통스러운 감정을 조절하고 문제를 재개념화하려고 한다. 문제중심적 대처는 일반적으로 외부 상황을 바꾸려고 하고 문제를 해결하려는행동을 가리킨다. 다른 연구자들은 문제의 회피를 또 다른 대처 유형으로 분류하기도 한다(Endler & Parker, 1990).

2) 스트레스 대처와 정서지능

정서지능의 옹호자들은 정서지능이 적응적인 대처를 부른다고 했다. 정서체계가 제공하는 지혜를 따름으로써 효과적인 대처행동을 해서 적응적인 결과를 낼 수 있다는 것이다. 이렇게 사람들이 정서지능의 도움을 받아 성공적으로 대처할 수 있다고 주장하는 사람으로 살로베이 등(1999)이 대표적이다. 그들은 정서지능을 통해서 자신의 정서적 상태를 정확하게 지각, 평가하고 언제 감정을 표현하고 어떻게 감정을 표현하는지를 알고 효과적으로 기분 상태를 조절할 수 있다고 했다. 그 결과 정서지능이 높은 사람들은 정서중심적 대처를 통하여 스트레스에 의한 영향을 적게 받을 수 있다는 것이다.

이러한 관점에서는 스트레스를 주는 환경에 대해서뿐만 아니라 그에 의해 초래된 부정적 정서에 대해서도 대처할 수 있는 자원이 필요하다고 본다. 부정적 기분과 인지를 지속시키거나 악화시키는 대처전략은 사소한 문제를 커다란 사건으로 키울 수 있다. 예를 들어, 이웃집에서 반복적으로 일으키는 소음에 화가 나서 신경 쓰다 보면 이것이 더 화를 부추길 것이고, 그래서 앙갚음하는 행동을 선택하게 된다면, 이것은 장기적으로 불화를 일으키거나 더 크게는 법정 싸움으로 이어질 수도 있다. 그래서 정서적 정보처리의 어려움(낮은 정서지능)은 비적응적 대처를 초래할 수 있다(Salovey et al., 1999). 정서를 적절히 표현하는 것은 긍정적 변화에 도움이 된다(Pennebaker, 1997). 이와 유사하게, 엡스타인(1998)은 정서지능이 적응적 대처에 선행하는 것으로 보았다. 예를 들어, 정서지능이 사회적 지지를 얻는 데 도움이 되고, 그러면 사회적 지지를 통해서 정서적 어려움을 효과적으로 다룰 수 있다고 보는 것이다. 즉, 정서지능이 높은 사람은 자신의 정서를 알고 표현하게 될 것이고 그러면 주변의 사람들이 그의 어려움을 알고 공감과 위로 등의 도움을 주어서 결과적으로 정서적 어려움을 극복하게 될 것이다.

이상과 같이 정서지능과 대처 간의 관계를 설명해 주는 몇몇 매개적 기제가 제안되고 있으나 아직은 이러한 연관이 명확하지는 않다. 정서지능은 비교적 새로운 연구 분야이므로 앞으로 더 많은 연구가 필요하다.

4. 정서지능과 학교

오늘날 정서지능이 부족한 학생들이 많다고들 말한다. 사회가 복잡하고 급속하게 변화하면서 학생들이 적응적이고 성공적으로 기능하기 위해서는 정서적·사회적 능력을 함양할 필요가 있다. 과거에는 정서적 기술과 사회적 기술을 학교에서 교육할 필요가 있다고 생각하지 않았지만 사실은 읽고 쓰고 셈하는 능력만큼이나 기본적이고 중요하다(Greenberg et al., 2004).

1) 이론적 논리

정서지능이 높은 학생들은 낮은 학생들보다 학업 동기가 더 높고 더 높은 수준의 학업 성취도를 이룬다(Zins et al., 2007). 정서적 기술은 높은 동기, 자기통제와 효과적인 자기조절을 포함하는데 이러한 정서 기술을 잘 갖추면 협조적인 학습팀을 구성하고 해로운 반사회적 행동을 피하는 것과 같은 사회적 기술을 잘 활용해서 학습을 촉진할 수 있다. 정서지능은 직접적으로 학업적 성공을 예언하고 간접적으로는 정신장애, 물질사용, 비행, 10대 임신, 폭력 등 학습을 방해하는 요인으로부터 학생을 보호해서 성공을 매개한다(Hawkins et al., 2004). 정서적 기술과 사회적 기술 교육의 옹호자들은 정서지능이 학생들의 학습동기, 학습, 성취를 높이는 데 중요한 역할을 한다고 주장한다.

2) 경험적 연구

연구들을 살펴보면, 높은 정서지능은 지식의 획득과 인지능력의 개발을 촉진하고(Caprara et al., 2000), 학생들이 수업에 집중하는 데 도움이 되는 것으로 보인다(Trentacosta et al., 2006). 정서 사회적 능력을 잘 갖춘 초등학교 학생들은 학업 성취도도 높다는 연구 결과가 일관성 있게 나왔다(Denham, 2006). 몇몇 메타개관연구에서도 정서지능과 학업성취 간의 정적인 상관이 확인되었고 그 효과는 나이가 어리고 학년이 낮을수록 더 컸다(Van Rooy et al., 2004; Perera & DiGiacomo, 2013; Richardson et al., 2012; MacCann et al., 2020). 다시 말해 나이가 어릴수록 정서지능과 학교성적 간 관계가 두드러졌다.

　나이가 많으면? 아멜랑과 스타인마이어(2006)가 지능과 성격이 모두 같다고 전제하고 데이터를 분석한 결과 고등학생과 성인 표본 모두에서 정서지능이 높다고 해서 학업성취도가 높아지는 효과를 찾아볼 수 없었다. 대학생을 대상으로 하는 다른 연구에서도 지능과 성격 변인을 통제할 경우 정서지능과 대학 성적 간의 상관은 유의하지 않은 것으로 나타났다(Newsome et al., 2000).

정서지능이 높으면 학교생활에 적응을 잘하는가? 그렇다. 청소년의 경우 정서지능이 학교생활 적응과 밀접한 관련이 있는 것으로 여러 연구에서 나타난다(Mestre et al., 2006). 초등학생을 대상으로 한 연구(김미숙, 2005)와 중학생을 대상으로 한 연구(문은식, 2005) 및 고등학생을 대상으로 한 연구(정윤진, 2003)에서 모두 정서지능이 높으면 학교생활에도 적응을 잘했다.

3) 현재 학교에서 실행되는 사회 정서 교육 프로그램

과거에는 인성과 사회성의 지도가 일반적으로 부모의 책임인 것으로 인식되었다. 그러나 지금은 이 책임이 주로 학교 시스템 안으로 옮겨가는 것 같다. 이러한 변화에 따라 학교에서 지적인 면 뿐 아니라 학생들의 사회 정서적 훈련과 발달에도 초점을 맞춘 교육이 늘어야 할 것이다.

미국에서는 **사회 정서 학습 프로그램**(social and emotional learning program, SEL)이라는 포괄적인 이름하에 교실에서 학생들의 정서지능 촉진을 위한 프로그램들이 실행되고 있고, 이 과정을 통하여 학생들이 사고, 정서, 행동을 통합하여 과제를 성취하는 능력을 배양한다(Zins et al., 2004). 학교용으로 설계된 정서 개입 프로그램들이 다양한데 여기에는 사회적 기술 훈련, 인지 행동 수정, 자기 관리, 복합 모형 프로그램 등이 포함된다(Topping et al., 2000). SEL 프로그램은 정서 영역에서의 특정 기술의 개발뿐만 아니라 정서지능의 중요성도 일깨우려고 노력한다.

가장 대표적으로 캘리포니아 주의 힐스보로우에 있는 누에바스쿨은 SEL프로그램을 최초로 시작한 곳 중 하나이고, 뉴헤이븐은 전 지역 공립학교에 이 프로그램을 실시했다. 일리노이대학의 학업사회정서교육연합(The Collaborative for Academic, Social, and Emotional Learning, CASEL)의 보고서에 따르면 현재 150개 이상의 다양한 SEL 프로그램이 수천 개의 미국 학교들에서 사용되고 있다.

전반적으로 정서지능의 개념, 측정, 타당화의 문제가 있음에도 불구하고, 정서지능이라는 개념은 교육자와 정책 입안자들에게 학교에서 사회적 기술과 정서적 기술을 훈

그림 9-7 과거와 달리 지금은 인성과 사회성 지도의 책임이 학교 시스템 안으로 옮겨가고 있다.

련한다는 점에 대해 생각하고 기획하게 하는 촉진제가 되었다. 정서지능 연구를 통해 학교 장면이 정서적 기술과 능력을 학습하고 지도하는 현장으로서 잠재력을 가지고 있다는 것이 확인되었다. 일반적으로 정서지능의 연구는 학생들의 정서지능이 학교 울타리 밖의 문제가 아니고 학교 교육 안으로 포함되어야 한다는 인식을 지지한다.

5. 정서지능과 직장

전반적으로 정서지능은 조직 환경에서 중요하고 잠재적으로 귀중한 자원이라고 평가되고 있다. 특히 고객 응대와 같이 정서적 기술이 필요한 일에서는 더욱 그렇다. 그에 따라 정서지능이 직무수행에서 직업만족도(Kafetsios & Zampetakis, 2008), 조직에 대한 태도와 리더십(Ashkanasy & Tse, 2000)에 이르는 다양한 측면을 예언해 주는 것으로 보인다.

직업 환경의 연구에서 주로 합리성을 강조하던 기존의 경향이 간접적으로는 직장에서 정서의 역할을 소홀히 하도록 만든 측면이 있다. 하지만 정서지능의 인기가 높아지면서 직장에서의 정서와 정서적 능력에 대한 상당한 저작물이 생산되었다. 그러나 아직은 직장에서의 정서에 대해 모르는 것이 많다. 예를 들어, 직장에서 어떤 상황이 긍정정서나 부정정서를 경험하게 하는지, 그러한 정서가 발생하기 전에 어떤 생각을 하는지에 대해서 알려진 것이 거의 없다. 게다가, 직무를 수행하는 동안에 직무와 관련된 정서, 정서의 결과 등과 관련하여 알려진 정보도 거의 없다.

또한 정서지능과 리더십 간 관계에 영향을 미치는 상황적 요인을 밝혀내기 위해 더 많은 연구가 필요하다. 예를 들어, 어떤 종류의 과업과 기능이 리더의 정서지능에 의해서 가장 많은 영향을 받는가? 어떤 직원들이 리더의 정서지능에 의해서 더 많은 영향을 받는가? 높은 정서지능이 가장 이득이 되는 직업 환경은 무엇인가? 이와 같은 여러 질문에 답을 주기 위해서 앞으로 많은 연구가 수행될 필요가 있다.

직장에서 정서지능을 사용함으로써 얻는 잠재적 이득을 둘러싸고 흥분하는 것은 시기상조일 수 있거나 심지어 잘못된 것일 수 있다. 연구에서 보고된 관계는 일관되지 않고 기존의 지식을 반복검증하거나 확장하기 위해서 그리고 정서지능이 어떤 매개 과정을 통해서 다양한 종류의 결과에 영향을 미치는지를 밝히기 위해서 추가적인 연구가 필요하다.

직무상 높은 정서지능이 요구된다면 지원자나 근무자의 정서지능을 평가하는 것이 맞지만 그렇지 않은 직무에 높은 정서지능을 갖춘 사람을 뽑거나 배정할 필요는 없다. 따라서 특정 정서적 기술(예를 들어, 공감이나 갈등 해결 기술)이 직무 성격에 포함될 때만 정서지능을 평가해야 할 것이다.

요즘은 직장에서 정서지능을 높이기 위한 여러 훈련 프로그램이 실행되고 있다. 유감스럽게도 이러한 프로그램은 프로그램 기획이나 평가 관점에서 심한 결함이 있다. 이러한 훈련 프로그램은 일반적으로 단단한 개념적 틀을 근거로 하지 않고 적절한 실험 설계에 기초하고 있지 않으며 반복 평가와 시간에 따른 추적을 포함하는 체계적인 평가가 부족하다. 따라서 현재로서는 직장에서 정서지능 프로그램의 가치가 분명하지 않다.

정서지능이 현대의 직장이 직면하는 많은 문제를 해결하는 데 기여할 것이라는 기대가 높다. 하지만 직장에서 정서지능의 관련성을 실증하기 위해서는 특정 직무 능력에 정서지능의 어떤 측면이 요구되는지를 파악하기 위한 체계적인 연구가 필요하다.

요약

1. 정서지능의 정의는 학자들 간에 서로 다르다. 메이어와 살로베이의 4개 가지 위계 모형, 골먼의 정서 역량 모형, 바론의 사회 정서적 능력 모형, 페트라이즈-펀햄의 특성 정서지능의 정의가 대표적이다.

2. 정서지능을 측정하는 척도는 크게 능력척도(수행기반도구)와 자기 보고식 척도로 나눌 수 있는데, 능력척도로는 다중요인 정서지능 척도와 메이어-살로베이-카루소 정서지능 검사가 대표적이고 자기 보고식 척도에는 SSRI, 바론 정서지능 검사, 정서능력검사가 대표적이다.

3. 살로베이 등(1999)은 정서지능을 통해서 자신의 정서적 상태를 정확하게 지각, 평가하고 언제 감정을 표현하고 어떻게 감정을 표현하는지를 알고 효과적으로 기분 상태를 조절할 수 있다고 했다. 그 결과 정서지능이 높은 사람들은 정서중심적 대처를 통하여 스트레스에 대한 영향을 적게 받을 수 있다고 주장한다.

4. 정서지능은 학업성취도 및 학교생활적응과 상관이 있는 것으로 나타났고 직무수행의 다양한 측면에서도 예언을 해 주는 것으로 나타났으나 아직은 더 많은 연구가 필요하다.

참고문헌

김미숙(2005). 초등학생이 지각한 가족체계유형과 자아개념 및 학교생활적응의 관계. 건국대학교 대학원 박사학위 논문.

문은식(2002). 학생 청소년이 지각한 부모-자녀 개방형 의사소통과 학교생활적응의 관계에서 자아탄력성의 매개효과. 숙명여자대학교 대학원 석사학위논문.

정윤진(2003). 청소년의 정서지능 및 가족기능이 학교생활적응에 미치는 영향. 청주대학교 일반대학원 석사학위논문.

Amelang, M., & Steinmayr, R. (2006). Is there a validity increment for tests of emotional intelligence in explaining the variance of performance criteria?. *Intelligence, 34*(5), 459–468.

Ashkanasy, N. M., & Tse, B. (2000). Transformational leadership as management of emotion: A conceptual review.

Bar-On, R. (1997). BarOn emotional quotient inventory. Multi-health systems.

Bar-On, R. (2004). The Bar-On Emotional Quotient Inventory (EQ-i): Rationale, description and summary of psychometric properties.

Bar-On, R. (1997). The Emotional Quotient Inventory (EQ-i): Technical manual. Toronto, Canada: Multi-Health Systems.

BarYOn, R. (2000). Emotional and social intelligence: insights from the Emotional Quotient Inventory. W: R. Bar-On, JDA Parker (red.). The handbook of emotional intelligence, 363–388.

Bar-On, R. (2006). The Bar-On model of emotional-social intelligence (ESI). *Psicothema, 18*, 13–25.

Boyatzis, R. E., & Sala, F. (2004). The Emotional Competence Inventory (ECI).

Brackett, M. A., & Mayer, J. D. (2003). Convergent, discriminant, and incremental validity of competing measures of emotional intelligence. *Personality and social psychology bulletin, 29*(9), 1147–1158.

Caprara, G. V., & Cervone, D. (2000). Personality: Determinants, dynamics, and potentials. Cambridge University Press.

Denham, S. A. (2006). The emotional basis of learning and development in early childhood education.

Endler, N. S., & Parker, J. D. A. (1990). Multidimensional assessment of coping: A critical review. *Journal of Personality and Social Psychology, 58*, 844–854.

Epstein, S. (1998). Constructive thinking: The key to emotional intelligence. Greenwood Publishing Group.

Folkman, S., & Lazarus, R. S. (1984). Stress, appraisal, and coping (pp. 150–153). New York: Springer Publishing Company.

Gardner, H. (2011). Frames of mind: The theory of multiple intelligences. Hachette Uk.

Goleman, D. (1998). Working with emotional intelligence. New York: Bantam.

Goleman, D. (2001). Emotional intelligence: Issues in paradigm building. The emotionally intelligent workplace, 13, 26.

Goleman, D. (2006). Emotional intelligence. Bantam.

Greenberg, M. T., Kusché, C. A., & Riggs, N. A. T. H. A. N. I. E. L. (2004). The PATHS curriculum: Theory and research on neurocognitive development and school success. Building academic success on social and emotional learning: What does the research say, 170 -188.

Handley, R. (1997). AFRS rates emotional intelligence. Air Force Recruiter News, 28(April), 797-812.

Hawkins, J. D., Smith, B. H., & Catalano, R. F. (2004). Social development and social and emotional learning. Building academic success on social and emotional learning: What does the research say, 135-150.

Jensen, A. R. (1998). The g factor: The science of mental ability (Vol. 648). Westport, CT: Praeger.

Kafetsios, K., & Zampetakis, L. A. (2008). Emotional intelligence and job satisfaction: Testing the mediatory role of positive and negative affect at work. *Personality and individual differences, 44*(3), 712-722.

MacCann, C., Jiang, Y., Brown, L. E., Double, K. S., Bucich, M., & Minbashian, A. (2020). Emotional intelligence predicts academic performance: A meta-analysis. *Psychological Bulletin, 146*(2), 150.

Mayer, J. D., Salovey, P., & Caruso, D. R. (2000). Models of emotional intelligence. RJ Sternberg (ed.).

Mayer, J. D., Caruso, D. R., & Salovey, P. (1999). Emotional intelligence meets traditional standards for an intelligence. *Intelligence, 27*(4), 267-298.

Mayer, J. D., Salovey, P., Salovey, P., & Sluyter, D. (1997). Emotional development and emotional intelligence: Implications for educators. What is emotional intelligence, 5.

Mayer, J. D., Caruso, D. R., & Salovey, P. (2016). The ability model of emotional intelligence: Principles and updates. *Emotion review, 8*(4), 290-300.

Mayer, J. D., Salovey, P., Caruso, D. R., & Sitarenios, G. (2001). Emotional intelligence as a standard intelligence.

Mayer, J. D., Caruso, D. R., & Salovey, P. (1999). Emotional intelligence meets traditional standards for an intelligence. *Intelligence, 27*(4), 267-298.

Mayer, J. D., Caruso, D. R., & Salovey, P. (2000). Selecting a measure of emotional intelligence: The case for ability scales.

Mayer, J. D. (2002). MSCEIT: Mayer-Salovey-Caruso emotional intelligence test. Toronto, Canada: Multi-Health Systems.

Mayer, J. D., Salovey, P., Caruso, D. R., & Sitarenios, G. (2003). Measuring emotional intelligence with the MSCEIT V2. 0. *Emotion, 3*(1), 97.

Matthews, G., Zeidner, M., & Roberts, R. D. (2004). Emotional intelligence: Science and myth. MIT press.

Malecki, C. K., & Elliot, S. N. (2002). Children's social behaviors as predictors of academic achievement: A longitudinal analysis. *School Psychology Quarterly, 17*(1), 1.

Mestre, J. M., Guil, R., Lopes, P. N., Salovey, P., & Gil-Olarte, P. (2006). Emotional intelligence and social and academic adaptation to school. *Psicothema, 18*, 112-117.

Palmer, B. R., Manocha, R., Gignac, G., & Stough, C. (2003). Examining the factor structure of the Bar-On Emotional Quotient Inventory with an Australian general population sample. *Personality and individual differences, 35*(5), 1191-1210.

Newsome, S., Day, A. L., & Catano, V. M. (2000). Assessing the predictive validity of emotional intelligence. *Personality and Individual differences, 29*(6), 1005-1016.

Pennebaker, J. W. (1997). Writing about emotional experiences as a therapeutic process. *Psychological science, 8*(3), 162-166.

Perera, H. N., & DiGiacomo, M. (2013). The relationship of trait emotional intelligence with academic performance: A meta-analytic review. *Learning and individual differences, 28*, 20-33.

Pérez, J. C., Petrides, K. V., & Furnham, A. (2005). Measuring Trait Emotional Intelligence. International Handbook of Emotional Intelligence. Cambridge, MA.

Petrides, K. V., & Furnham, A. (2001). Trait emotional intelligence: Psychometric investigation with reference to established trait taxonomies. *European journal of personality, 15*(6), 425-448.

Petrides, K. V., & Furnham, A. (2003). Trait emotional intelligence: Behavioural validation in two studies of emotion recognition and reactivity to mood induction. *European journal of personality, 17*(1), 39-57.

Petrides, K. V., Furnham, A., & Mavroveli, S. (2007). Trait emotional intelligence: Moving forward in the field of EI. Emotional intelligence: Knowns and unknowns, 151-166.

Petrides, K. V. (2009). Psychometric properties of the trait emotional intelligence questionnaire (TEIQue). In Assessing emotional intelligence (pp. 85-101). Springer, Boston, MA.

Petrides, K. V., Pita, R., & Kokkinaki, F. (2007). The location of trait emotional intelligence in personality factor space. *British journal of psychology, 98*(2), 273-289.

Pusey, F. (2000). Emotional intelligence and success in the workplace: Relationship to job performance. Unpublished master's thesis, Guildhall University, London.

Quotient, B. O. R. B. E. (1997). Inventory-Technical Manual. Toronto: Multi-Health System Inc.

Rice, C. L. (1999). A quantitative study of emotional intelligence and its impact on team performance (Doctoral dissertation, Pepperdine University, research project (MSOD)).

Richardson, M., Abraham, C., & Bond, R. (2012). Psychological correlates of university students' academic performance: a systematic review and meta-analysis. *Psychological bulletin, 138*(2), 353.

Saklofske, D. H., Austin, E. J., & Minski, P. S. (2003). Factor structure and validity of a trait emotional intelligence measure. *Personality and Individual differences, 34*(4), 707-721.

Sala, F. (2002). Emotional competence inventory: Technical manual. Philadelphia, PA: McClelland Center For Research, HayGroup.

Salovey, P., Bedell, B. T., Detweiler, J. B., & Mayer, J. D. (1999). Coping intelligently. Coping: The psychology of what works, 141-164.

Schutte, N. S., Malouff, M. J., Hall, L. E., Haggerty, D. J., Cooper, J. T., & Golden, C. J. Dornheim (1998). Development and Validation of a measure of emotional intelligence in Personality and Individual Differences.

Sevinc, L. (2001). The effect of emotional intelligence on career success: Research on the 1990 graduates of Business Administration Faculty of Istanbul University. Unpublished Master Thesis: Istanbul University.

Swart, A. (1996). The relationship between well-being and academic performance. Unpublished master's thesis, University of Pretoria, South Africa.

Topping, K., Holmes, E. A., & Bremner, W. (2000). The effectiveness of school-based programs for the promotion of social competence.

Trentacosta, C. J., Izard, C. E., Mostow, A. J., & Fine, S. E. (2006). Children's emotional competence and attentional competence in early elementary school. *School Psychology*

Quarterly, 21(2), 148.

Van Rooy, D. L., & Viswesvaran, C. (2004). Emotional intelligence: A meta-analytic investigation of predictive validity and nomological net. *Journal of vocational Behavior, 65*(1), 71-95.

Vernon, P. A., Villani, V. C., Schermer, J. A., & Petrides, K. V. (2008). Phenotypic and genetic associations between the Big Five and trait emotional intelligence. Twin Research and Human Genetics, 11(5), 524-530.

Welsh, M., Parke, R. D., Widaman, K., & O'Neil, R. (2001). Linkages between children's social and academic competence: A longitudinal analysis. *Journal of school psychology, 39*(6), 463-482.

Zins, J. E., Payton, J. W., Weissberg, R. P., & O'Brien, M. U. (2007). Social and emotional learning for successful school performance.

제10장

정서문제들

학습목표

1. 우울장애의 양상과 관련된 정서적 어려움 을 알아본다.
   을 알아본다.
2. 양극성 장애의 양상과 관련된 정서적 어려 움을 알아본다.
   움을 알아본다.
3. 불안장애의 양상과 관련된 정서적 어려움

   4. 강박장애 및 관련 장애의 양상과 관련된 정서적 어려움을 알아본다.
      정서적 어려움을 알아본다.
   5. 그 외 정서적 어려움을 겪는 장애에 대해 알아본다.
      알아본다.

 학습개요

너무 떨려서 면접이나 발표 때 아무런 말도 떠오르지 않은 적이 있는지? 끔찍한 사고를 겪은 지 수년이 흘렀는데도 사고가 난 장소의 근처에도 못가는 사람이 주위에 없는지?

정서가 너무 과하거나, 약하거나, 너무 오래 혹은 너무 짧게 경험된다면, 또는 너무 변동이 심하다면 문제가 될 수 있다. 불안장애와 우울장애를 경험하는 사람들은 정서적으로 과민하게 반응해서 사소한 문제에도 힘들어한다. 또 어떤 사람들은 정서가 부족한 것이 문제가 되기도 한다. 조현병을 경험하는 사람들은 흔히 정서의 부족을 보인다. 강박장애는 과도한 죄책감을 갖는 것이 특징인 반면, 행위장애를 겪는 사람들은 다른 사람에게 피해를 주고도 죄책감이 없다. 요컨대 많은 심리적 장애들이 어떤 식으로든 정서적 어려움과 관련되어 있다. 이번 장에서는 정서적 어려움과 관련이 큰 장애들에 대해 다룰 것이다.

1. 우울장애

우울하면 우울장애인가?

누구나 살면서 슬픔이나 우울감을 느끼지만 그 사람들이 모두 우울장애 진단을 받는 것은 아니다. 약 16%의 사람들이 임상현장에서 우울장애 진단을 받거나 받을 정도의 우울장애를 경험하는 것으로 추정되고 있다(Kessler et al., 2005). WHO에 따르면 다른 신체적·정신적 장애와 비교해서 우울장애는 전 세계적으로 고통의 주요 원인이다 (Lopez & Murray, 1996). 이 장애로 인한 개인적·사회적 비용을 고려하면, 우울장애에 걸릴 가능성이 높은 사람들은 어떤 사람들인지 그 취약 요인을 알아내고 효과적인 개입법을 개발하는 것이 중요하다.

여러분 중 대부분이 때로 슬프거나 비관적이거나 의욕이 없다고 느낄 것이다. 그러나 그 기간은 보통 짧고 그 수준은 경미하다. 우울장애는 이를 훨씬 뛰어넘는다. 우울장애의 무망감, 피로감, 무쾌감은 보통의 슬픔과 비교가 안 되고 또한 사랑하는 사람의 죽음과 같은 비극적 상황에 뒤따르는 정상적인 슬픔이나 비탄과도 다르다.

주요우울장애는 우울장애를 대표하는 전형적인 장애로서 우울한 상태가 심각하고 지속적이다. 정신장애의 진단 및 통계편람 5판(Diagnostic and Statistical Manual of Mental Disorders, 5th edition, DSM-5)에 따르면, 주요우울장애의 진단기준은 우울한 기분 또는 흥미나 즐거움의 상실이 적어도 2주 연속 거의 매일 지속되어야 한다. 또 다른 증상으로는 체중과 식욕의 변화(증가나 감소), 불면이나 과다수면, 정신운동성 초조(계속 앉아있지 못함, 왔다갔다 하기, 손 꽉 쥐기, 물건을 잡아당기거나 문지르기 등) 또는 지체(더딘 말과 사고, 몸의 느린 움직임, 대답하기 전의 침묵시간이 길어짐, 음량이나 음조의 감소, 말의 내용이 풍부하지 못함, 말이 없음 등), 피로감과 활력 상실, 무가치감과 과도한 죄책감, 집중력과 사고력의 감소, 죽음에 대한 생각과 자살생각이나 자살시도가 포함된다. 또한 이러한 우울증상이 심각한 고통을 초래하거나 사회적, 직업적, 기타 중요한 기능영역을 손상시킨다.

우울장애는 기분장애로 분류되지만 기분 말고도 다양한 심리적인 문제를 동반한다. 우울장애는 좌절감, 죄책감, 고독감, 무가치감, 허무감, 절망감 등을 동반하고 우울하고 슬픈 감정으로 인해 자주 눈물을 흘리거나 울게 된다. 심한 우울장애의 경우에는 아예 표정이 없고 감정을 밀어내는 수도 있다. 아동이나 청소년의 우울장애에서는 짜증으로 표현되기도 한다. 또한 흥미나 즐거움이 감소되어 매사에 재미가 없고 무의미하게 느껴진다. 그러다 보니 뭔가를 하려는 의욕이 현저하게 저하되어 생활이 침체되고 위축된다. 사고는 부정적이고 비관적이며 자기비하적인 생각과 죽음에 대한 사고가 증가하고 집중력, 기억력, 사고력이 감소되어 뭔가 결정하는 것을 어려워해서 우유부단한 모습을 보인다. 또한 우울한 사람들은 빈번하게 두통, 소화불량, 변비, 어지러움, 온몸 통증과 같은 신체적인 고통을 경험한다(Bai et al., 2014; Goldstein et al., 2011). 사실 많은 우울장애가 처음에는 신체적 문제로 오진된다(Parker & Hyett, 2010).

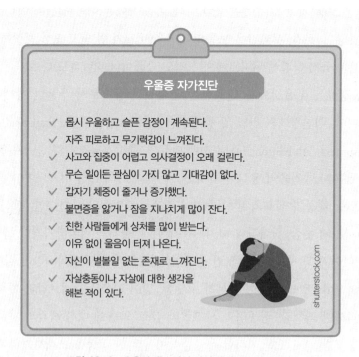

그림 10-1 우울장애는 여러 가지 증상으로 나타난다.

세계적으로 우울장애의 유병률은 계속해서 증가하고 있는 추세이고(Ferrari et al., 2013; Kessler et al., 2003), 여성이 남성보다 두 배나 더 많이 우울장애를 경험할 가능성이 높은 것으로 보고되고 있다(Nolen-Hoeksema, 2001; Rutz, 2001; Kessler et al., 2003). 이러한 성차는 서구 사회와 비서구 사회를 통틀어 나타나고 있다(Bebbington et al., 1998; Kessler et al., 2003). 특히 이러한 남녀차이는 우울증만을 특징으로 하는 단극성 우울장애에는 흔히 나타나는 반면, 우울증과 조증을 오가는 양극성 장애의 경우에는 거의 나타나지 않는 것으로 보고되고 있다. 주요우울장애의 최초 발병 연령이 어릴수록 많은 영역(사회적이고 직업적인 기능, 삶의 질, 자살시도, 재발 등)에서 더 큰 손상을 겪는다(Zisook et al., 2007). 그리고 성인기에 처음으로 우울장애로 진단받은 사람들 중 약 50%가 이전에도 우울증상이 있었다고 보고한다. 다시 말해서 진단을 받을 정도는 아니더라도 증세를 앓는 경우가 매우 흔하며 이후 진단받는 것을 예측할 수 있다(Kessler et al., 1997).

평균적으로 주요우울장애는 약 6개월 정도 지속되고(Beck & Alford, 2009; Robins & Guze, 1972), 치료를 받지 않더라도 결국은 기분이 나아지기 시작한다. 그러나 치료를 받지 않으면 적어도 약 80%가 한 번 이상 재발을 경험하게 된다(Judd, 1997; Mueller et al, 1999). 재발 시 그 평균 지속기간이 이전보다 짧지만 빈도는 높아진다(Solomon et al., 1997). 또한 대부분의 경우 첫 번째 발병에 대해서는 스트레스 사건을 연관 지을 수 있지만 이후의 발병은 더 자연발생적이며 분명한 촉발사건이 없다(Monroe & Harkness, 2005). 다시 말해 주위 사람들이 "특별히 우울한 일이 있었던 것도 아닌데 우울장애가 재발되었네요."라고 기술한다. 재발의 경우에는 단일 경험자에 비해서 증상이 심각하고, 자살 시도를 더 많이 하고 이혼율이 더 높다(Merikangas, Wicki, & Angst, 1994).

1) 원인

슬픈 일이 생기면 슬퍼하는 것이 당연하다. 그렇다고 슬픈 일이 자동적으로 우울장애를 부르는 것은 아니다.

그래도 분명한 것은 인생의 전반에 걸쳐 **스트레스 사건**은 우울장애 위험을 높인다는 것이다. 우울장애의 발병과 관련된 사건은 자원, 지위, 이성 등에 대한 접근성이 위축되는 사회적 패배, 모욕, 거부, 배타, 상실 등과 같이 인간관계와 관련이 있다(Monroe et al., 2009). 연인이나 부부관계에서의 어려움과 지지자원의 부족이 우울장애와 관련되는 것으로 확인되었다(Davila et al., 2009). 그러나 양자의 관계는 쌍방향적이어서 지지자원의 부족이 우울장애를 초래할 수도 있지만 우울장애로 인하여 지지지원의 감소가 초래될 수도 있다. 가령 주위에 의지할 사람이 아무도 없으면 외롭고 우울하겠지만 내가 우울하고 힘들다 보니 사람들을 멀리 하기도 한다. 그러나 우울장애와 관련된 사건이 모두 인간관계와 관련된 것은 아니다. 직업적 실패나 실직과 같은 사건들도 우울장애와 연관이 있다. 사람에 따라서는 인간관계와 무관한 스트레스에 특히 더 취약할 수도 있다(Mazure et al., 2000).

분명한 점은 우울장애의 발병 이전에 큰 스트레스 사건을 경험한 사람들은 그렇지 않은 사람보다 우울장애의 정도가 심하고(Tennant, 2002), 우울장애 동안에 스트레스 사건이 발생하면 회복을 방해할 수 있다(Mazure, 1998)는 것이다.

그렇다고 스트레스 사건이 일어난다고 해서 모든 사람이 우울장애를 경험하는 것은 아니다. 그러면 어떤 사람이 더 취약한 것일까? 우선 **유전적 요인**이 우울장애 발병 위험을 높일 수 있다. 입양된 아이에게 우울장애가 발병할 때, 입양가족보다는 생물학적 가족에게 우울장애가 더 흔하다(Wender et al., 1986). 그리고 일란성 쌍생아와 이란성 쌍생아를 비교했을 때 중간 정도의 유전적 영향력을 확인하였다(Wilde et al., 2014). 하지만 다양한 정신질환이 다수의 유전자의 영향을 받고 있고 유전적 변형이나 환경의 상호작용과 연관될 수 있기 때문에 주요우울장애와만 관련된 유전자를 알아내는 것은 어렵다(Kupfer et al., 2016).

분자생물학 분야의 처리 기술을 이용한 연구(Carlson, 2005)에 따르면, 우울한 사람은 세로토닌 운반체 유전자(5-HTT 유전자)에 이상이 있는 것으로 나타났다. 이 유전자는 17번 염색체에 있으며 **세로토닌** 신경전달물질을 운반하는 활동에 관여한다. 여기 등장하는 세로토닌 등의 신경전달물질은 이 책의 제4장에 간단히 소개했었다. 이 화학물질은 기분, 공격성, 식욕, 각성, 통증 지각 그리고 호흡을 조절하는 역할을 하는 아민계 신경전달물질이다. 낮은 세로토닌의 활동은 우울장애와 관련이 있다는 가설이 일반적으로 수용되고 있다. 또한 **노르에피네프린** 신경전달물질의 낮은 활동성도 우울장애와 관련이 있다. 노르에피네프린은 뇌와 자율신경계의 교감신경계에서 발견되는 신경전달물질인데, 각성과 집중력, 그리고 대사활동을 높이는 역할을 한다. 신체의 내분비체계도 우울장애에 영향을 끼치는 것으로 알려져 있는데 우울한 사람은 우울하지 않은 사람들보다 비정상적으로 높은 수준의 **코르티솔** 호르몬을 갖고 있는 것으로 나타났다. 코르티솔은 스트레스를 받으면 부신에 의해 방출되는 호르몬으로서, 주로 외부의 스트레스에 맞서 몸이 최대의 에너지를 만들어 낼 수 있도록 하는 과정에서 분비되어 혈압과 혈당 수치를 높이는 등의 역할을 한다. 하지만 만성 스트레스로 인해 장기간 코르티솔 수치가 높아지면 면역체계에 나쁜 영향을 준다. 또한 겨울마다 재발하는 계절성 우울장애를 겪는 사람들은 그렇지 않은 사람들보다 겨울에 **멜라토닌**을 더 많이 분비하는 것으로 알려져 있다(Kasof, 2009). 멜라토닌은 어두울 때 방출되는 호르몬으로서 이 호르몬의 문제는 광치료의 도움을 받을 수 있다.

뇌영상 연구에 따르면, 우울장애와 관련된 뇌영역 회로는 전전두피질, 해마, 편도

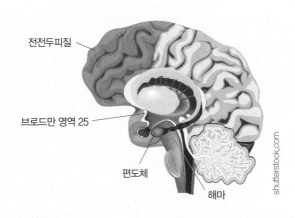

그림 10-2 우울장애와 관련된 뇌영역

체, 그리고 브로드만 영역 25로 이루어진 것으로 보인다(Treadway & Pizzagalli, 2014; Brockmann et al., 2011). 이 회로 안에는 세로토닌 운반체인 5-HTT로 가득 차 있고 이는 세로토닌이 신경세포 간에 메시지를 전달하는 것을 돕는다(Selvaraj et al., 2011). 우울장애를 경험하는 사람들은 전전두엽 피질의 특정 부분에서 활동성과 혈류가 낮으며 해마의 크기가 작아져 있다. 우울한 사람의 브로드만 영역 25는 보통보다 더 활동적이며, 우울장애가 나아지면 활동성이 다시 감소한다(Comer, 2015).

생물학적 요인으로 어떤 사람들은 우울장애에 더 취약할 수 있지만, 우울장애는 또한 사람들이 세상에 대해 생각하는 방식과 관련이 있다. 우울하다고 느끼면 자신이 무기력하거나 희망이 없다고 믿게 된다. 또한 무기력하거나 희망이 없다고 믿으면 우울해진다(Lazarus, 1991). 이러한 이론에서는 사건의 의미에 대한 우리의 해석이 우리의 정서반응을 결정한다고 주장한다. 따라서 습관적으로 역기능적으로, 또 비관적으로 상황을 평가하는 경향은 우울장애의 위험을 높일 것이다.

'**학습된 무기력**' 이론(Seligman, 1967)은 이러한 효과와 관련지어 우울장애를 설명한다. 즉, 반복적으로 실패를 경험하는 사람은 자신이 무기력하다고 학습하게 되고 더 이상 노력하는 것을 포기하여 우울증 증세를 보이게 된다는 것이다. 하지만 학습된 무기력 이론으로는 우울증상의 강도나 만성화 정도를 설명해 주지 못하며 실패경험 못지않게 상황을 통제하지 못할 것이라는 미래에 대한 부정적 예측/기대 때문에 무기력해진다는 반론이 제기되었다.

이러한 문제점을 해결하기 위해 에이브람슨, 셀리그만과 티즈데일(1978)은 우울증의 **귀인이론**을 제안했다. 귀인은 행동이나 사건의 원인을 한 개인이 어떻게 설명하는지에 관한 것이다. 귀인이론에 따르면, 어떤 상황에서 반복된 실패는 그 결과에 대한 해석에 따라서 우울장애를 초래할 수도 있고 초래하지 않을 수도 있다. 우울장애에 취약한 사람들은 실패경험에 대해서 내부적 귀인을 안정적이고 전반적으로 하는 경향이 있다. 예를 들어 어떤 사람이 시험에 떨어졌을 때 실패의 원인을 자신이 멍청해서(내부적)라고 생각하고, 계속 멍청할 것이고(안정적), 다른 모든 상황에서도 자신은 실패할 것(전반적)으로 여기면 우울해질 가능성이 높아진다.

부정적인 생활사건에 대해서 안정적이고 전반적인 내부적 귀인을 하는 사람들은 절망감에 빠지기 쉬우며, 이런 절망감은 우울장애를 일으키는 기반이 된다. 따라서 **절망감 이론**(Abramson, Metalsky, & Alloy, 1989)에서는 우울장애의 촉발 요인으로 절망감을 가장 중요하게 본다. 절망감은 원하는 결과가 나타나지 않을 것이라는 믿음과 이것을 변화시키기 위해서 자신이 할 수 있는 것은 아무것도 없다는 믿음이다.

부정적 생활사건에 대한 비관적인 설명 양식 외에도 대부분의 우울한 사람들은 자신이 '어떻게 되어야 한다', '이런 것을 성취해야 한다' 등의 자신에 대한 비현실적인 신념을 나타낸다. 벡은 그러한 **역기능적 인지**(신념, 생각)에 주목했다. 1970년대 이후로 벡의 인지 모형은 우울장애를 설명하고 치료하는 데 있어서 가장 영향력 있는 모형이 되었다. 이 모형에 따르면 우울장애를 겪는 사람들은 아동기에 부모와의 이별, 또래의 사회적 배척, 부모의 우울한 태도를 접하는 등의 경험을 통해서 우울을 유발하는 부정적이고 역기능적인 신념, 즉 역기능적인 인지도식을 갖게 된다. 이 역기능적 인지도식은 애초에 그 인지도식을 형성하게 된 상황과 비슷한 상황을 만나게 되면 활성화된다. 일단 활성화되면 부정적인 인지도식은 인지적 편향, 즉 정보를 특정 부정적 방식으로 처리하는 경향성을 유발하게 된다(Kendall & Ingram, 1989). 이는 의식적 자각 없이 자동적으로 진행되어 흘러가고 벡은 이러한 사고과정을 매우 중요하게 여겨 자동적 사고라고 지칭했다. 우울한 사람들이 지니는 부정적인 자동적 사고는 그 내용에 있어 크게 세 가지 주제로 나누어지며 이것을 **인지삼제**(cognitive triad)라고 한다. 우울한 사람들은 자기 자신에 대해서('나는 실패자다, 나는 열등하다'), 자신의 미래에 대해서('내 인생은 앞으로도 실패일 거야, 앞으로도 내 삶은 절망적이다'), 그리고 주변 환경에 대해서('누구도 나를 좋아하지 않는다, 세상은 내게 적대적이다') 부정적인 생각을 지니고 있다. 이러한 부정적인 경향성이 우울장애를 초래할 가능성을 높인다고 주장했다.

우울장애는 또한 긍정적인 사건에 대한 역기능적 반응과도 관련되어 있다. 우울장애에 대해서 생각할 때 우리는 끊임없이 슬퍼하는 사람을 생각하는 경향이 있다. 그러나 우울장애를 겪는 사람들의 더 두드러진 특징은 즐거움의 부족이다. 우울한 사람들의 가족들을 보면 우울장애로 진단받지 않았어도 즐거움이 상대적으로 감소되어 있다. 이러한 결핍이 즐거움의 부족 때문인지 동기의 부족 때문인지에 대해서는 심리학자들이 의견을 달리한다(Pizzagalli, 2013). 즉, 즐거운 일이 적어서 즐거움이 감소된 것인지, 즐거움에 대한 욕구가 부족하여 즐거운 활동을 추구하지 않아서 즐거움이 감소된 것인지에 대해서 이견을 보이고 있다. 하지만 이것을 구분하는 것은 어렵기도 하지만 구분하더라도 실제로 중요하지 않다.

한 실험에서 참여자들은 알람이 울리면 그때의 행동과 기분을 보고하도록 요청받았다. 우울장애를 겪는 환자들의 경우 슬픈 사건에 대해서는 우울하지 않은 사람들과 같은 수의 부정적인 사건을 보고했고 부정적인 사건을 더 불쾌하고 더 중요하고 더 스트레스를 준다고 평가했다. 반면에 긍정적인 사건에 대해서는 우울하지 않은 참여자들에 비해서 더 적게 보고했고 그 사건들을 덜 유쾌하고 같은 정도로 중요하고 더 스트레스를 준다고 평가했다(Peeters et al., 2003). 또 다른 연구에서 사람들이 행복, 슬픔, 또는 중립적 기분을 일으키도록 의도된 영화들을 보았을 때, 우울한 사람들은 행복한 영화를 거의 즐기지 않은 것으로 보고했다(Rottenbery, Gross, & Gotlib, 2005). 또 우울한 사람들은 그렇지 않은 사람들보다 잠재적인 보상에 리액션을 덜 보였다(Henriques & Davison, 2000).

2) 치료

우울장애에 대한 가장 일반적인 치료는 **약물치료**와 다양한 형태의 **심리치료**이다. 약물치료는 주로 모노아민 산화효소 억제제, 삼환계 항우울제, 선택적 세로토닌 재흡수 억제제 계열의 약들이 널리 사용되고 있다. 이러한 약물은 세로토닌이나 노르에피네프린을 사용하는 시냅스의 활동성을 높여준다. 하지만 약물치료가 시작된 후 10일 이상이 되어야 우울장애의 증상에 대한 효과가 나타나기 시작한다. 또한 우울장애의 약 35%에서는 효과를 보지 못하고 심각도가 경미할수록 약물의 효과가 감소된다(Hegerl et al., 2012; Isacsson & Alder, 2012). 항우울제 약물이 듣지 않는 경우에는 때로 전기충격요법이 시행되기도 한다. 이것은 망상을 동반한 심한 우울장애 환자에게 효과적이라는 연구 결과가 있지만(Rothschild et al., 2004), 국내에서는 잘 사용되지 않는다. 경두개 자기자극법은 전기충격요법과는 달리 큰 외상 없이 우울한 사람의 뇌를 자극하는 방법이다.

인지치료는 우울장애에 대한 가장 효과적인 심리치료 중 하나로서 사람들의 해석 양식과 역기능적 인지를 수정하는 것을 목표로 한다(Beck, 1973). 자신을 우울하게 만드는 현실왜곡적인 부정적 사고를 자각하게 하여 보다 합리적인 사고를 통해 현실에 대한 효과적인 대응능력을 키워준다. 인지치료는 A-B-C 기법, 소크라테스식 대화법, 일일기록표, 하향 화살표법 등을 포함하는 다양하고 구체적인 기법을 사용하여 내담자를 우울하게 하는 자동적 사고와 역기능적 신념을 찾아내고 변화시킨다. 인지치료는 근본적으로 내담자가 자기 자신과 삶에 대해서 보다 현실적이고 유연한 태도를 갖도록 도와준다.

인지치료는 또한 내담자에게 더 많은 활동을 하도록 격려한다. 우울장애 기간에는 일반적으로 에너지가 없기도 하고 활동의 즐거움에 대한 기대가 상실되어 뭔가를 하고자 하는 동기가 없다. 그럼에도 불구하고 활동을 일단 시도하면 예상했던 것보다 즐거워한다. 인지치료의 많은 효과가 활동의 독려에서 나온다는 의견이 나온 이후(Jacobson et al., 1996), 몇몇 치료자들은 활동을 더 많이 하도록 이끄는 '**행동 활성화**'를 단독치료법으로 적용하기 시작했다. 비록 연구가 제한적이지만 행동 활성화를 단독으로 사용했을 때 다른 유형의 치료법만큼 효과가 있는 것으로 보인다(Ekers et al., 2014).

대인관계치료 역시 우울장애에 효과적인 것으로 알려져 있다. 대인관계치료는 우울장애가 대인관계 문제와 밀접하게 관련되어 있다는 데 착안했다(Klerman et al., 1984). 인간관계에서의 갈등, 별거나 사별, 타인으로부터의 소외, 역할의 문제 등 주요한 문제를 평가해서 대인관계의 문제를 개선하고 새로운 중요한 인간관계를 형성하는 기술을 가르친다.

최근 들어 인지행동치료의 제3의 물결인 **마음챙김 기반 인지치료**(Segal et al., 2018)가 우울장애 치료에 많이 사용되고 있다. 처음에는 우울장애의 재발방지를 위해서 개발되었으나, 최근에는 반복적인 우울장애와 약물에 잘 반응하지 않는 심한 우울장애에 대해서도 효과성이 입증되고 있다(Wenzel et al., 2015).

2. 양극성 장애

양극성 장애는 말 그대로 기분이 극과 극을 오갈 정도로 변동이 매우 심한 장애로서 보통 조증과 우울증을 교대로 경험한다. 조증기간에는 지나치게 의기양양하고 자극에 대해 과민하고 활동성이 매우 높아진다. 고양된 사고와 넘치는 자신감, 높이 치솟은 야망, 꺼지지 않는 에너지로 하늘을 날 것 같은 기분을 느낀다. 생각의 흐름이 너무 빨라 말이 빨라지고 사고의 비약이 나타나서 한 주제에서 다른 주제로 갑작스럽게 전환된다. 수면 욕구가 감소하여 거의 잠을 자지 않거나 전혀 잠자지 않음에도 피곤함을 느끼지 않는다. 세상은 자기 뜻대로 될 것 같고 못할 일은 없는 것 같다. 많은 일을 시도하고 벌여놓지만 완수하는 것은 거의 없다. 과도하게 쇼핑하고 감당할 수 없는 지출을 하며 새로운 관계에 집착한다. 외모를 화려하게 꾸미고 성적으로 유혹적인 모습을 보인다. 자극적인 약물, 무분별한 성행위, 계속적 여행 등에 대한 충동을 억제하지 못한다. 다른 사람이 이러한 과도한 행동을 제지하려고 하면 이들은 금방 격분하고 공격적인 모습을 보인다. 하지만 이러한 모든 모습은 자신의 원래 스타일과는 다른 것이다. 고양된 생각들은 심하면 망상이 될 수 있으며 타인에게 적대적이고 신체적 위협을 가하며 공격적으로 행동하거나 자살 시도를 하기도 한다. 이러한 조증의 증상이 있지만 심각한 문제를 일으키지 않는 수준의 기능상 변화만 보일 때는 경조증(약한 조증)으로 본다. 경조증 기간에는 사교성이 높아지고, 에너지가 넘치며 생산성이 높고 성적 매력도 더 높아진 느낌이 들 수 있다.

살아가면서 조증을 한 번이라도 경험하면 **제I형 양극성 장애**로 진단이 되고, 우울장애를 최소 한 번 그리고 경조증을 최소 한 번 경험하면 **제II형 양극성 장애**로 진단된다. 우울증이 자주 나타나지만 그 수준이 경미하며 경미한 수준의 조증 증상과 교차하여 나타나면 **순환성 장애**로 진단된다.

유전적 요인, 신경내분비적 요인, 수면 생리적 요인, 신경전달물질 등의 다양한 생물학적 원인이 양극성 장애에 영향을 끼치는 것으로 알려져 있다. 또한 양극성 장애

조증　우울증

shutterstock.com

그림 10-3　양극성 장애는 조증과 우울증을 교대로 경험하는 기분 변동이 매우 심한 장애이다.

를 겪는 사람들은 보상자극에 민감한 것으로 나타났다. 다시 말해서, 어떤 일이 괜찮은 결과를 가져올 것이라고 생각하면 그 일을 바로 행동으로 옮긴다(Meyer, Johnson, & Winters, 2001).

　양극성 장애의 치료에는 **리튬**과 같은 항조증제가 주로 사용된다. 하지만 환자의 약 30% 이상은 리튬이나 다른 기분 안정제에 잘 반응하지 않는다는 점과 약물치료를 받는 환자들 중 50~70%는 재발한다는 사실을 고려할 때, 약물치료와 함께 심리치료를 병행하는 것이 필요하다. 심리치료 안에는 환자와 가족에게 제공하는 심리교육이 포함되며, 심리교육은 약물 복용의 방법, 스트레스 관리 방법, 안정된 수면 패턴 유지, 물질 사용 예방, 대인관계 방식 등을 교육한다.

3. 불안장애

불안은 위험이 발생하는 경우에 울리는 경계경보와 같은 것이다. 미래의 위협을 알아차리고 그에 대해 대비할 수 있게 해 주고, 위험 상황을 피하게 하는 적응적인 기능을 가진다. 하지만 상황에 맞지 않게 너무 자주 경보가 울리거나 너무 과하게 울리면 우리는 과도하게 긴장하게 되고 힘들어진다.

그러나 과도한 불안으로 현실적인 적응에 심각한 어려움을 겪게 되면 **불안장애**로 진단된다. 불안장애의 주된 증상은 불안과 공포이다. 다른 장에서도 설명했듯 두 단어는 호환되는 경우가 많지만 엄밀히 따져보면 **불안**은 예상되는 문제에 대한 걱정, **공포**는 즉각적인 위협에 대한 반응으로 정의된다. 즉, 공포가 지금 일어나고 있는 위협에 대한 것이라면, 불안은 미래의 위협에 대한 것이 주된 초점이다. 따라서 숲에서 뱀을 만난 사람은 공포를 느끼고 실직할까 봐 노심초사 걱정하는 사람은 불안을 경험하고 있는 것이다.

불안장애는 불안이나 공포를 느끼는 대상 및 상황에 따라서 여러 가지 하위 유형으로 나뉜다. **범불안장애**는 거의 지속적으로 초조하고 걱정하는 것을 특징으로 한다. 건강, 재정, 직업, 심지어 집안일이나 차 수리와 같은 사소한 문제에 대해서도 과도하게 걱정한다. 때때로 자신이 무엇에 대해서 걱정을 하는지 확신이 없다. 이들은 과도한 걱정으로 인해 짜증내고 안절부절하며 피곤해한다. 이러한 상태가 오랫동안 계속되면 결국 직업이나 인간관계상에서 어려움을 겪게 된다. 범불안장애에서는 불안이 매우 크지는 않지만 너무 자주 그리고 너무 쉽게 발생한다는 것과 다른 불안장애와는 달리 다양하고 광범위한 주제의 불안을 포함하고 있는 것이 특징이다.

공황장애는 갑자기 엄습하는 극심한 불안, 즉 공황발작을 반복적으로 경험하는 장애를 말한다. 공황발작은 전혀 예상하지 못한 상황에서 갑작스럽게 아무런 이유 없이 극심한 불편감과 공포가 밀려오는 것으로, 심장박동이 빨라지고 호흡이 가빠지고 진땀을 흘리거나 몸을 떨거나 가슴 통증을 느끼면서 곧 죽을 것 같은 강렬한 불안감이 급격하게 엄습하는 것을 말한다. 하지만 이러한 공포는 10~20분 후 빠르게 또는 서서히 사라진다. 한 번 공황발작을 경험했다고 해서 자동적으로 공황장애로 발달하는 것은 아니다. 어떤 사람들은 한두 번 공황발작을 경험하고 그냥 아무렇지 않게 살아간다. 따라서 공황장애로 진단이 되려면 공황발작을 경험한 이후에 공황발작이나 자기통제의 상실, 심장발작, 정신이상과 같은 것에 대해서 지속적으로 걱정하거나 공황발작과 관련하여

그림 10-4 공황장애는 다시 공황발작을 경험할 것을 두려워한다.

뚜렷한 부적응적인 행동 변화를 동반해야 한다. 즉 공황장애로 진단되는 사람들은 공황발작이 없는 시기에도 다시 또 발생하지 않을까 하는[1] 예기불안을 겪는다. 이러한 불안은 종종 광장공포증을 초래한다.

광장공포증은 다양한 '광장' 상황에 실제로 노출되거나 노출이 예상되는 상황에서 현저한 공포를 나타내는 경우를 말한다. 광장공포증 환자가 두려워서 회피하는 '광장' 상황은 다음과 같다: 자동차, 버스, 기차, 배, 비행기 같은 대중교통을 이용하는 상황, 주차장, 시장, 다리와 같이 개방된 공간에 있는 것, 영화관 같은 폐쇄된 공간에 있는 것, 줄을 서 있거나 군중 속에 있는 것, 집 밖을 혼자 돌아다니는 상황 등이다. 이와 같은 상황에 대한 두려움 때문에 광장공포증이 있는 사람들은 대부분 집 밖으로 나가지 못하며, 만일 나가야 한다면 엄청난 고통을 겪으며 집을 나선다. 이들은 광장 상황에서 혹시 공황발작이 생기면 그러한 상황을 피하기 어렵거나 도움을 받을 수 없다는 생각

---

1) 예기불안 : 일어날 수도 일어나지 않을 수도 있는 '나쁜 일'과 관련된 불안과 걱정. 다양한 상황에서 일어날 수 있으나 예상 못하거나 통제할 수 없는 것들에 초점을 맞춘다는 공통점이 있다. 가령 수면, 성교, 수험 따위의 평범한 일상적 행위를 할 때 한 번 실패했던 일이 연상되어 또다시 실패를 예감하고 불안을 느끼는 상태를 예로 들 수 있다. 특히 공황장애 환자들이 겪는, 공황발작이 또 일어날지도 모른다는 공포가 이에 해당한다.

때문에 이러한 상황을 두려워하거나 회피한다.

광장공포증이 두 가지 이상의 상황에서 공포를 느낀다면 한 가지 특정 상황으로만 공포가 제한될 경우에는 특정공포증의 상황형이 된다. 또한 광장공포증의 경우에는 특정 상황에서 공황 증상을 자신이 겪을까 봐 두려워하는 반면 특정공포증의 경우에는 비행기의 추락과 같은 상황 자체를 두려워한다.

이와 같이 **특정공포증**은 특정한 대상이나 상황에 대한 강력한 공포와 그러한 대상이나 상황에 대한 회피반응을 특징으로 한다. 여기서 두려워하는 대상은 매우 다양하다. 거미, 뱀과 같은 동물형, 높은 곳, 물, 천둥과 같은 자연환경형, 피나 주사바늘 등을 두려워하는 혈액-주사-손상형, 비행기나 폐쇄된 장소에 대한 공포인 상황형과 그 외 기타형이 있다. 이들이 느끼는 공포는 비현실적인 것은 아니지만 과도하며 정상적인 삶을 방해한다. 예를 들어, 이들은 뱀이 무서워 자연을 즐기지 못하거나 폐쇄된 공간에 대한 두려움으로 엘리베이터를 타지 못한다.

마지막으로, **사회불안장애**는 낯선 사람들이 자신을 면밀히 살피는 것같이 느끼거나 단순히 낯선 이를 만나는 사회적 상황에서조차도 지속적이고 강렬한 두려움을 느낀다. 이들은 사회적 상황에서 '다들 나를 바보라고 여길 거야' 하는 식의 부정적인 평가를 받을 수 있는 행동을 하거나 '얼굴이 또 빨개지면 어떻게 하지' 하는 식으로 불안 증상을 보이게 될 것을 두려워한다. 이 장애로 야기되는 문제는 생활 구석구석에 영향을 미치고 일상을 저해하는 정도가 다른 공포증보다 훨씬 크다(Liebowitz, Heimberg, & Fresco et al., 2000). 사회불안이 있는 사람들이 가장 두려워하는 것은 남들 앞에서 말하기, 모임이나 학급에서 발표하기, 새로운 사람 만나기, 그리고 지위가 높은 사람에게 말하기 등이다(Ruscio, Brown, Chie et al., 2008).

1) 원인

무엇이 불안장애를 초래하는가? 행동이론에서는 조건형성에 기초해서 불안장애를 설명한다. **모우러의 2요인 모형**에 따르면 불안장애는 두 가지 단계를 통해서 형성된다고 한다(Mowrer, 1947). 첫 번째로 고전적 조건형성에 의해서 중성자극이 무조건자극인

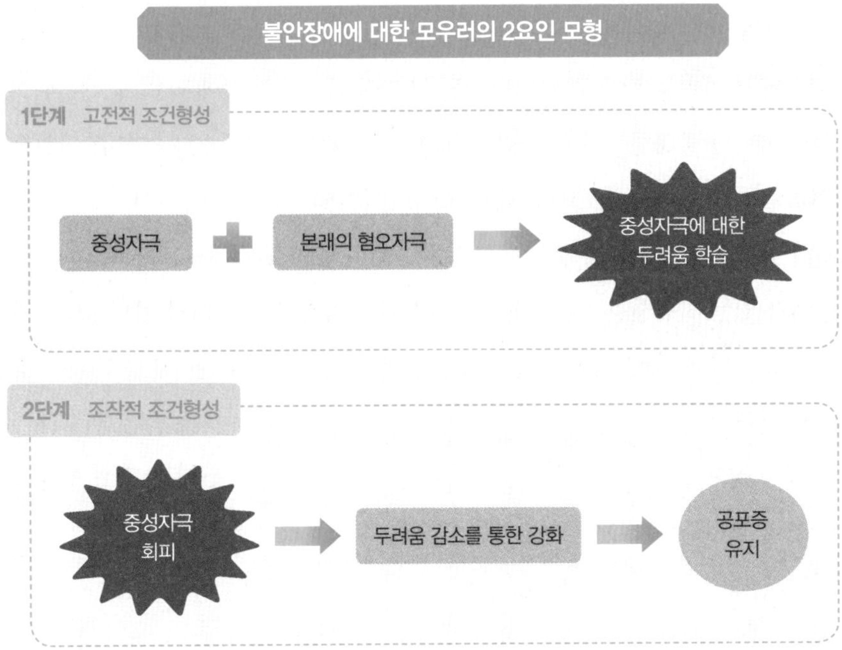

불안장애에 대한 모우러의 2요인 모형

1단계 고전적 조건형성

중성자극 ➕ 본래의 혐오자극 ➡ 중성자극에 대한 두려움 학습

2단계 조작적 조건형성

중성자극 회피 ➡ 두려움 감소를 통한 강화 ➡ 공포증 유지

그림 10-5 불안장애는 두 가지 단계를 통해서 형성된다.

본래의 혐오자극과 짝지어짐으로써 중성자극에 대한 두려움을 학습한다. 이후 해당 중성자극을 회피하게 되고 조작적 조건형성을 통해 회피반응이 강화효과를 얻어 불안이 유지된다. 즉, 개에게 물리게 되면 통증을 느껴서 개에 대한 공포를 학습하고 이후 개를 피한다. 멀리 개가 보이면 불안이 커지기도 전에 잽싸게 피해서 불안이 감소한다. 이러한 강화를 통해 계속 개를 회피하고 개 공포증이 유지된다는 것이다. 이때 고전적 조건형성은 개에게 물리는 등의 직접적인 나쁜 경험뿐 아니라 남이 개에 물리는 것을 보는 것과 같은 대리학습, 또는 개는 위험한 동물이라고 부모에게 듣는 식의 언어적 지시를 통해서도 발생할 수 있다.

하지만 개에게 물렸다고 해서 모두 개 공포증에 걸리는 것은 아니다. 그러면 어떤 요인이 불안장애 발병의 위험을 높일까? 우선 유전과 생물학적인 요인을 들 수 있다. 불안장애 환자의 가족이 불안장애를 경험할 가능성이 더 높으며 이 가능성은 이란성 쌍둥이들보다 일란성 쌍둥이들에게서 더 높다. 그리고 이러한 유전적 영향은 불안장애 간에 교차해서 미치는 것으로 보인다. 즉, 한 가족원의 공황장애는 다른 가족원의 공황장애뿐만 아니라 공포증이나 범불안장애와 같은 다른 불안장애를 경험할 위험을 높일 수 있다(Shimada-Sugimoto, Otowa, & Hettema, 2015).

공포와 불안은 **공포회로**라 불리는 편도체, 해마, 중앙 전전두엽 피질과 관련이 있다. 불안장애가 있는 사람들은 다른 사람들에 비해 위협자극에 대해서 편도체의 활동성이 더 높아지고 위협자극에 대한 자신의 정서반응을 조절하려고 할 때 중앙 전전두엽 피질의 활동성이 더 낮은 것으로 발견되었다. 또한 전쟁에서 충격을 받은 후 PTSD(외상 후 스트레스 장애)를 겪는 군인들과 전쟁에 참여하지 않은 그들의 쌍둥이 형제들은 같은 충격을 받았어도 PTSD를 겪지 않은 군인들과 이들의 쌍둥이 형제들보다 해마의 크기가 더 작았다(Garfinkel & Liberzon, 2009). 불안장애가 있는 사람은 또한 신경전달물질인 세로토닌과 GABA의 수용체의 활동성이 낮고 노르에피네프린의 수준이 높은 경

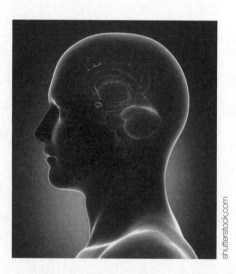

그림 10-6 편도체는 대뇌변연계에 존재하는 아몬드 모양의 뇌부위이다. 감정을 조절하고, 공포 및 불안에 대한 학습 및 기억에 중요한 역할을 한다.

향이 있다(Kring & Johnson, 2018).

불안장애는 또한 **행동억제**와 **신경증 특질**과 관련이 있는 것으로 보인다. 그레이(1994)는 처벌의 가능성이나 잠재적 공포자극 또는 새로운 자극에 직면할 때 주의와 흥분 그리고 행동을 조절하는 시스템이 있다고 보았다. 행동억제수준이 높은 유아는 새로운 장난감이나 사람같은 새로운 자극과 마주하면 동요되어 우는 경향이 크고 새로운 자극에 접근하는 행동이 억제되는데, 그러한 유아는 나중에 불안장애를 발달시킬 가능성이 높았다. 신경증 특질은 부정적인 정서를 자주 또는 강하게 경험하는 경향성이다. 높은 수준의 신경증을 갖는 사람들은 낮은 사람들보다 2배 이상이나 불안장애를 발달시킬 가능성이 높았다.

불안장애를 겪는 사람들은 미래에 대해서 지속적으로 부정적인 믿음을 갖고 이 믿음을 유지하는 쪽으로 생각하고 행동한다. 예를 들어, 호흡이 가쁜 것을 지각하고 죽음의 공포를 느끼는 사람은 그러한 결과를 피하기 위해서 모든 신체행동을 멈추는 안전행동을 하게 된다. 이러한 안전행동만이 자신의 생명을 구할 수 있다고 믿음으로써 지나치게 부정적인 인지상태를 계속 유지하게 되는 것이다. 나아가 상황에 대해 통제력이 부족하다고 지각하는 것이 불안장애를 높이는 것으로 보인다. 아동기에 외상적 사건을 경험하거나 처벌을 주로 하는 부모에게 양육된 경우 또는 학대를 당한 경험은 인생에 대한 통제력을 감소시킨다. '그냥 속수무책으로 당할 수밖에 없다'는 느낌, 그리고 그 경험이 불안장애의 위험을 높인다는 것이다. 마찬가지로, 불안장애는 자신의 인생에 대한 통제력을 위협하는 심각한 생활사건을 경험한 후에 종종 나타난다. 불안장애가 있는 사람들은 그렇지 않은 사람들보다 주변 환경의 부정적 단서에 주의를 더 많이 기울인다. 불안한 사람들은 한 번 위협대상을 포착하면 다른 데로 주의를 돌리는 것이 어려웠다. 즉, 불안장애인 사람들은 위협 신호에 선택적 주의를 보내는 경향이 있다.

2) 치료

우울장애와 마찬가지로 불안장애에 대한 치료에도 종종 심리치료와 약물치료가 포함되는데 두 가지를 같이 사용하거나 둘 중 하나를 사용한다. 불안을 줄여 주는 약물은 항불안제, 불안완화제, 진정제로 불리는데 벤조디아제핀을 포함하는 것들이 가장 흔하다. 불안완화제는 극심한 불안을 단기적으로 완화시키는 데 도움이 될 수 있지만 다양한 부작용과 반복 사용에 의한 중독 때문에 장기사용을 권하지 않는다. 따라서 불안장애를 장기적으로 치료해야 하는 경우에는, 특히 심리치료의 효과가 없는 경우에 항우울제가 선호된다.

불안완화제는 **GABA**로 알려진 신경전달물질의 효과를 높인다. GABA는 편도체를 포함하여 신경계 전체에 작용하는 억제성 신경전달물질이다. 그러므로 불안완화제는 편도체의 활동을 억제시켜서 위협적이거나 정서적인 자극에 대한 반응성을 감소시켜준다. 하지만 이것은 뇌의 나머지 부분의 활동성도 억제해서 졸음과 기억상실을 일으키고 전반적으로 정서 처리를 감소시킨다. 한 연구 결과를 예로 들자면, 불안완화제를 복용한 사람들은 분노나 공포와 같은 정서의 얼굴 표정을 인식하는 데 어려움을 겪었다(Zangara et al., 2002). 이러한 연구 결과들을 보면 GABA가 단지 공포에 대항하는 신경전달물질로만 작용하는 것이 아니라 뇌 전반에 걸쳐 다양한 기능을 억제해 주는 것 같다.

불안장애에 효과적인 심리치료는 직면/노출에 초점을 맞추는 것으로서 너무 무서워서 맞부딪치기 어려운 대상에 맞닥뜨리는 것이다. **노출치료**의 한 예를 들자면 다음과 같이 진행된다. 치료자와 내담자는 먼저 불안이나 두려움을 유발하는 상황 및 활동으로 구성된 촉발자극의 목록을 만든다. 그런 다음 두려움의 정도에 따라 등급을 매긴 '노출 위계'를 작성한다. 초기에는 노출 위계상 낮은 단계의 촉발자극에 직면하다가 점차 내담자의 불안이 소멸되는 것을 학습함에 따라 조금씩 더 높은 단계의 촉발자극으로 노출수위를 높여가게 된다.

불안장애에 대한 **인지행동치료**는 다른 유형의 처치와 비교해서도 효과가 더 높은 것으로 나타났고(Hofmann & Smits, 2008), 특히 노출치료기법은 내담자 중 70~90%에서 효과가 있었다. 인지행동치료의 효과는 처치 6개월 후에도 지속되는 것으로 보이지만 (Hollon, Stewart, & Strunk, 2006), 수년이 지나면 증상의 재발을 경험하는 사람들이 많다. 재발을 방지하기 위해서는 노출치료 시에 공포 대상의 상세한 부분에, 그리고 가능한 한 다양한 상황에 직면해야 한다.

노출치료의 효과기제는 다음과 같다. 행동적 관점에서는 노출이 공포 반응을 소거함으로써 효과를 보인다고 설명한다. 공포반응의 소거과정은 지우개처럼 이전의 연합을 지우는 것이 아니라 공포와 관련된 자극에 대해 새로운 연합을 배우게 하는 것이다. 이렇게 새로이 학습된 연합은 공포가 활성화되는 것을 억제한다. 불안장애 치료에 대한 인지적 접근은 내담자가 갖는 두 가지 믿음에 초점을 둔다. 즉, 불안을 유발하는 대상이나 상황에 직면할 경우 부정적인 결과가 일어날 것이라는 개인적 믿음과 그것을 자신이 대처할 수 없을 것이라는 기대(예측)이다. 따라서 인지적 측면에서 노출치료는 이러한 믿음을 뒤흔들고 이러한 상황에서 잘 대처할 수 있다는 것을 깨닫도록 돕는다.

가상현실을 이용한 노출치료법도 많은 내담자에게 적용되고 있다. 가상현실 장치를 통해서 내담자가 공포 장면을 볼 수 있게 한다. 가상현실은 비행기, 높은 곳, 심지어 사회적 상호작용과 같은 두려운 상황에서 활용될 수 있다. 가상현실을 사용한 노출치료는 불안장애에 대한 상당한 안도감을 주는 것으로 보이고(Parsons & Rizzo, 2008), 발표불안과 같은 사회적 불안에도 효과적이었다(방은별, 김미리혜, 김정호, 김제중, 2017).

그림 10-7 VR을 사용한 노출치료는 불안장애에 효과적인 것으로 나타났다.

4. 강박장애

우리는 다가오는 면접이나 시험에 대해서 계속 생각을 하고 가스레인지의 불을 껐는지, 문을 잠갔는지 계속 신경 쓰곤 한다. 보도블록의 갈라진 틈을 피해서 걷거나 아파트의 특정 층에 거주하는 것을 피하거나 옷장을 특정 방식으로 정리하는 것에서 안도감을 느끼기도 한다. 시험을 앞두고 반복해서 어떤 가락을 읊조리거나 손가락을 두드리면 긴장감이 완화되고 수행력이 높아지기도 한다. 또한 성수를 뿌리거나, 염주를 굴리는 것과 같은 종교적 의식 또는 문화적 의식을 반복하는 것에서 편안함을 느끼기도 한다. 이처럼 사소한 강박사고 및 행동은 일상에 규칙성을 주기도 하고 스트레스 상황에서 마음을 진정시키는 효과를 준다. 하지만 이러한 생각과 행동이 너무 과하고 시간 소모가 커서 스트레스를 완화해 주기는커녕 오히려 스트레스를 부르고 기능상의 손상을 초래한다면 **강박장애**를 의심해 볼 수 있다.

강박장애의 특징적인 증상은 **강박사고**와 **강박행동**이다. 강박사고는 반복적으로 의식에 침투하는 고통스러운 생각, 충동 또는 심상을 말한다. 이러한 강박사고는 매우 다양한데, 음란하거나 근친상간적인 생각, 공격적이거나 신성 모독적인 생각, 오염에 대한 생각, 반복적 의심, 불에 타고 있는 집의 심상 등이 이에 해당한다. 이러한 생각이 부적절하다는 것을 알고 있지만 통제할 수 없고 반복적으로 떠올라서 고통스러워한다. 강박행동은 강박사고를 없애기 위해서 반복해서 보이는 행동을 말한다. 씻기, 청소하기, 정돈하기, 확인하기와 같은 외현적 행동과 숫자 세기, 기도하기, 속으로 단어를 반복하기와 같은 내현적 행동으로 나타날 수 있다. 예를 들어 오염이 되어 병에 걸릴까 봐 무언가를 만졌을 때마다 씻고 청소하는 행동을 하게 된다.

강박장애는 이전 버전인 DSM-IV까지는 불안장애에 포함되었지만 DSM-5에서는 불안장애에서 분리되어 강박증 관련 장애로 독립했다. 강박장애의 심각성을 나타내는 주요 지표가 불안 증상이 아니라는 점이 분리의 주된 이유이다. 불안은 여러 심리장애에서 공통적으로 나타나기 때문에 불안이 있다는 것만으로 강박장애를 진단할 수는 없

그림 10-8 강박행동은 강박사고를 없애기 위해서 반복하는 행동이다.

다. 또한 대부분의 불안장애에서 회피행동을 보이는데, 강박장애는 뚜렷한 회피 반응이 없다는 것 또한 분리의 이유이다.

강박장애는 불안 말고도 다른 측면에서 정서적인 장애다. 강박장애를 경험하는 대부분의 사람들은 혐오감(특히 오염에 대해서)을 갖는 경향이 높다(Pauls et al., 2014). 그들은 또한 평균 이상의 죄책감을 보고한다. fMRI를 사용한 한 연구에 따르면, 수치심이나 죄책감을 자극했을 때 강박장애 환자들이 강력한 뇌 반응을 보였다(Hennig-Fast et al., 2015). 이 때문에 죄책감이 강박사고와 강박행동을 초래하는 것이 아닐지 추정하게 된다. 이들은 과도한 책임감을 느끼고, 수치스러운 행동에 대해 생각하는 것만으로도 그 행동을 실제로 행하는 것만큼 나쁘다고 믿는다(Lawrence & Williams, 2011).

무언가에 대한 생각을 억제하는 것은 어렵다. 어떤 생각을 억제하려고 노력할수록 그 생각은 더 침투적이 된다. 다시 말해, 생각하지 않으려고 애쓸수록 자꾸 떠오른다. 그러면 엄격한 자기 통제를 유지하기 위해서 의식적인 행동을 반복하게 된다. 즉, '이 행동을 계속하면 다른 끔찍한 일이 일어나지 않을 것'이라고 믿는다. 과도하게 씻는 행동은 또한 죄책감과 관련된다. 죄를 '씻어낸다'거나 죄책감을 '씻어낸다'는 것은 전 세계적으로 흔한 전통적인 테마다.

지금까지 가장 효과적인 심리치료는 **노출 및 반응방지**(exposure and response prevention)로 알려진 행동치료이다. 이 치료에서 내담자는 불안이나 강박공포나 강박행동을 유발하는 대상이나 상황에 반복해서 노출되지만 그때 반복해 왔던 의례적인 행동을 안 하도록 요구된다. 이렇게 반응을 금지한 상태에서 강박적인 사고가 유발한 고통이나 불안이 감소되어 사라질 때까지 지켜보게 한다. 어떤 사람은 고통이나 불안 수준이 100점에서 40~50점으로 떨어지는 데 몇 시간 이상 걸릴 수 있다. 하루에 2~3시간 샤워를 하거나 손을 씻는 환자에게 3일 동안 샤워를 하지 못하게 하고 나중에는 하루에 10분 정도만 샤워를 하도록 하고, 화장실을 사용하거나 손이 더러운 상태에서 한 번에 30초 정도씩만 씻도록 함으로써 조금씩 증상을 조절해 나갈 수 있다. 노출 및 반응 방지는 강박증 환자의 약 50~70%에서 효과적인 것으로 나타났다(Abramowitz et al., 2008).

인지치료에서는 내담자가 강박장애와 관련된 인지과정에 초점을 맞추도록 도와준다. 처음에 환자들은 원치 않는 생각에 대한 잘못된 해석과 과도한 책임감 및 강박행동이 증상을 만들어 내고 유지하는 데 어떤 영향을 끼치는지를 교육받는다. 예를 들어, 성적으로 음란한 생각이나 공격적인 생각만 해도 행동을 실제로 하는 것과 같다고 믿는 환자에게는 그 생각에 대한 과도한 책임감을 부여하는 것이 얼마나 역기능적이고 왜곡된 것인지 스스로 인식하게 만든다. 이러한 종류의 인지기법은 강박사고와 강박행동의 빈도와 영향을 줄이는 데 도움이 된다(Franklin & Foa, 2014). 행동치료와 인지치료 각각이 강박장애에 도움이 되지만, 두 가지를 함께 적용할 때 한 가지 방법만 사용할 때보다 더 효과적인 것으로 보인다(Grayson, 2014).

특정 항우울제 약물이 강박사고와 강박행동을 줄이는 데 도움이 되는 것으로 밝혀진 이후로 강박장애를 치료하게 위해서 이러한 약들이 사용되어 왔다. 하지만 약의 복용을 중단하면 다시 재발하는 경향이 있어서 지금은 인지적, 행동적, 약물적 접근이 함께 이루어지는 추세다. 연구에 따르면, 그러한 복합적인 치료가 한 가지만 적용할 때보다 증상을 더 완화시키고 더 많은 사람들에게 효과를 보인다(Romanelli et al., 2014).

5. 그 외 정서 곤란으로 인한 장애

사실 거의 모든 심리적 장애들은 정서적인 어려움을 특징으로 한다. 지금까지는 정서의 역할이 명백하고 경험적 연구가 누적된 장애들에 대해 살펴보았지만 여기에 몇 가지를 추가해 볼 수 있을 것이다.

반사회성 성격장애는 타인의 인격과 권리를 침해하고, 사회의 규범이나 법을 지키지 않으며, 무책임하고 폭력적인 행동을 반복적으로 나타내어 사회적 부적응이 초래되는 성격특성을 갖는다. 반사회성 성격장애자들은 보통사람들과는 달리 선천적으로 불안수준이 매우 낮다. 또 뇌의 보상중추는 활성화되어 있는 반면, 뇌의 처벌중추는 매우 둔감하다. 불안수준이 낮기 때문에 외부의 위협적인 자극을 두려워하지 않고, 마음 내키는 대로 행동하게 된다. 또한 처벌중추가 둔감하기 때문에 범법을 저질러서 처벌을 받아도 그것을 두려워하지 않고 피할 필요성을 느끼지 못하며, 양심의 가책을 느끼지 못하고 반사회적 행동을 스스로 제지할 수 없다.

이렇듯 위협에 대한 전반적 둔감성 외에, 일부 연구자들은 반사회성 성격장애자들이 공감력 부족으로 인해 아무렇지도 않게 타인을 착취하는 것이라고 믿는다. 반사회성 성격장애를 갖고 있는 남성들에게 낯선 사람을 보여주는 영상에 내포된 정서를 파악하라고 지시하면 다른 정서는 잘 인식하지만 두려움을 인식하는 것에는 어려움을 보였다(Brook & Kosson, 2013). 대부분의 사람들은 슬프거나 무서워하는 얼굴을 보면 최소한 약간은 그것을 모방함으로써 반응을 한다. 그러나 반사회성 성격장애를 겪는 사람들은 그러한 경향이 결핍되었다(Lishner et al., 2015). 그리고 누군가 고통스러워하는 모습을 보았을 때 편도체와 전두엽이 거의 반응을 보이지 않았다(Thompson, Ramos, & Willet, 2014). 요컨대 반사회성 성격장애를 겪는 사람들은 불쾌함을 느끼지 않으면서 다른 사람을 해칠 수 있는 것이다. 보통 이것은 어렸을 때 시작되고 치료가 어렵다.

다음으로, **경계성 성격장애**는 감정이나 기분의 변화가 심하고 자아상이 극에서 극으로 변하며, 충동적인 행동으로 인해 불안정한 대인관계를 반복하여 사회적 부적응이 초래되는 성격특성을 가진다. 경계성 성격장애를 겪는 사람들은 매우 우울했다가 불안했다가 과민해지는 상태를 반복하고 이 상태가 몇 시간에서 며칠 이상 지속되기도 한다. 그들은 분노를 폭발하는 경향이 있고 그 결과 폭력을 보이기도 한다. 또한 자신의 충동적인 공격을 내면으로 향해서 스스로에게 신체적인 해를 가하기도 한다. 많은 경우 이들은 심한 공허감을 겪는다. 그들의 충동적인 자기 파괴적 행동은 알코올 등의 물질 남용에서 비행, 안전하지 않은 성관계, 부주의한 운전까지 다양하다. 이들은 칼로 베거나 화상을 입거나 머리를 박는 등의 자해행동을 하고 종종 이러한 신체적 고통이 정서적 고통을 경감시키는 것으로 느낀다. 많은 경우 이들은 만성적인 공허감, 지루함, 정체성의 혼란을 다루는 방법으로 자해를 이용한다. 자살 위협이나 자살행동이 흔하고 경계성 성격장애자의 약 75%는 평생에 적어도 한 번은 자살을 시도하며 10% 정도는 사실상 자살을 저지른다. 그들은 매우 불안정하고 갈등이 많은 관계를 형성하고 상대를 우상화했다가 기대에 못 미치면 거부당했다고 느껴 매우 분노하게 된다. 사실상 그들은 버림받을까 두려워하고 버림받지 않기 위해 처절하게 노력한다. 이러한 절박함으로 파트너가 떠나는 것을 막으려고 자해적인 행동을 하기도 한다. 경계성 성격장애는 임상장면에서 점점 늘어가는 추세이고 여자가 남자보다 많다.

그림 10-9 경계선 성격장애 : 정서, 행동, 대인관계가 매우 불안정하고 변동이 심하며 상대를 자신의 이상형이라고 믿었다가 기대에 못 미치면 분노를 느끼지만 버림 받을까 봐 처절한 노력을 한다.

경계성 성격장애가 강렬한 정서로 어려움을 겪는 경우라면 **조현병**은 종종 정서경험이 둔화되어 있고 정서적 표현이 밋밋하다. 전체적으로 정서를 드러내는 수준이 낮아서 표정변화가 별로 없고 즐거움, 환희 등의 쾌정서도 드러나지 않는 무쾌감증을 보이기도 한다. 또한 상황에 맞지 않는 부적절한 정서를 표현하기도 하는데, 자신의 아버지가 방금 돌아가셨다는 연락을 받았다는 말을 히죽히죽 웃으면서 하거나 행복한 순간에 부적절하게 화를 내는 등 상황에 맞지 않는 기분 변화를 보이기도 한다. **자폐증**으로 진단된 사람들도 타인의 정서표현을 인식하는 데 어려움을 겪는다. 사람들은 종종 정서를 조절하기 위해서 술을 마시며 알코올 등 약물 남용은 우울장애를 겪는 가정에서 흔하게 나타난다.

이상과 같이 심리적 장애는 정상적인 정서가 과장되거나 왜곡된 것을 말한다. 따라서 심리적 장애의 조절을 위해서는 정서의 조절이 중요하다고 할 수 있다.

요약

1. 우울장애는 전 세계적으로 주된 고통의 원인이 되고 있으며 유병률이 계속 증가하고 있다. 스트레스 사건, 생물학적 요인, 유전적 요인, 인지적 요인, 학습적 요인 등이 우울장애를 초래하는 것으로 밝혀졌다. 우울장애의 주된 치료로는 약물치료, 인지치료, 대인관계치료, 마음챙김 기반 인지치료의 효과성이 입증되고 있다.

2. 양극성 장애는 기분의 변동이 매우 심한 장애로서 보통 조증과 우울증을 교대로 경험한다. 유전적 요인, 신경내분비적 요인, 수면 생리적 요인, 신경전달물질 등의 다양한 생물학적 원인이 양극성 장애에 영향을 끼치는 것으로 알려져 있다. 양극성 장애의 치료에는 리튬과 같은 항조증제가 주로 사용된다.

3. 불안장애는 불안이나 공포를 느끼는 대상 및 상황에 따라서 여러 가지 하위 유형으로 나뉜다. 범불안장애는 거의 지속적으로 초조하고 걱정하는 것이 특징이고, 공황장애는 갑자기 엄습하는 극심한 불안, 즉 공황발작을 반복적으로 경험하는 장애이며, 광장공포증은 다양한 상황에 실제로 노출되거나 노출이 예상되는 상황에서 현

저한 공포를 나타낸다. 특정공포증은 특정한 대상이나 상황에 대한 강력한 공포와 그러한 대상이나 상황에 대한 회피반응을 특징으로 한다.

4. 강박장애의 특징은 강박사고와 강박행동이다. 강박사고는 반복적으로 의식에 침투하는 고통스러운 생각, 충동 또는 심상을 말한다. 강박행동은 강박사고를 없애기 위해서 반복해서 보이는 행동을 말한다. 가장 효과적인 심리치료는 노출 및 반응방지로 알려진 행동치료이다.

5. 반사회성 성격장애자들은 선천적으로 불안수준이 매우 낮으며, 경계성 성격장애는 감정이나 기분의 변화가 심하고 자아상이 극에서 극으로 변하며, 충동적인 행동으로 인해 불안정한 대인관계를 반복한다. 조현병은 종종 정서경험이 둔화되어 있고 정서적 표현이 밋밋한 것이 특징이다.

참고문헌

방은별, 김미리혜, 김정호, 김제중 (2019). 점진적 가상현실 노출치료가 여대생의 발표불안 및 자기초점적 주의에 미치는 효과. 한국심리학회지: 건강, 24(2), 293-309.

Abramowitz, J. S. (2007). Is Nonparaphilic Compulsive Sexual Behavior a Variant of OCD?. In Obsessive-Compulsive Disorder (pp. 271-286). Elsevier Science Ltd.

Abramson, L. Y., Seligman, M. E., & Teasdale, J. D. (1978). Learned helplessness in humans: critique and reformulation. *Journal of abnormal psychology, 87*(1), 49.

Bai, Y. M., Chiou, W. F., Su, T. P., Li, C. T., & Chen, M. H. (2014). Pro-inflammatory cytokine associated with somatic and pain symptoms in depression. *Journal of affective disorders, 155*, 28-34.

Bebbington, P. E., Dunn, G., Jenkins, R., Lewis, G., Brugha, T., Farrell, M., & Meltzer, H. (1998). The influence of age and sex on the prevalence of depressive conditions: report from the National Survey of Psychiatric Morbidity. *Psychological medicine, 28*(1), 9-19.

Beck, A. T. (1967). Depression: Clinical, experimental, and theoretical aspects. Hoeber Medical Division, Harper & Row.

Beck, A. T. (1973). The diagnosis and management of depression.

Beck, A. T., & Alford, B. A. (2009). Depression: Causes and treatment. University of

Pennsylvania Press.

Brockmann, H., Zobel, A., Schuhmacher, A., Daamen, M., Joe, A., Biermann, K., ... & Boecker, H. (2011). Influence of 5-HTTLPR polymorphism on resting state perfusion in patients with major depression. *Journal of psychiatric research, 45*(4), 442-451.

Brook, M., & Kosson, D. S. (2013). Impaired cognitive empathy in criminal psychopathy: Evidence from a laboratory measure of empathic accuracy. *Journal of abnormal psychology, 122*(1), 156.

Burns, M. O., & Seligman, M. E. (1989). Explanatory style across the life span: evidence for stability over 52 years. *Journal of personality and social psychology, 56*(3), 471.

Carlson, N. R. (2005). Foundations of physiological psychology. Pearson Education New Zealand.

Comer, R. J. (2015). Abnormal psychology (9. baskı).

Ekers, D., Webster, L., Van Straten, A., Cuijpers, P., Richards, D., & Gilbody, S. (2014). Behavioural activation for depression; an update of meta-analysis of effectiveness and sub group analysis. *PloS one, 9*(6), e100100.

Franklin, M. E., & Foa, E. B. (2008). Obsessive-compulsive disorder.

Garfinkel, S. N., & Liberzon, I. (2009). Neurobiology of PTSD: A review of neuroimaging findings. *Psychiatric Annals, 39*(6).

Gray, J. A., Van Goozen, S. H. M., Van de Poll, N. E., & Sergeant, J. A. (1994). Framework for a taxonomy of psychiatric disorder. Emotions: Essays on emotion theory, 12, 29-59.

Gross, J. J., & Jazaieri, H. (2014). Emotion, emotion regulation, and psychopathology: An affective science perspective. *Clinical Psychological Science, 2*(4), 387-401.

Hegerl, U., Schönknecht, P., & Mergl, R. (2012). Are antidepressants useful in the treatment of minor depression: a critical update of the current literature. *Current opinion in psychiatry, 25*(1), 1-6.

Hennig-Fast, K., Michl, P., Müller, J., Niedermeier, N., Coates, U., Müller, N., ... & Meindl, T. (2015). Obsessive-compulsive disorder-A question of conscience? An fMRI study of behavioural and neurofunctional correlates of shame and guilt. *Journal of psychiatric research, 68*, 354-362.

Henriques, J. B., & Davidson, R. J. (2000). Decreased responsiveness to reward in depression. *Cognition & Emotion, 14*(5), 711-724.

Hofmann, S. G., & Smits, J. A. (2008). Cognitive-behavioral therapy for adult anxiety disorders: a meta-analysis of randomized placebo-controlled trials. *The Journal of clinical psychiatry, 69*(4), 621.

Hollon, S. D., Stewart, M. O., & Strunk, D. (2006). Enduring effects for cognitive behavior therapy in the treatment of depression and anxiety. Annu. Rev. *Psychol., 57*, 285–315.

Hu, T., Zhang, D., & Yang, Z. (2015). The relationship between attributional style for negative outcomes and depression: A meta-analysis. *Journal of Social and Clinical Psychology, 34*(4), 304–321.

Isacsson, G., & Adler, M. (2012). Randomized clinical trials underestimate the efficacy of antidepressants in less severe depression. *Acta Psychiatrica Scandinavica, 125*(6), 453–459.

Jacobson, N. S., & Gortner, E. T. (2000). Can depression be de-medicalized in the 21st century: Scientific revolutions, counter-revolutions and the magnetic field of normal science. *Behaviour research and therapy, 38*(2), 103–117.

Judd, L. L. (1997). The clinical course of unipolar major depressive disorders. *Archives of general psychiatry, 54*(11), 989–991.

Kasof, J. (2009). Cultural variation in seasonal depression: cross-national differences in winter versus summer patterns of seasonal affective disorder. *Journal of affective disorders, 115*(1–2), 79–86.

Kendall, P. C., & Ingram, R. E. (1989). Cognitive-behavioral perspectives: Theory and research on depression and anxiety.

Kessler, R. C., Berglund, P., Demler, O., Jin, R., Koretz, D., Merikangas, K. R., & Wang, P. S. (2003). The epidemiology of major depressive disorder: results from the National Comorbidity Survey Replication (NCS-R). *Jama, 289*(23), 3095–3105.

Kessler, R. C., Chiu, W. T., Demler, O., & Walters, E. E. (2005). Prevalence, severity, and comorbidity of 12-month DSM-IV disorders in the National Comorbidity Survey Replication. *Archives of general psychiatry, 62*(6), 617–627.

Kessler, R. C., & Frank, R. G. (1997). The impact of psychiatric disorders on work loss days. *Psychological medicine, 27*(4), 861–873.

Kiehl, K. A., Smith, A. M., Hare, R. D., Mendrek, A., Forster, B. B., Brink, J., & Liddle, P. F. (2001). Limbic abnormalities in affective processing by criminal psychopaths as revealed by functional magnetic resonance imaging. *Biological psychiatry, 50*(9), 677–684.

Klerman, G. L., Weissman, M. M., Rounsaville, B. J., & Chevron, E. S. (1984). Interpersonal psychotherapy of depression. 1984. Northvale, NJ: Jason Aronson.

Kring, A. M., & Johnson, S. L. (2018). Abnormal psychology: The science and treatment of psychological disorders. John Wiley & Sons.

Kupfer, D. J., Frank, E., & Phillips, M. L. (2016). Major depressive disorder: new clinical, neurobiological, and treatment perspectives. *Focus, 14*(2), 266–276.

Lawrence, P. J. P., & Williams, T. I. (2011). Pathways to inflated responsibility beliefs in adolescent obsessive-compulsive disorder: a preliminary investigation. *Behavioural and cognitive psychotherapy, 39*(2), 229–234.

Lazarus, R. S. (1991). Progress on a cognitive-motivational-relational theory of emotion. *American psychologist, 46*(8), 819.

Liebowitz, M. R., Heimberg, R. G., Fresco, D. M., Travers, J., & Stein, M. B. (2000). Social phobia or social anxiety disorder: what's in a name?. *Archives of general Psychiatry, 57*(2), 191–192.

Lishner, D. A., Hong, P. Y., Jiang, L., Vitacco, M. J., & Neumann, C. S. (2015). Psychopathy, narcissism, and borderline personality: A critical test of the affective empathy-impairment hypothesis. *Personality and Individual Differences, 86*, 257–265.

Lopez, A. D., & Murray, C. J. (1996). The global burden of disease: A comprehensive assessment of mortality and disability from diseases, injuries, and risk factors in 1990 and projected to 2020: summary Harvard School of Public Health. Ferrari, A. J., Somerville, A. J., Baxter, A. J., Norman, R., Patten, S. B., Vos, T., & Whiteford, H. A. (2013). Global variation in the prevalence and incidence of major depressive disorder: a systematic review of the epidemiological literature. *Psychological medicine, 43*(3), 471–481.

Mazure, C. M., Bruce, M. L., Maciejewski, P. K., & Jacobs, S. C. (2000). Adverse life events and cognitive-personality characteristics in the prediction of major depression and antidepressant response. *American Journal of Psychiatry, 157*(6), 896–903.

Merikangas, K. R., Wicki, W., & Angst, J. (1994). Heterogeneity of depression: classification of depressive subtypes by longitudinal course. *The British Journal of Psychiatry, 164*(3), 342–348.

Meyer, B., Johnson, S. L., & Winters, R. (2001). Responsiveness to threat and incentive in bipolar disorder: Relations of the BIS/BAS scales with symptoms. *Journal of psychopathology and behavioral assessment, 23*(3), 133–143.

Monroe, S. M., & Harkness, K. L. (2005). Life stress, the "kindling" hypothesis, and the recurrence of depression: considerations from a life stress perspective. Psychological review, 112(2), 417.

Monroe, S. M., Slavich, G. M., & Georgiades, K. (2009). The social environment and life stress in depression. Handbook of depression, 2(1), 340–60.

Mowrer, O. (1947). On the dual nature of learning—a reinterpretation of "conditioning" and "problem-solving.". Harvard educational review.

Mueller, T. I., Leon, A. C., Keller, M. B., Solomon, D. A., Endicott, J., Coryell, W., ... & Maser, J. D. (1999). Recurrence after recovery from major depressive disorder during 15 years of observational follow-up. *American Journal of Psychiatry, 156*(7), 1000–1006.

Nolen–Hoeksema, S. (2001). Gender differences in depression. *Current directions in sychological science, 10*(5), 173–176.

Parker, G., Hyett, M., Mitchell, A. J., & Coyne, J. C. (2010). Screening for depression in medical settings: are specific scales useful? Screening for depression in clinical practice-an evidence-based guide, 191–8.

Parsons, T. D., & Rizzo, A. A. (2008). Affective outcomes of virtual reality exposure therapy for anxiety and specific phobias: A meta-analysis. *Journal of behavior therapy and experimental psychiatry, 39*(3), 250–261.

Patrick, C. J., Cuthbert, B. N., & Lang, P. J. (1994). Emotion in the criminal psychopath: fear image processing. *Journal of abnormal psychology, 103*(3), 523.

Pauls, D. L., Abramovitch, A., Rauch, S. L., & Geller, D. A. (2014). Obsessive-compulsive disorder: an integrative genetic and neurobiological perspective. *Nature Reviews Neuroscience, 15*(6), 410–424.

Peeters, F., Nicolson, N. A., Berkhof, J., Delespaul, P., & deVries, M. (2003). Effects of daily events on mood states in major depressive disorder. *Journal of abnormal psychology, 112*(2), 203.

Robins, E., & Guze, S. B. (1972). Classification of affective disorders-the primary-secondary, the endogenous reactive and the neurotic-psychotic. Recent advances in the psychobiology of the depressive illnesses. Washington, DC: US Government Printing Office, 283–292.

Romanelli, R. J., Wu, F. M., Gamba, R., Mojtabai, R., & Segal, J. B. (2014). Behavioral therapy and serotonin reuptake inhibitor pharmacotherapy in the treatment of obsessive-compulsive disorder: A systematic review and meta-analysis of head-to-head randomized controlled trials. *Depression and anxiety, 31*(8), 641−652.

Rothschild, A. J., Williamson, D. J., Tohen, M. F., Schatzberg, A., Andersen, S. W., Van Campen, L. E., ... & Tollefson, G. D. (2004). A double-blind, randomized study of olanzapine and olanzapine/fluoxetine combination for major depression with psychotic features. *Journal of Clinical Psychopharmacology, 24*(4), 365−373.

Rottenberg, J., Gross, J. J., & Gotlib, I. H. (2005). Emotion context insensitivity in major depressive disorder. *Journal of abnormal psychology, 114*(4), 627.

Ruscio, A. M., Brown, T. A., Chiu, W. T., Sareen, J., Stein, M. B., & Kessler, R. C. (2008). Social fears and social phobia in the USA: results from the National Comorbidity Survey Replication. *Psychological medicine, 38*(1), 15−28.

Rutz, W. (2001). Preventing suicide and premature death by education and treatment. *Journal of affective disorders, 62* (1−2), 123−129.

Segal, Z. V., & Teasdale, J. (2018). Mindfulness-based cognitive therapy for depression. Guilford Publications.

Selvaraj, S., Murthy, N. V., Bhagwagar, Z., Bose, S. K., Hinz, R., Grasby, P. M., & Cowen, P. J. (2011). Diminished brain 5-HT transporter binding in major depression: a positron emission tomography study with [11 C] DASB. *Psychopharmacology, 213*(2−3), 555−562.

Seligman, M. E. (1972). Learned helplessness. Annual review of medicine, 23(1), 407−412.

Seligman, M. E., & Maier, S. F. (1967). Failure to escape traumatic shock. *Journal of experimental psychology, 74*(1), 1.

Shimada−Sugimoto, M., Otowa, T., & Hettema, J. M. (2015). Genetics of anxiety disorders: genetic epidemiological and molecular studies in humans. *Psychiatry and clinical neurosciences, 69*(7), 388−401.

Solomon, D. A., Keller, M. B., Leon, A. C., Mueller, T. I., Shea, M. T., Warshaw, M., ... & Endicott, J. (1997). Recovery from major depression: a 10-year prospective follow-up across multiple episodes. *Archives of general psychiatry, 54*(11), 1001−1006.

Tennant, C. (2002). Life events, stress and depression: a review of recent findings. *Australian & New Zealand Journal of Psychiatry, 36*(2), 173−182.

Thompson, D. F., Ramos, C. L., & Willett, J. K. (2014). Psychopathy: clinical features, developmental basis and therapeutic challenges. *Journal of Clinical Pharmacy and Therapeutics,*

39(5), 485-495.

Treadway, M. T., & Pizzagalli, D. A. (2014). Imaging the pathophysiology of major depressive disorder-from localist models to circuit-based analysis. *Biology of mood & anxiety disorders, 4*(1), 1-13.

Wender, P. H., Kety, S. S., Rosenthal, D., Schulsinger, F., Ortmann, J., & Lunde, I. (1986). Psychiatric disorders in the biological and adoptive families of adopted individuals with affective disorders. *Archives of General Psychiatry, 43*(10), 923-929.

Wenzel, M., von Versen, C., Hirschmüller, S., & Kubiak, T. (2015). Curb your neuroticism-Mindfulness mediates the link between neuroticism and subjective well-being. *Personality and Individual Differences*, 80, 68-75.

Zangara, A., Blair, R., & Curran, V. H. (2002). A comparison of the effects of a β-adrenergic blocker and a benzodiazepine upon the recognition of human facial expressions. *Psychopharmacology, 163*(1), 36-41.

Zisook, S., Lesser, I., Stewart, J. W., Wisniewski, S. R., Balasubramani, G. K., Fava, M., ... & Trivedi, M. H. (2007). Effect of age at onset on the course of major depressive disorder. *American Journal of Psychiatry, 164*(10), 1539-1546.

찾아보기

ㄱ

가바(GABA, 감마 아미노 낙산) 78, 151

가상현실 263

감정 23

강박사고 264

강박장애 264

강박행동 264

개방성 경향 163

개인 간 지능 216

개인 내 지능 216

거짓말 탐지기 87

결심/헌신 134

결정적 시기 95

경계성 성격장애 267

경고 단계 188

경두개 자기자극법 252

경조증 254

경험적 정서지능 212

공감 울음 99

공격적 행동 156

공포 88, 147, 256

공포회로 260

공황발작 256

광장공포증 257

광치료 249

교감신경계 81, 162

교감신경 항진 198

귀인이론 250

근육긴장 198

기본정서 47

기분 23

기쁨 127

ㄴ

낯선 사람 불안 102

노르에피네프린 78, 249

노출 9, 263

노출치료 262

놀람의 상승작용 148
느낌 24
능력 모형 211
능력 정서지능 211

ㄷ

다중요인 정서지능 척도 221
다차원적 분노 목록 154
단극성 우울장애 247
당혹감 169
당혹감 척도 173
당혹감 취약성 척도 173
대뇌보상회로 128
대리학습 259
대인관계지능 216
대인관계치료 253
대처 188, 230
대처 이론 187
도구적 공격 154
도덕의 원리 184
도덕적 불안 184
도덕적 혐오 161, 164
도전 188
도파민 76

ㄹ

리튬 255

ㅁ

마음이론 104
마음챙김 기반 스트레스 감소 202
마음챙김 기반 인지치료 253
마음챙김 명상 202
만족 131
메이어-살로베이-카루소 정서지능
    검사 221
멜라토닌 79, 249
모노아민 산화효소 억제제 252
모우러의 2요인 모형 258
문제중심 대처 189, 191, 230
문화적 정서 55
미세표정훈련도구 53
미소 짓기 100

ㅂ

반동형성 186
반사회성 성격장애 267
반응중심적 전략 190
반응중심 정서조절 전략 189
반추 193

베타엔돌핀 활성화 132

벡 우울 척도 165

벤조디아제핀 262

변연계 82

보상중추 267

보상회로 77

복측피개 128

부교감신경계 81, 162

부인 185

부정적 정서성 120

분노 153

분산 193

불안 183, 256

불안장애 256

브로드만 영역 25 250

빅 파이브 224

ㅅ

사고억제의 역설효과 195

사랑 133

사랑의 삼각형 이론 134

사랑의 프로토타입 134

사회불안장애 258

사회적 구성 56

사회적 구성주의 104

사회적 바람직성 228

사회적 참조하기 108

사회정서적 선택이론 111

삶에 대한 만족 척도 117

삼환계 항우울제 252

상태 불안 척도 35, 147

상태-특성 분노 표현 척도 154

상황선택 190

상황수정 190

상황중심적 전략 190

생태순간평가(법) 36, 118

선택적 세로토닌 재흡수 억제제 252

선행중심 정서조절 전략 189

섬피질 162

성적 충동 183

세로토닌 76, 156, 248

세로토닌 운반체 유전자
   (5-HTT 유전자) 248

소거 263

소진 단계 188

수치심 169

수행기반 평가 220

순환성 장애 254

스트레스 187

스트레스 사건 248

스트레스원 187

스트레스의 교류 모형 229

슬픔 165

승화 186

시상하부 29

시크리틴 132

신경가소성 90

신경계 81

신경-문화 이론 64

신경세포 72

신경전달물질 73

신경증 120

신경증적 불안 184

신경증 특질 261

신경회로 72, 86

심리치료 252

싸우기 혹은 도망가기 78, 82, 86, 187

ㅇ

안녕감 188

안면 타당도 32

안전행동 261

알코올 202

애착 102

약물 202

약물 남용 269

약물치료 252

양극성 장애 247, 254

억압 184

억제 186

얼굴모방 105

얼굴 표정 부호화시스템 33

얼굴 표정의 보편성 가설 47

엔도르핀 78

역기능적인 인지도식 251

역학조사센터 우울증 척도 35

열광 124

열정 134

예기불안 257

옥시토신 80

용서 198

우울장애 245

운동하기 199

울음 98

원초아 183

웰빙인지 196

유전적 요인 248

이스털린의 역설 121

이차평가 188

인지삼제 251

인지적 오류 196

인지적 재구성 196

인지적 재평가 189, 196

인지중심적 전략 190

인지치료 253

인지행동치료 262

일반적응 증후군 188

일차평가 188

ㅈ

자기 검토 167

자기 보고식 측정 34

자기 보고식 평가 220

자동적 사고 251

자부심 138

자아 183

자아방어기제 184

자율신경계 81

자의식적 정서 169

자폐증 269

재평가 188

저항 단계 188

적대적 공격 154

전략적 정서지능 212

전전두엽 84

전전두피질 156, 249

전치 186

절망감 이론 251

점진적 이완법 199

정서 18

정서능력검사 225

정서-사회 지능 217

정서 역량 모형 215

정서의 2요인 이론 30

정서의 반대과정 이론 130

정서적 불안정성 120

정서적 역량 216

정서조절 과정 모형 189

정서조절 전략 189

정서중심 대처 189, 230

정서지능 211

정서지능의 역설 229

정서지수검사 217, 224

정서표현규칙 63

정서표현 억제 201

정서표현하기 200

정서표현 행동 198

정신분석 이론 183

정적 정서 및 부적 정서 척도 118

제I형 양극성 장애 254

제II형 양극성 장애 254

제임스-랑게 이론 28

조현병 269

죄책감 169

주관적 안녕감 117

주요우울장애 245

주의집중 통제 193

주지화 186

중격 영역 128

중독 129

집중 193

ㅊ

처벌중추 267
초자아 183
측좌핵 125
친밀감 134
친사회적 동기 63

ㅋ

캐넌-바드 이론 29
코르티솔 249
콜레시스토키닌 132
쾌락의 원리 184

ㅌ

퇴행 185
투사 185
특성 불안 척도 35, 147
특성 정서지능 211, 218
특정공포증 258

ㅍ

편도체 88, 151, 249
편도체의 장악 83
포만 시퀀스 132

표정기호화법 53

ㅎ

'학습된 무기력' 이론 250
항조증제 255
해로움 188
해마 249
핵심적 혐오 164
행동 관찰 33
행동억제 261
행동 활성화 253
행복 117
현실의 원리 184
현실적 불안 184
혐오 158
호르몬 75
혼합모형 211
화병 201
환상 185
회피 230

기타

4개 가지 위계 모형 212
5-HTT 250
5대 요인 모형 229
BDI 35

CASEL 216

EEG 37

EQ-360판 224

EQ-i 2.0 224

EQ-i 간략형 검사 224

EQ-i 검사 224

EQ-i 청소년용 225

fMRI 37

GABA 78

SEL 모형 216

SSRI 223

TEIQue 226

저자 소개(가나다순)

김미리혜

미국 뉴욕주립대학교 심리학과 박사(임상심리학 전공)
현재 덕성여자대학교 심리학과 교수
정신건강임상심리사 1급
건강심리전문가
임상심리전문가
인지행동치료전문가

주요 저서
건강심리학(시그마프레스, 2018)
아동과 청소년을 위한 인지치료(역서 : 시그마프레스, 2018)
아동과 청소년을 위한 인지치료기법(역서 : 시그마프레스, 2016)

김봉구

덕성여자대학교 심리학과 박사(임상건강심리학 전공)
현재 분당정자 · 서현청소년수련관 임상심리사
덕성여대 웰빙건강심리센터 연구원
마음챙김명상 지도자(사띠아라마)
임상심리사1급
상담심리사2급

이현숙 덕성여자대학교 심리학과 박사(임상건강심리학 전공)
현재 덕성여대 웰빙건강심리센터 연구원
서울심리지원 동북센터 개인 · 집단 심리치료사, 강사
한국도박문제관리센터 도박중독예방 강사
국제공인 Trained Mindful Self-Compassion(MSC) Teacher
사회복지사 1급
임상심리사 1급
청소년상담사 2급

조영임 덕성여자대학교 심리학과 박사수료(임상건강심리학 전공)
현재 덕성여자대학교 웰빙건강심리센터 연구원
현재 덕성여자대학고 학생상담센터 객원상담원
창동인터넷중독예방상담센터, 한국심리건강센터 객원상담사
서울심리지원 동북센터, 중랑구정신건강복지센터, 한성대학교 강사
상담심리사 2급
임상심리사 2급
청소년상담사 2급

최 설 덕성여자대학교 심리학과 석박사통합과정 수료(임상건강심리학 전공)
전 덕성여자대학교 학생상담센터 전임상담원
현재 덕성여자대학교 웰빙건강심리센터 연구원
서울심리지원 동북센터 강사

주요 저서
건강심리학(시그마프레스, 2018)